国家社会科学基金重大项目（21&ZD129）阶段

智能会计实训教程

Practical Training Course of Intelligent Accounting

张玉明　　陈舒曼　　孙香玉　　单宝强　主编

中国财经出版传媒集团

经济科学出版社

Economic Science Press

图书在版编目（CIP）数据

智能会计实训教程/张玉明等主编 . -- 北京：经济科学出版社，2023.8

ISBN 978 - 7 - 5218 - 5092 - 5

Ⅰ . ①智⋯   Ⅱ . ①张⋯   Ⅲ . ①会计信息 – 财务管理系统 – 教材   Ⅳ . ①F232

中国国家版本馆 CIP 数据核字（2023）第 169914 号

责任编辑：杨　洋　卢玥丞

责任校对：隗立娜

责任印制：范　艳

智能会计实训教程

张玉明　陈舒曼　孙香玉　单宝强　主编

经济科学出版社出版、发行　新华书店经销

社址：北京市海淀区阜成路甲 28 号　邮编：100142

总编部电话：010 - 88191217　发行部电话：010 - 88191522

网址：www. esp. com. cn

电子邮箱：esp@ esp. com. cn

天猫网店：经济科学出版社旗舰店

网址：http：//jjkxcbs. tmall. com

北京季蜂印刷有限公司印装

787×1092　16 开　17.75 印张　330000 字

2023 年 9 月第 1 版　2023 年 9 月第 1 次印刷

ISBN 978 - 7 - 5218 - 5092 - 5　定价：63.00 元

前言
PREFACE

在大数据、人工智能、移动互联网、云计算和物联网为代表的新一代信息技术汹涌的浪潮下，行业结构、企业的生产运营方式及人们的工作生活发生了翻天覆地的变化，数字化、智能化、开放共享的理念逐渐渗透到社会生活的方方面面。如2021年依托于AR/VR（增强现实/虚拟现实）、3D建模等技术的发展，赋能人们用数字替身在人造虚拟世界进行彼此交流和同世界交互的"元宇宙"在互联网科技产业火速"出圈"，催生出依赖于现实世界又独立于现实世界的虚拟文明，并对当下人类道德伦理和生活方式提出了挑战。再如，2022年11月由美国人工智能实验室OpenAI推出的人工智能聊天机器人ChatGPT，以高度拟人化的对话问答模式和超强的深度学习能力，被广泛应用于金融、教育、媒体等各行各业，上线不到一周用户突破100万人，两个月时间吸引活跃用户超亿人，并在未来有望重塑产业结构，定义技术发展的新趋势。

与此同时，信息技术的飞速发展使得不少传统行业面临消失或转型的尴尬境地，人工智能在越来越多的工作中表现的已经与人类旗鼓相当，甚至超越了人类。根据麦肯锡全球研究院发布的《自动化行业：人机共存的新纪元，自动化、就业和生产力》，整体而言，全球50%的工作内容均可以通过改进现有技术实现自动化，尽管可实现全自动化的职业不足5%，但高达60%的职业有超过3成的工作内容可以通过自动化来实现，从事简单重复的确认、计量、记录和报告工作的传统财务会计便是其中之一。一方面，程序性业务处理的自动化，如财务机器人（RPA）可以与自动识别技术相结合，根据事先设定的算法，重复不间断地对采购、付款、入库、费用报销等各环节进行业务处理，并完成证账表等会计核算的自动化、财务分析报告的半自动生成，这很大程度上取代了进行机械性、低附加值核算和报告活动的会计人员。另一方面，作为新型关键生产要素的数据价值逐渐突显，对财务人员的知识和技能体系提出了新要求，海量生产经营数据的积累迫切需要掌握人工智能等信息技术，能够运用数据挖掘、分析等技能对底层基础数据进行剖析并辅助决策的管理会计人员。在风险与机遇并存的十字路口，如何将智能技术与会计行业发展相结合，使企业和财务人员适应数字化时代的新要求，值得我们深入思考和探究。

将智能会计工具应用于会计的业务环节、账务处理、财务报表和经营决策，智能会计实现了对业务流程的革新，丰富补充了财务信息的来源和呈现形式，进而为企业经营理念和管理决策的革新与优化提供支撑。通过与企业 MRP、ERP、OA 系统建立接口，利用数据的穿透性打破各职能部门之间及组织的边界，实现信息的互联互通和业财数据的对接及管理，打造业财管相互融合的财务体系。例如，作为日本"快时尚"服装产业的领军代表企业优衣库采用信息管理工具，运用自有商标服饰专卖店（speciality retailer of private label apparel，SPA）经营模式进行供应链管理，基于对用户数据的分析进行市场预测，将消费与生产信息实时匹配，实现对物流、信息流和资金流的控制，使得其经营活动在新冠疫情的阴霾下仍然展现出巨大的能量。2021 年 2 月 17 日，优衣库母公司迅销集团的市值在收盘时达到 10.8725 万亿日元，超过飒拉（ZARA）母公司 Inditex，成为全球最大的服装上市公司之一。可视化报表可以对底层数据进行过滤、清洗和挖掘，根据数据间的勾稽关系和特征选择不同图表模式对静态数据直观且动态的呈现，深度挖掘数据背后的价值。此外，在传统对外报送的"四表一注"之外，智能会计的特色报告体系还提供了人力资源报表、共赢增值表、无形资产报表等附加报表，智能会计的管理职能进一步强化，帮助企业多角度剖析价值创造流程，全面、深度、实时、精确的预测和决策。

经过多年的发展，智能会计相关的理论体系已逐步搭建并不断完善成熟，而如何用理论更好地指导实践，如何在实际工作中让智能会计工具为我所用，把握数智时代发展机遇，成为当下推动智能会计进一步发展的关键一环。《智能会计实训教程》与《智能会计》一脉相承，本书在对智能会计相关理论基础和所涉及的 RPA 技术、AI 技术、区块链技术等智能会计工具进行概述的基础上，结合采购、仓储、生产、销售、报销等业务流程，具体展示了智能会计的情景化应用场景。此外，本书还结合中企数智教育科技（山东）有限公司所开发的智能会计信息系统，以图文的形式详细介绍了智能会计业务处理、账务处理、智能决策模块的实操流程，并以多元可视化报表的形式进行最终呈现。总而言之，本书旨在通过理论结合实操的方式，加深企业和财会人员对智能会计理论体系的理解，提升会计从业人员的智能会计应用技能，在助力财务转型和财务变革的同时，推动企业整体数字化的发展进程。

《智能会计实训教程》一书是张玉明教授及其团队立足数字经济时代会计发展前沿的创新性成果，也是其共享经济、智能会计系列成果的延展。

本书由张玉明教授提出创意、思路及提纲，与陈舒曼博士（山东师范大学会计系教师）、徐亮亮研究员（中国联通山东省分公司互联网数据中心运营总监）、单宝强（百企慧企业管理咨询集团有限公司总经理）、郑萌萌等充分讨论，共同策划、组织、撰写主要内容并修改定稿。其中王晓萱、郑萌萌、李晓磊（山东管理学院教授）发挥副主编的作用。各章执笔撰写人如下：第1章为郑萌萌、王乘仟，第2章为李晓磊、郑萌萌、王乘仟，第3章为李双、王晓萱，第4章为李梦晗（山东省临沂市审计局）、豆佳玮，第5章为孙香玉、郭晓，第6章为黄倩、郭晓，第7章为郑萌萌、张瑜、王晓萱，未列单位均为山东大学会计学系研究生。感谢山东大学管理学院会计与公司财务系师生、山东大数据研究会及数智会计与财务分会会员、领导和老师的支持！写作过程中还参考了相关学者的研究成果，并从中得到了重要的启示，已尽量将所有贡献在书中注明，在此一并致谢！

特别感谢经济科学出版社的领导、编辑和专家对本书的编辑和出版给予的热情帮助和支持，并提出了很多宝贵的建设性意见。当然，由于本人水平有限，书中难免有不足之处，敬请各位前辈、同仁、读者批评指正。

本教材的配套实训软件、课件及学习参考资料由中企数智教育科技（山东）有限公司提供。网址：链接 http：//zhongqishuzhi.com；或扫描下方二维码关注企业公众号：

山东大学二级教授/会计学博导　张玉明

2023 年 8 月 16 日

目 录
CONTENTS

智能会计概述

 本章重点

1. 理解数字经济时代下，数字经济对会计的影响。
2. 掌握智能会计的内涵。
3. 掌握业财管融合的基本原理和技术框架。

 案例导入[*]

在"大智移云物区"等新技术风起云涌的数字经济时代，如何将信息技术与企业业务特点有效结合，利用数字化转型实现企业价值增值，是目前大型企业面临的现实挑战。作为一家重资产行业的公司，中国铁塔股份有限公司成立于2014年7月，主营铁塔的建设、维护和运营，其始终坚持共享理念，在企业内部全面推行业财一体化建设，借助数字化运营手段，实现了资产数据化、将管理会计深度融入企业经营的全过程，积极推进管理平台化、运营维护智能化、采购平台化及管理精细化，成功把握住数字经济时代的发展机遇，完成数字化转型和业财管的相互融合。

当今世界已经进入数字经济时代，由数字技术引发的第四次工业革命通过改变信息的获取、检索及储存方式，掀起了商业世界的变革。未来二十年，数字化的影响将深入到社会的各个方面，会计行业作为经济社会重要的组成部分，其内涵、模式也将被彻底颠覆。全球化、竞争加剧及技术的发展将促使会计行业进行持续的变革。数字经济时代情境下，商业模式深刻变化、数字化产业和产业数字

---

[*] 韩慧博，佟吉禄，吕长江，等．基于共享理念与业财融合的管理会计创新应用——中国铁塔的案例研究［J］．中国管理会计，2020（4）：54－65．详细案例和进一步讨论，请访问链接网址：http：// zhongqishuzhi.com；或扫描章后二维码。

化的发展、资产多样化及企业组织形态的新发展，都呼唤着新会计时代的到来。本章介绍了智能会计时代背景、智能会计内涵，并从基本原理和技术实现框架角度介绍了"业、财、管"融合的原理与实现路径。

1.1 数智改变会计

当前，新一轮科技革命和产业变革深入发展，数字化转型已经成为大势所趋。在工业时代做得好的企业，未必能在数字时代也取得好成绩。数字时代需要观念的更新、思维的革命。目前，全球绝大多数的企业已经明确将数字化融入企业战略，而数字化转型与企业原有战略如何融合，也成为管理者面临的首要难题。

经济越发展，会计越重要，其重要性就体现在会计工作是为管理决策服务的。从管理会计发展的历史可以看出，一个国家的经济总量到一定程度时，管理会计工具方法的创新就会脱颖而出。如今数字化、智能化技术在财务领域应用后，迫切需要有新的管理思维、管理逻辑的融入。

随着云计算、大数据、人工智能、物联网等先进的数字创新技术在各行各业的应用，数字化转型已经成为一个企业可持续发展的必然选择，以阿里巴巴集团互联网科技高级财务总监的思维看来，运用数字化的能力不仅可以带来经营环节的降本提效，同时，能激发出企业的创新能力以及内部管理的升级。在这样的大背景下，传统会计的数字化转型既是大势所趋的要求，也是空前的机遇。"企业的财会部门利用好会计数字化转型的机会，进一步推动和深化业财融合，不仅能够提升财会人员的工作效率，更重要的是能够助力财会人员在财务管理、风险控制以及价值创造的领域释放更大的价值。"[1]

1.1.1 数字经济时代来临

近年来，以因特网为标志、广泛渗透于高科技领域的数字革命浪潮，带来比工业革命更为迅捷、更加深刻的社会变革，正促使着人类社会发生一场划时代的全球性变革。数字技术将成为支撑未来世界经济发展的重要动力，推动人类更深层次跨入经济全球化时代。数字经济的出现，催生出全新的消费模式，推动全球

---

[1] 罗莎. 数智时代下管理会计创新之路［N］. 中国会计报，2022 – 07 – 29.

产业整合与升级，孕育了新的生产模式，影响着包括会计行业在内的社会、经济、生活的各个方面。

1. 数字经济概念

数字经济概念在 20 世纪末得以出现，麻省理工学院教授尼古拉·尼葛洛庞帝（Nicholas Negroponte）在 1996 年撰写的《数字化生存》（*Being digital*）一书中，首次提出数字化概念，提出人类生存于一个虚拟的、数字化的生存活动空间，在这里人们应用数字技术从事信息传播、交流、学习、工作等活动。美国学者唐·泰普斯科特（Don Tapscott）在同年的著作《数字经济时代》（*The digital economy*）中正式提出了数字经济的概念。2020 年 G20 峰会致力于形成一个衡量数字经济的共同框架，经过与各成员磋商形成统一认识——"数字经济包括所有依赖数字投入或通过使用数字投入而得到显著加强的经济活动，包括数字技术、新型基础设施、数字服务和数据；涵盖经济活动中使用这些数字投入的所有生产者和消费者，包括政府。"数字经济被视为关键的经济增长动力[①]。

在实践方面，数字经济迅猛发展，联动全球经济形态发生深刻变化，逐渐成为撬动全球经济增长的新动能。以互联网企业为代表的数字经济体强势崛起，不断催生出新业态与新模式（见图 1-1）。

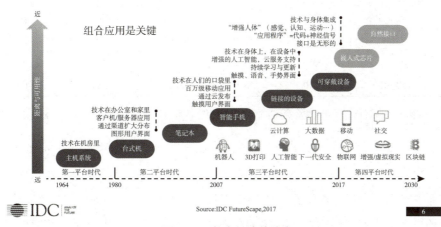

图 1-1 数字经济的演变

资料来源：重磅！IDC、Forrester、Gartner 等六大权威机构 2023 年数字化趋势预测集锦［EB/OL］. CSDN，2023-01-29.

---

① 高晓雨. 二十国集团峰会及其数字经济议题探析［J］. 中国信息化，2020（7）：5-8.

2022 年，美国、中国、德国、日本、韩国等 5 个世界主要国家的数字经济总量为 31 万亿美元，数字经济占 GDP 比重为 58%，较 2016 年提升了约 11 个百分点；数字经济规模同比增长 7.6%，高于 GDP 增速 5.4 个百分点。产业数字化持续带动 5 个国家数字经济发展，占数字经济比重达到 86.4%，较 2016 年提升 2.1 个百分点。从国别来看，2016～2022 年，美国、中国数字经济持续快速增长，数字经济规模分别增加 6.5 万亿美元、4.1 万亿美元；中国数字经济年均复合增长 14.2%，是同期美中德日韩 5 国数字经济总体年均复合增速的 1.6 倍。德国产业数字化占数字经济比重连续多年高于美中日韩 4 国，2022 年达到 92.1%。① 如表 1－1 所示，2022 年全球市值排名前十企业均与数字经济有关。

表 1－1　　　　　　　　　　　2022 年全球市值排名前十企业

排行	公司	股票市值（亿美元）	2021 年市值	市值同比增幅	总部所在地	领域
1	苹果	28500	20510	38.96	美国	科技
2	微软	23110	17780	29.98	美国	科技
3	沙特阿美	22980	19200	19.69	沙特	能源
4	谷歌母公司	18420	13930	32.23	美国	科技
5	亚马逊	16590	15580	6.48	美国	非消费必需品
6	特斯拉	11140	6410	73.79	美国	非消费必需品
7	伯克希尔	7800	5880	32.65	美国	金融
8	英伟达	6850	3310	106.95	美国	科技
9	脸书母公司	6050	8390	－27.89	美国	科技
10	台积电	5410	5340	1.31	中国台湾	科技

资料来源：智研咨询《智研年榜：2022 年全球市值 100 强上市公司排行榜单 TOP100》［EB/OL］. 搜狐新闻，2022－06－17.

2020～2023 年，数字经济为防疫应急、复工复产等提供了数字解决方案，新兴产业逆势增长，使得数字经济渗透到了社会生活中的各个领域，对商业模式、经济环境和生活方式都产生了根本性的影响。在新冠疫情的催化下，传统的经济模式已经一去不返，数字经济时代已经到来。

---

① 中国信通院. 全球数字经济白皮书（2022 年）［EB/OL］. http://www.caict.ac.cn/kxyj/qwfb/bps/202212/P020221207397428021671.pdf.

2. 数字经济时代的智能技术

在"大智移云物区"等新技术风起云涌的数字经济时代，数据已然成为新兴的生产要素。当前，"上云用数赋智"成为主导经济发展的新动能[①]，将智能化技术（5G、物联网技术、OCR 文本识别、机器学习等）运用于财务会计的工作领域，并对传统财务工作进行模拟、延伸与场景拓展，将会给财务会计领域带来深远的影响，"智慧大脑"令会计工作更加数据化、流程化、便捷化、共享化。

（1）5G + 智能会计的融合应用。

5G（5th Generation Mobile Communication Technologies）指第五代移动通信技术，是最新一代蜂窝移动通信技术，其性能目标是高数据速率、减少延迟、节省能源、降低成本、提高系统容量和大规模设备连接。5G 是新一代移动通信技术发展的主要方向，具有"超高速率、超低时延、超大连接"的特点，是未来信息基础设施建设的重要组成部分，美国等已将其列为国家战略。它可以进一步提升用户的网络体验，满足未来万物互联的应用需求，是各行各业数字化转型与升级的重要途径。5G 技术与财务会计的深度融合，能够提升会计服务质量、赋能企业财务转型、创新移动财会模式、提高风险的可控性（见图 1 – 2）。

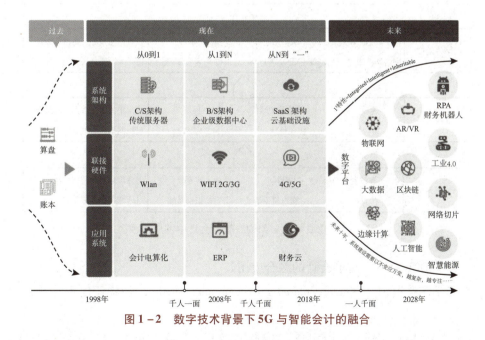

图 1 – 2　数字技术背景下 5G 与智能会计的融合

---

① 张懿玮 .《关于推进"上云用数赋智"行动培育新经济发展实施方案》解读［J］. 中国建设信息化，2020，114（11）：56 – 59.

（2）物联网＋智能会计在物流业的融合应用。

物联网（internet of things）最早是由凯文·阿什顿（Kevin Ashton）教授在 1999 年提出的[①]：一个由通信设备连接而成的世界被称为"物联网"，它们是通过装置在物体上的射频识别（RFID）、传感器、二维码等技术，通过接口与互联网连接，为物体赋予"智慧"，实现人与物体"对话"，达到物体与物体之间"沟通"的互联互通。物联网产业的发展将由信息网络向全面感知和智能应用两个方向发展及延伸，形成"云、管、端"的开放式网络架构[②]。物联网在现代物流业的应用体现在集光、机、电、信息等技术于一体的信息技术，在企业的物流系统中表现为集成化、自动化、智能化与网络化（见图 1-3）。

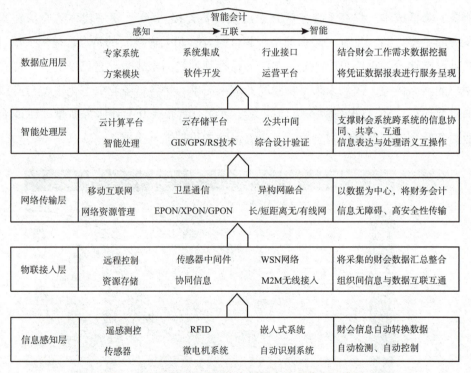

图 1-3   物联网五层架构在智能会计中的应用模型

（3）OCR 技术＋智能会计的融合应用。

光学字符识别（Optical Character Recognition，OCR），是将任何手写或打印

---

① Kevin Ashton，施煜．那个被叫做"物联网"的东西——在现实世界中，做实事永远比空想强 [J]．中国自动识别技术，2011（3）：22-23．

② 丁飞．物联网开放平台——平台架构、关键技术与典型应用 [M]．北京：电子工业出版社，2018：3-5．

的图像转换为可由计算机读取编辑的数据文件。OCR 通过扫描纸质的文章、书籍、资料,借助与计算机相关的技术将图像转换为文本,达到提高工作效率和改善文本存储能力的目的①。OCR 技术可以分为传统 OCR 技术方法和基于深度学习的 OCR 技术方法(见图 1 –4)。

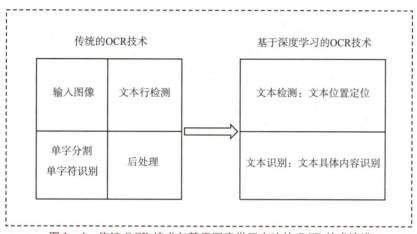

图 1 –4　传统 OCR 技术向基于深度学习方法的 OCR 技术演进

OCR 文本识别技术在会计业务上的应用,主要是进行凭证识别,如增值税发票识别、支票识别、银行票据识别、营业执照识别等。融合大数据、人工智能、云计算等新技术,OCR 文本识别技术识别并存储纸质资料,拓展会计数据来源,丰富完善数据维度,降低企业内部风险,提高财会服务水平(见图 1 –5)。

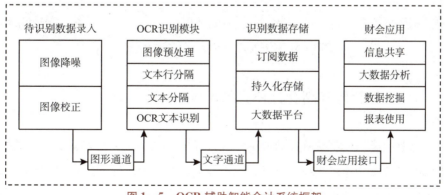

图 1 –5　OCR 辅助智能会计系统框架

① 冯亚南. 基于深度学习的光学字符识别技术研究 [D]. 南京:南京邮电大学,2020:10 –11.

（4）机器学习＋智能会计的融合应用。

机器学习（machine learning）是一个研究领域，主要研究如何让计算机无须进行明确编程就具备学习能力①。汤姆·米切尔（Tom Mitchell）在1997年给出了更工程化的定义：一个计算机程序利用经验 E 来学习任务 T，性能是 P，如果针对任务 T 的性能 P 随着经验 E 不断增长，则称为机器学习。作为计算机科学的分支，机器学习致力于如何利用代表某现象的样本数据构建算法，这些数据可能是自然产生的，也可能是人工生成的，也可能是来自其他算法的输出。机器学习促进企业财务会计向数字化、智能化转型，并与业务发展、税务筹划、管理决策紧密交融。机器学习与智能会计的融合主要包括再造业务财务流程、变革智能账务模式、强化决策支持功能等方面（见图1-6）。

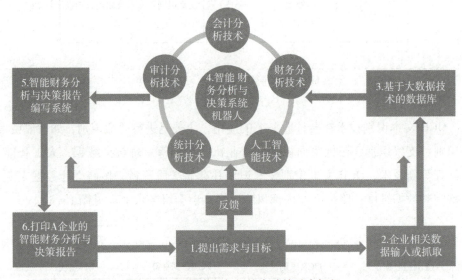

图1-6　机器学习与智能会计的融合框架

1.1.2　时代呼唤新会计模式的出现

从农业经济到工业经济再到数字经济，经济环境发生了巨大变化，关键生产要素也随之改变。在农业经济时代，土地和劳动力是最重要的生产要素；在工业经济时代，财务资本成为最重要的生产要素，因为机器、设备、厂房需要投入大

---

① Samuel A. L. Some Studies in Machine Learning Using the Game of Checkers［J］. IBM Journal of Research and Development，1959，3（3）：210-229.

量的财务资本；而在数字经济时代，数据和智慧资本才是重中之重，成为企业创造价值的最关键生产要素。

我国几年前就已经把数字资产列为一种新型的生产要素，但是数字资产迄今还没有在会计报表上得到确认。现在大家常提到的 AI 即人工智能，实际上可以理解为：AI = 数据 + 算力 + 算法，但数据、算力和算法都没有在报表上体现。我们即将进入新经济时代，但是会计仍然把重中之重放在有形资产和财务资本中，而对数字资源和智慧资本却视而不见。这是会计界面临的一大问题和挑战。经济环境已经发生了变化，如果会计不能与时俱进，将会遇到问题[①]。

1. 商业模式深刻变化

商业模式主要是指企业定位自身、产品和服务、选择消费者、获取和使用资源，从而进入市场、创造价值和获取利润的系统。数字经济模式借助互联网等信息技术，凭借其参与性和公众性等特征，有效促进了商业模式的创新发展。首先，互联网使企业的组织环境变得模糊，使企业的经营进入边界模糊、内外难以分离的领域，传统的产业分工和商业模式被淘汰；其次，因为互联网使市场环境充满不确定性，企业的商业模式也具有一定的不固定性及随机性，促使企业不得不进行商业模式的创新；最后，互联网在很大程度上推动了商业模式去中心化。阿里巴巴的商业模式就极大地展现出了数字经济时代商业模式的新特征（见图 1 - 7）。

由此，以客户为中心、快速更迭、平台化的新商业模式需要个性化定制、财务信息反馈更为迅速、去中心化的新会计模式出现。

2. 数字化产业及产业数字化

作为数字经济的两个主要表现形式，不论是数字化产业还是产业数字化，都实现了快速发展。近年来，数字产业化总体规模实现稳步增长[②]，产业数字化进一步推进（见图 1 - 8）。产业数字化转型由单点应用向连续协同演进，传统产业利用数字技术进行全方位、多角度、全链条的改造提升，数据集成、平台赋能成为推动产业数字化发展的关键。同时产业数字化也使产业组织发生了翻天覆地的变化（见表 1 - 2）[③]。

---

① 黄世忠.《新经济呼唤新会计》（2021）［EB/OL］. 高顿 CMA，2021 - 06 - 08.
② 中国信息通信研究院. 中国数字经济与就业发展白皮书（2020）［EB/OL］. http：//www. caict. ac. cn//kxyj/qwfb/bps/202007/P020200703318256637020. pdf.
③ 戚聿东，肖旭，蔡呈伟. 产业组织的数字化重构［J］. 北京师范大学学报（社会科学版），2020（2）：130 - 147.

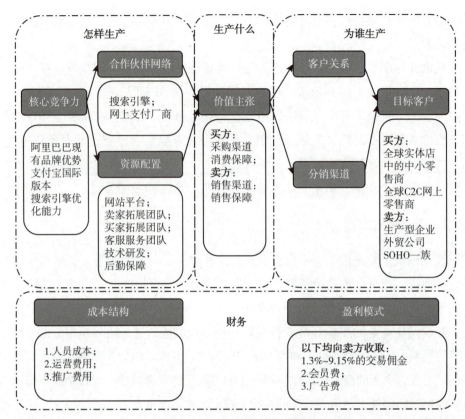

图 1-7　阿里巴巴商业模式

资料来源：亿邦动力［EB/OL］. https：//www.51wendang.com/pic/0097603f4626c12f525012c4/10-573-png_6_0_0_166_272_622_548_893.25_1263.375-651-0-14-651.jpg.

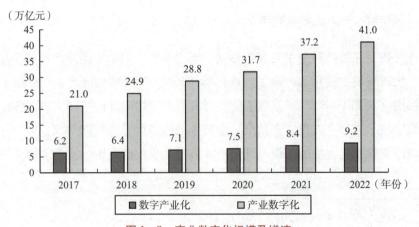

图 1-8　产业数字化规模及增速

资料来源：中国信息通信研究院. 中国数字经济发展研究报告（2023 年）［EB/OL］. www.caict.ac.cn/kxyj/qwfb/bps/202304/P020230427572038320317.pdf.

表 1 - 2　　　　　　　　　　　产业组织数字化重构前后变化

比较维度	传统产业	数字产业
发展动力	要素驱动	数据驱动
核心目标	产品供给	使用价值供给
价值传递	单向传递	供给闭环
交易对象	所有权	所有权/使用权
创新范式	局部创新	组合式创新
消费者角色	被动接受者	深度参与
企业间联系	信息孤岛	数字化连接
产业组织形态	产业链	产业生态
组织边界	清晰	模糊

此外，产业数字化进程的迅速推进为传统企业财务信息共享、实现业财管一体化提供了基础条件，也使得传统的会计模式无法适应企业数字化转型后的财务管理需求。同时，数字化产业蓬勃发展也需要数字化、智能化的新会计模式。

3. 资产趋于多样化

数字经济时代的到来使得企业的资产不再局限于流动资产、长期投资、固定资产、无形资产等传统意义上的资产。作为数字经济最基础的要素，数据资产随着企业信息化水平的不断提升及产业互联网的普及和效能的提升，其在企业资产中的比重也不断提升，成为企业不可或缺的重要价值。例如，家电零售连锁企业国美电器专注于对信息化系统的升级和改造，采用了最新的 SAP（System Applications and Products）①，该系统的成立使得国美电器能够建立一个覆盖家电产品制造商、国美电器（见图 1 - 9）、现代物流服务商及终端客户的全系统、全过程管理体系。

随着企业数据资产重要性的提高，财务数据作为企业管理的重要依据，反映了企业资金的运行情况。在梳理相关信息的基础上，深入分析和处理，有助于判断企业经营的薄弱环节，从而为管理决策提供准确依据。在大数据环境下，财务管理和财务信息涉及的范围更广，需要处理的信息也更多，这使得财务管理更加

---

① SAP 为 "System Applications and Products" 的简称，是 SAP 公司的产品——企业管理解决方案的软件名称。SAP 公司（纽交所代码：SAP）成立于 1972 年，总部位于德国沃尔多夫市，在全球拥有 6 万多名员工，遍布全球 130 个国家，并拥有覆盖全球 11500 家企业的合作伙伴网络。

繁重。企业收集的财务信息不仅包括现有的会计信息，还包括企业生产、销售等环节的信息，以及第三方会计信息。信息采集的范围更广，这就要求企业提高财务工作效率，更深入地挖掘财务数据的价值。要想实现这一目标，就必须采取更具智能化、实时性、高效性的新会计模式。

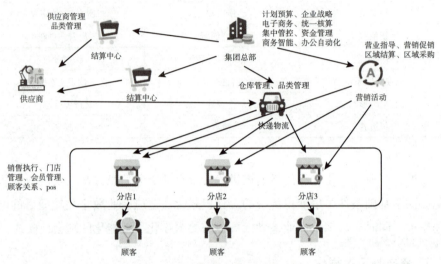

图 1-9　国美电器 SAP 操作图例

资料来源：唐佑强. 国美电器供应链管理优化研究［D］. 天津：天津大学，2018.

4. 企业组织形态呈现态势

数字经济的发展不仅带来了企业资产元素的改变，而且对企业等微观主体的内外部组织形态也产生了变革性影响。新制度经济学的诞生是由于经济学未能解释企业存在的意义，通过打开企业内部的"黑盒"，发现企业的诞生是由于市场的交易成本远高于企业内部。数字经济的出现或许又将使一切发生变革。传统企业形态的本质是实体型组织，在追求内部资源配置效率最大化的前提下，产生了直线职能制、事业部制和矩阵制（见图 1-10）。而新型企业形态的本质是虚拟型组织，在追求外部资源能力利用最大化的前提下，产生了内包、外包、众包和"皮包"①（见图 1-11）。

---

① 李海舰，李燕. 企业组织形态演进研究——从工业经济时代到智能经济时代［J］. 经济管理，2019，41（10）：22-36.

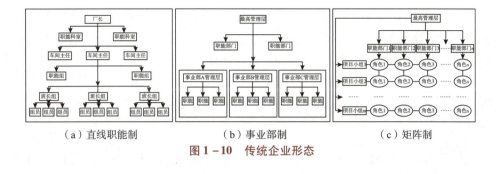

图 1 - 10　传统企业形态

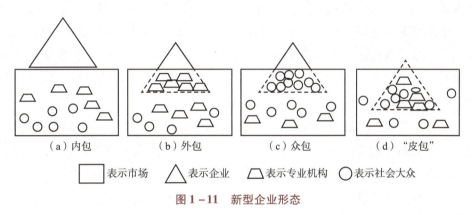

图 1 - 11　新型企业形态

　　充满变革色彩的数字经济时代不仅改变了财务人对管理实践和技术逻辑的认知，也对财务组织的业务模式有了新的探索。智能会计是现代会计与数字经济紧密结合的产物，是新经济、技术环境迭代发展推动商业模式、产业环境、企业资产组成、组织形态等发生颠覆式变革，从而对会计产生需求的结果，是传统会计转型发展的必然方向。智能会计时代已然来临！

1.2　智能会计内涵

　　智能会计的出现和迅速发展得益于新兴智能管理技术等理论的支持。可以说，它的产生是会计由简单核算型向经营决策型转变的重大突破。为了提高企业参与竞争的快速反应能力，及时高效地为决策服务，企业的会计和财务管理系统要进一步强化其财务分析的准确性、系统性、及时性。在这种大趋势下，智能会计的推广应用可以带来企业管理的革命性变化，带来企业经营效率的普遍提高，进而导致社会经济水平的进一步发展。智能会计是企业会计与财务管理发展的方向，它的出现引发了学术界和实务界对智能会计这一新兴概念的关注与研究。因此，本章节将在与传统会计进行对比的过程中，进一步阐述智能会计的对象，对智能会计的内涵进行界定，同时对智能会计的研究范畴有所界定。

1.2.1 智能会计的对象

传统会计的对象是指会计所要反映和监督的内容，是社会在生产过程中的资金及资金运动。会计对象是会计记录经济活动的依据，在这种理论下，无论是企业、政府或是其他形式组织，无论规模大小，其会计工作的对象就是原始单据。原始单据按其取得的方式分类为外部原始单据和内部自制原始单据，传统会计工作就是对所取得的原始单据进行审核、分类、序时记录的基础上展开记账、编制报告和分析工作。

而在数字经济发展的大环境下，企业在日常运作中产生了大量的业务数据，这些数据表面看起来杂乱无章、毫无关联，而其内部隐藏着关于企业运作模式、经营状况和发展趋势的信息。由于数据数量庞杂且并不直观，传统的数据方法难以及时发现这些信息，更遑论利用数据中隐藏和反应的信息改善企业经营状况和财务状况了。而智能会计中的数据挖掘技术结合数理统计和分析功能，可以对这些庞杂的业务数据进行深层次的分类与分析，利用计算机的强大算力发现蕴含于大量业务数据中的有价值的信息，构建模型并对未来发展趋势进行预测。

综上所述，智能会计的工作对象是对于业务数据的挖掘和应用，利用数据挖掘技术和文本挖掘技术对业务数据进行聚类分析，发现数据间潜在的关联关系，对会计报告进行智能处理，自动地进行财务数据的关联性分析及财务指标的逻辑判断，辅助甚至代替人工整合企业内外部的庞杂信息，建立管理模型，识别企业的经营风险、财务风险和盈利商机，将系统分析结果及意见通过人机交互界面呈现给用户，实现真正的业务核算规范化、财务管理便捷化、经营诊断自动化、管理决策模型化，通过智能会计系统的数据分析处理，满足企业高效决策和管理的需要。

1.2.2 智能会计的内涵界定

智能会计继承了传统会计的思维，以大数据、人工智能、区块链、云计算、移动互联等技术为支撑的业务结构流程化、账务处理自动化、信息提供精准化、管理决策智能化，可即时高效地实现各类市场主体业务、财务、管理高度融合的数字经济时代的新型智能化会计系统。本书在总结学者对智能会计概念和分类的基础上，以智能会计所研究的核算与分析对象的有效性作为划分标准，明确了智能会计的研究范畴，主要划分为以下四种。

1. 基于企业内部业务流程的智能会计

在目前市场经济的压力下，企业财务管理的需求不再局限于传统的单一核算型会计，尤其是一些业务交易量大、分支众多、规模庞大的大型集团企业，其更需要发展建立起顺应企业内部整个业务流程的业财融合的智能会计体系，使得智能会计的核算体系符合企业业务活动的流程和逻辑，建立"采购—生产—销售—应收账款"的过程性核算。将财务参与到业务经营管理当中，并充分利用管理会计工具，辅助业务部门对业务流程进行改进优化，参与供应链的构建，结合市场进行预测，参与产品定价决策、判断客户价值、制定合理的信用政策等。

2. 基于供应链上下游企业间的智能会计

在建立基于企业内部业务流程的智能会计体系的基础上，我们可以将智能会计的运用推广至企业供应链和产业链的上下游，完成对银行、供应商、客户等方面账务的"智能监控"和"智能管理"。供应链企业通过统一提供的财务共享服务，将收集的财务数据按照标准化、规范化流程整理归集，录入到统一的数据库。包括供应商、制造商和销售商在内的供应链成员，通过智能会计系统上传财务信息和资料，主要分为财会信息和战略信息两类，智能会计系统将上下游企业信息自动进行匹配对比，预测市场需求和原材料供应情况，动态地调整整条供应链上各节点各企业的生产规模。

3. 基于同行业企业间的智能会计

任何一家企业的发展状况必然要受其所处的经济环境的影响和约束，不会长期严重偏离其行业的整体发展水平。因此，在财务分析时进行行业分析和同业比较可以显示出企业的行业地位和发展前景，提高企业管理者对于企业目前所处行业状况、行业地位和行业前景的认识，提高管理者决策的准确性和有用性。智能会计通过大数据采集和分析手段，能够自动抓取同行业企业公开的财务数据信息并进行分析，从而实现判断企业所处行业的生命周期、确定行业的竞争程度分析和企业行业地位等功能。

4. 基于政府政策的智能会计

智能会计能够搭建起一个全面的政府财政政策、税收政策和地区政策库，自动收集所有企业可能用到的政府政策，并通过文本分析技术自动抓取关键词，形成政府政策数据库。基于此数据库，智能会计系统可以自动结合企业所处行业、企业规模、企业运营情况寻找其适用的财税政策以供管理人员参考，且系统可自动分析提出建议辅助管理人员进行企业经营决策，切实提高企业的管理水平、运营效率和决策的有效性。同时，智能会计系统能够搭建一个丰富的税收筹划案例库，根据企业的经营情况、收入构成等信息，在庞大的案例库中自动搜索类似的税收筹划案例，智能嵌入并自动做出分析和税收筹划方案建议，帮助企业合理避税，降低经营成本。

1.3　"业财管" 融合

会计是一个以提供财务信息为主的经济信息系统，它要收集、加工和输出以财务信息为主的经济信息，并将这些信息传达给那些希望了解企业财务状况和经营情况的利益相关者，以便于他们作出正确的决策。智能会计凭借其更为全面和高效的运行机制，实现了"业、财、管"的全面融合。本部分从基本原理和技术框架两个方面讲述了智能会计如何实现业财管的融合。

1.3.1　基本原理

本章节将在从逻辑上分析智能会计总体框架原理的基础上，具体通过对四个平台运行的分析来阐述智能会计的基本原理，明晰会计信息实现价值增值的过程。

1. 智能会计的原理概述

智能会计是将企业战略、业务、财务、管理决策进行集成的一个载体。智能会计系统通过对业务、财务数据的智能化收集和处理，以实时、动态地为管理人员、业务人员提供决策相关信息，实现企业资源的优化配置，为企业未来的经营提供更加科学合理的预测。智能会计系统包含了数据采集、数据集成与存储、数据分析应用及信息呈现等几个层次。会计信息从获取数据开始形成，在后续的处理、挖掘、分析中为企业的价值创造贡献力量。

（1）数据的集成。

随着信息技术的发展，企业对内外部数据和信息的共享和交互的需求愈加强烈，智能会计可以高效、便捷地实现数据互联互通。智能会计下企业的信息平台必须是一个集成的数据平台，此平台打破了原有的信息化架构，在会计数据的前台和后台之间增加了一层系统，从而提升了数据采集和转换的效率。其共享的特点能够避免数据收集的冗余现象，提升数据的利用效率。利用工具从相应的模块中抽取数据，按照固定统一的格式整理数据，实现数据的整合，将这些集成的数据通过数据仓库的形式存储。在数据仓库中存储的数据具有实时和完整的特征，即除了保证数据是实时的，还能把数据相关的历史记录保存下来，这也是数据仓库优于普通关系数据库的一点。

集成的数据平台一方面包括反映企业核心业务的数据，这些数据可以被直接调用，另一方面包括一些从原始数据中获取、整理的数据，这些数据更多的是有关业务的非结构数据。通过对两种数据的集成可以打通业务与财务之间的通道，提高数据的利用效率，为后续的分析提供良好的基础。数据仓库可以对数据进行高质量的管理，在数据仓库的前端，有丰富的、面向多维的数据模型，通过数据智能分析技术可以深入挖掘数据仓库中存储数据的价值。因此，可以根据企业业务关注的重点，在数据仓库的基础上形成具有特定主题的数据集市，这样在后续进行分析的时候，不需要反复访问模块中的原始数据，可以直接根据主题调取数据集市中的数据，提高了数据访问及数据分析的效率。

（2）数据的呈现。

企业丰富的原始数据形成了会计信息，会计信息需要通过特定的形式展现出来。智能会计下，数据分析的结果可以通过图、表、报告、文档、音频文件、视频文件等多种方式进行呈现。具体地，智能背景下会计信息的呈现有以下的特点：第一，在内容上，人工智能信息系统中的财务信息、非财务信息、历史信息、现时信息和未来信息的发布不再受到数量和时间的制约。第二，在报告时间上，人工智能信息系统既实现了发布期中、期末报告，又实现了发布实时报告，为做出财务决策实现了时效性。第三，在披露形式上，人工智能信息系统既实现了披露全面的整体报告，又实现了披露局部、部分报告。第四，智能会计下的数据形式发生了变化，转化为以非结构性为主的会计数据，如图像、视频、办公文档等，实现财务报告个性化，完成财务报告印象管理。

信息的呈现主要依赖于商务智能软件，具体可以分为如下三个步骤：第一，把需要呈现的会计数据集成在平台上；第二，对数据进行规范化处理，统一口径，指标的名称、定义、对应的数据源也要统一；第三，制定标准值，这个标准值可以来自企业的预测，也可以是行业的标准值。通过实际值和标准值的比较，反映企业实际运营过程中各项经济业务的完成情况。这些内容通过可视化的图表展现出来，管理者和员工都可以在平台根据权限查阅，可以提高员工的工作效率，为管理者制定决策提供清晰的实践依据。

（3）数据的分析应用。

随着经济的发展，企业的经济业务日渐丰富，会计处理也越来越复杂。在智能会计下，利用会计引擎将业务数据快速、准确地转换成会计语言是十分有必要的。会计引擎介于会计系统和业务系统之间，系统会预设好会计规则，这个规则会随着《企业会计准则》等的变化不断调整，当一项经济业务发生后，会计引擎能自动识别并收集业务产生的各项信息，转化成会计数据，同时通过对会计数据进行分析，提供给业务人员阅读和使用，此时业务财务数据实现了融合。业务人员也可以根据实践经验对会计人员及会计引擎形成反馈，为引擎规则的制定和后续管理决策的分析提供实践的支撑，如图1-12所示。会计引擎可以实现业务和财务系统之间的集成，将业务系统提取出来的数据信息进行拆分，按照核算上的要求进行财务的处理，同时可以按照管理的要求提供相应的分析报告。

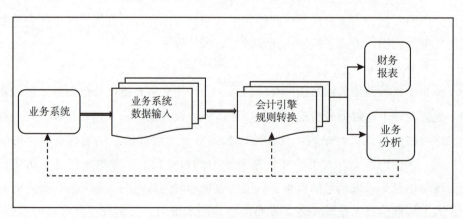

图 1-12　会计引擎工作原理

2. 智能会计平台基本原理

智能会计平台主要包括基于业务和财务相融合的智能会计共享平台、基于商

务智能的智能管理会计平台、基于人工智能的智能会计平台及基于大智移云物区
环的业财管融合平台。

（1）智能会计共享平台。

每当企业发生销售、采购或者其他业务产生相应的单据或者票据时，工作人
员就可以从应用层借助影像系统将发生业务时相应的单据或票据中的记录依照合
约层中企业采用的智能合约将其录入到数据层中，并且会受到关联层中纸质单据
或票据与电子数据，以及相应业务的单据与票据是否一一对应的检验，如果检验
无误则通过，如果检验出现问题则会拒绝将信息录入数据层，并且将其反馈给工
作人员。当管理人员需要依照企业的财务数据或者各种报表进行决策时，可以将
经过关联层检验无误的储存在数据层里的各种原始票据或单据提取出来，并按照
企业合约层提前建立好的商业逻辑和算法进行整合与合并，最后在应用层进行财
务数据的分析与报表的生成（见图 1 - 13）。

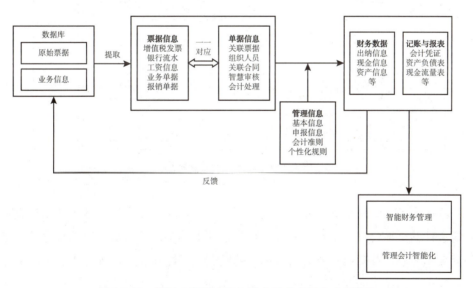

图 1 - 13　基于业财融合的智能会计共享平台内部结构

（2）智能管理会计平台。

智能管理会计平台通过对业财融合的数据资产进行深度的挖掘与分析，实现
财务团队向业务团队提供建议的能力，逐步建立完善的管理会计体系。商务智能
系统的结构由交易系统层、基础设施层、功能层、组织层和商务层 5 个层面构成
（见图 1 - 14）。

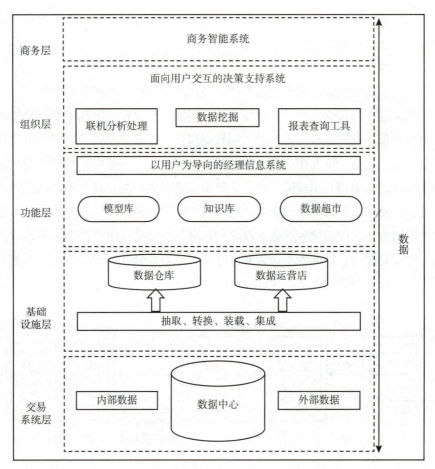

图 1 – 14　商务智能系统结构

　　具体来讲，交易系统层主要是指企业的业务系统，强调的是基于业财融合的智能会计共享平台形成的数据中心，智能管理会计平台可以通过应用程序接口来访问数据中心；基础层需要对数据中心的数据进行抽取、转换等加工，加工完成后在保证数据质量的前提下将数据装入到数据仓库中；功能层是系统的核心层，其主要是借助于模型库、知识库等相关工具对清理完成的数据进行分析，在这个过程中要对用户关注的信息进行管理，以起到辅助企业运营和战略实施的作用；组织层是把系统前后台、绩效管理等各方面的内容集中起来管理，中间需要组织成立技术部门，利用联机分析处理及数据挖掘等工具；商务层则是把战略推向执行，在衡量财务指标与非财务指标衡量的基础上，往复循环地向数据中心提供反馈信息，以使平台形成更加良好的运行过程①。

（3）智能会计分析平台。

在智能会计背景下，先由不同的使用者提出需求与目标，分析所需要的信息，再由系统自动抓取，包括标准化的财务信息和非结构化的相关数据，这些海量的数据形成基于大数据的数据库，数据库的数据是集成的。智能会计分析系统主要利用人工智能技术，辅助以会计分析技术、审计分析技术、统计分析技术等对数据库的数据进行分析，根据分析的结果按照平台内预设的报告标准程序编写智能会计分析报告，并把报告打印出来呈现给信息的需求者。当然，信息需求者在后续会根据系统预测的结果与实际值作对比，对提出的需求细致的反馈给智能会计分析系统，修正系统中的模型，以使后续的分析更加科学、合理（见图 1 - 15）。

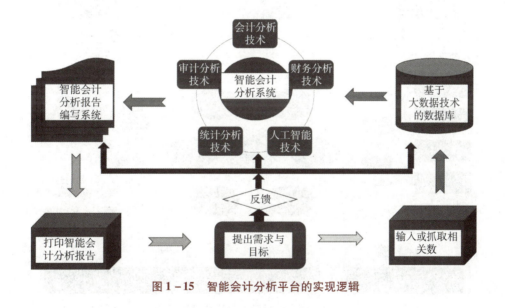

图 1 - 15　智能会计分析平台的实现逻辑

（4）业财管融合平台。

在高新技术的应用下，业财管平台中的三大模块——业务模块、财务模块、管理决策模块各司其职，为企业的运营、发展、管理提供各种数据上的支持及决策上的建议。三大模块之间相互影响、相互作用、相互依托，实现了数据共享、融合发展。

---

① 陈晓红，寇纲，刘咏梅. 商务智能与数据挖掘［M］. 北京：高等教育出版社，2018：19 - 20.

业务模块实现了业务数智化，可以将企业所发生的各种业务进行数字化、智能化处理，从而在业财管平台为财务模块提供真实有效的原始业务数据，并为管理决策模块做出决策而提供数据支持。财务模块通过智能财务平台建立起特定的算法，将传统会计中简单的容易大量重复的工作进行自动化处理，从而提高了企业财务的工作效率，降低了出错概率，极大地节省了企业的人力、物力和财力。由于业务、财务模块数据共享，税务可以直接利用前面业务和财务模块形成的电子数据，再加上将税务信息也进行数字化处理，然后根据税务局方提供的税控设备对企业申税、报税、交税流程实现一键化管理。管理决策模块通过整合业务、财务两个模块的数据和信息，实现了管理综合化、决策有用化及预测精准化（见图 1 - 16）。

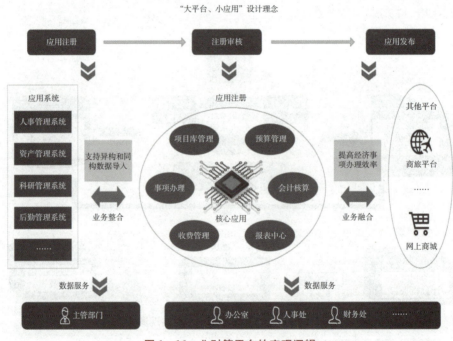

图 1 - 16   业财管平台的实现逻辑

资料来源：国子软件．产品│高校业财一体化工作平台［EB/OL］．搜狐新闻，2019 - 07 - 19．

1.3.2   技术框架

智能会计凭借其更为全面和高效的运行机制，实现了"业、财、管"的全面融合。智能会计的技术框架复杂而又自成体系。智能会计的主要驱动力是高新技术的发展和应用，以"大智移云物区环"为主的信息科技构成了技术框架的底层支撑。在此基础上，智能会计的三大模块——"业、财、管"得以各司其职，为不同类型企业的运营和发展提供多样化的支持。本章节从信息技术基础、理论基础、智能会计模块及模块协同影响三个层面对智能会计的技术框架及其基本脉络进行总体上的梳理。

1. 智能会计概念框架与基本脉络

如图 1–17 所示，智能会计技术框架的概念和脉络以信息技术为基础，以"业、财、管"三大模块为核心，再以模块融合为最终形态。在后文中，本章将利用以上概念框架和基本脉络，结合信息技术的概念和应用剖析三大模块各自的技术框架和路线，并探讨相应的融合机制，最终提出完整的智能会计技术框架。

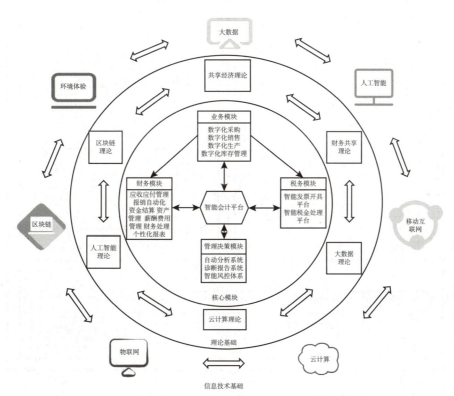

图 1–17　智能会计技术框架的概念框架与基本脉络

2. 智能会计的技术框架

从图 1–18 可以看出，数智化的业务模块作为智能会计技术框架中最有力的数据支撑来源，为共享智能会计三个模块的数据资产、消除模块间的信息孤岛提

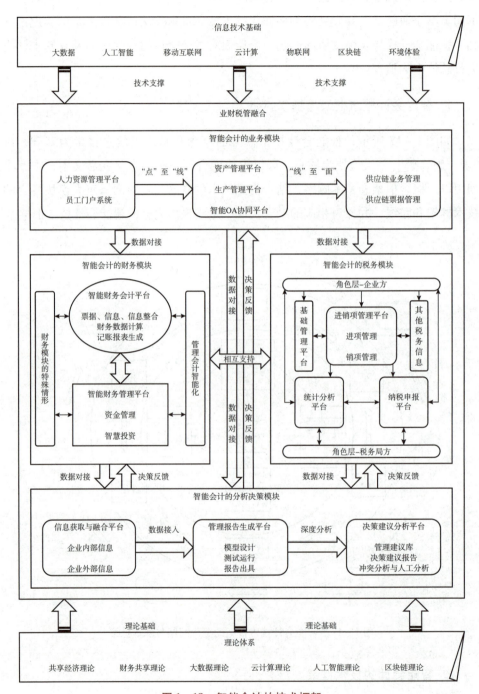

图 1-18 智能会计的技术框架

供了最底层的数据建设；财务模块与业务模块之间数据互连、数据共享；在此基础上管理决策模块才能够对企业内外信息进行充分挖掘，并智能化地选择决策建议链条。基于业财管的深度融合的理念，智能会计可以追溯至底层数据并不断迭代深化模型，可以看出相比于传统会计，智能会计体系是一个更加一体化、灵活、多层次的生态体系。另外，业财为管理决策模块提供数据的同时，管理决策模块也能够通过决策反馈，进一步提升业财两个模块的能力。至此，智能会计三大模块之间形成了一个完整的逻辑闭环，最终形成了一个全方位、多层次的智能会计生态系统。

1.4　本章小结

　　本章分析了数字经济时代对传统会计带来的机遇与挑战。数字经济时代随着企业由办公自动化走向组织数字化和业务数字化，传统的会计工作也逐渐分离出来，以集中和高效为目标的专业会计，以及以推动战略落地和价值创造为目标的管理会计两类职能。前者通过利用数字化的工具，将企业内部在财会专业领域的流程和实践进行标准化、系统化和智能化，提升会计工作质量和效率，以更低的成本支撑业务的高速发展。而后者则聚焦将战略分解为可执行的管理架构和落地方案，通过包括预算管理、绩效管理、风险管理等框架来组织企业的财务管理工作，同时借助数字化转型实现企业内部的业财融合，从更高的视角贯穿整个业务价值链，构建有效的指标体系，及时监控和精准管控，确保战略在企业内部的各级组织被清晰的理解和执行。

 思 考 题

1. 数字经济时代的特点有哪些？催生什么样的新会计模式？
2. 智能会计是什么？
3. 智能会计发展怎样顺应了时代要求？
4. 智能会计的技术框架？

思考题要点及讨论请扫描以下二维码：

第2章

智能会计的理论基础

本章重点

1. 理解财务机器人、人工智能、大数据、云计算、物联网、区块链的内涵。

2. 了解财务机器人、人工智能、大数据、云计算、物联网、区块链的发展过程。

3. 掌握各智能工具对于会计的支撑作用。

案例导入*

为了便捷财务处理流程，深入挖掘财务数据，提高预算决策方案的科学性，安徽工业大学推出了智慧财务系统，利用财务机器人、人工智能、大数据等技术和简单的人机互动，实现了预算、核算、决算、费用报销等业务流程的自动化处理。例如，在流程智慧控制方面，引入人工智能技术，系统根据预先设置好的算法和模型自动识别流程审批人、审批权限，根据学校的管理制度和内部控制知识库，自动判断实现智慧审批跳转，在提升审批效率的同时准确界定和执行了权限范围。再如，基于大数据分析和挖掘技术，对学校各业务环节积累的数据进行多维指标计算和呈现，并且帮助不同信息使用者按需实时获得盈利分析报告、培养成本报告等个性化报表，大大提升了决策的科学性。

理论源于实践，实践创新理论，但实践也需要理论，理论指导实践。智能会计的发展有其深厚的理论基础。智能会计的理论基础可以分解为六个教学模块，内容包括财务机器人、人工智能、大数据、云计算、物联网和区块链。每个教学

---

* 人工智能助力政府会计改革——安徽工业大学智慧财务系统应用案例探访［EB/OL］. 政府会计PLUS，2018－08－18. 详细案例和进一步讨论，请访问链接网址：http：//zhongqishuzhi.com；或扫描章后二维码。

任务基于企业真实的会计数据与财务案例,结合本书后面章节的智能会计三大模块(业务模块、财务模块、决策模块),从数智赋能与开放共享角度,由浅入深地梳理智能会计的基本概念特征、采用的关键技术及智能会计的支撑应用等,辅助相关学习人员在实训前掌握必备的知识基础、技术架构与实现逻辑。

2.1 财务机器人

会计的发展伴随着科技革命的步伐,"大智移云物区"[①] 为代表的数字技术已经将企业财务会计带上了自动化、数字化、智能化的转型之路,数据已然成为驱动经济发展的新引擎[②]。作为自动化的核心环节,财务机器人辅助企业以自动化的方式完成了大量琐碎重复的业务操作,极大地提高了业务流程效率。第一节从财务机器人的概念与特征、发展历程、技术特点等介绍财务机器人助力企业实现财税智能化。

2.1.1 RPA 的概念与特征

RPA 可以模仿人类在计算机上操作,也有人称它为"数字化劳动力"。RPA 被视为提高工作效率和生产力的关键驱动因素,RPA 的概念和特征如下。

1. RPA 的概念

机器人流程自动化(robotic process automation,RPA)是通过特定的可模拟人类在计算机界面上进行操作的技术,按照规则自动执行流程任务,代替或辅助人类完成相关的计算机操作[③]。根据 Gartner、德勤、麦肯锡的定义,RPA 实质上是数字化赋能技术(机器人软件)[④],而 RPA 智能机器人是业界比较通俗的名字,更多地偏重于其使用价值与行业应用。

2. RPA 的特征

根据 RPA 的流程特点与业务价值,其主要特征表现为:基于既定业务规则

---

① 大智移云物区指大数据,人工智能、移动互联网、云计算、物联网、区块链等新兴技术。
② 郭奕,赵旖旎. 财税 RPA:财税智能化转型实战 [M]. 北京:机械工业出版社,2020:1 - 8.
③ 达观数据. 智能 RPA 实战 [M]. 北京:机械工业出版社,2020:3 - 10.
④ 朱龙春,刘会福,等. RPA 智能机器人:实施方法和行业解决方案 [M]. 北京:机械工业出版社,2020:8 - 17.

执行任务、提供全过程的操作行为记录、确定执行过程与结果、再造与优化企业流程。RPA 的业务价值表现为节省成本、提升运营效率、提高业务处理的准确性，以及实现组织的高敏捷性。另外，RPA 对于提升客户体验、提高业务部门与科技部门的协作水平方面成效明显。

2.1.2　RPA 的发展历程

RPA 的发展和计算机的硬件成本与运算能力密切相关，其发展阶段与关键技术如图 2 - 1 所示[①]。

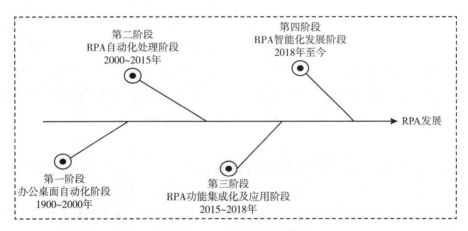

图 2 - 1　RPA 发展的四阶段

1. 第一阶段（1990 ~ 2000 年）：办公桌面自动化阶段

该阶段软件的突破标志是微软的 DOS 和 Windows 操作系统诞生，企业办公流程从手工方式转变为数字化处理方式。另外，批处理脚本技术（batch script）的出现，有利于嵌套式流程任务的执行。

2. 第二阶段（2000 ~ 2015 年）：RPA 自动化处理阶段

该阶段产生了以可视化应用基础（Visual Basic for Application，VBA）为代表的宏技术[②]，能够方便地将重复性动作自动化与流程化。业务流程再造（busi-

---

① 达观数据. 智能 RPA 实战 [M]. 北京：机械工业出版社，2020：13 - 26.
② VBA（Visual Basic for Application）是基于微软的软件开发平台的一种宏语言。

ness process management，BPM）的提出，将公司组织的过程、资源、员工、管理等进行了重新设计与持续优化，主要目的是实现财务目标。

3. 第三阶段（2015~2018年）：RPA功能集成及应用阶段

该阶段呈现出诸多创新技术的诞生伴随科技公司的陆续成立。UiPath、Blue Prism、Nice等公司的颠覆性创新，形成了核心的产品形态，可视化Robots设计器、操作录制流程技术、可控性的调度系统等促进了RPA的集成化、商业化、产业化。

4. 第四阶段（2018年至今）：RPA智能化发展阶段

该阶段RPA与人工智能技术深度融合，实现了从简单重复任务到复杂智能工作的"跨越"。在机器学习、神经网络的基础上，计算机视觉技术、自然语言处理基础赋能RPA机器人"千里眼"与"顺风耳"：前者让RPA具备"慧眼"模仿人类办公操作，实现了图文处理的自动化；后者使得RPA"读懂"文档含义，"判断"数据勾稽关系，"发现"问题并作出"诊断报告"。

2.1.3　RPA技术对智能会计的支撑

根据Everest调研机构的报告，对于行业属性不明显的业务流程，RPA应用占比最大的是财务会计领域[①]。RPA对财税领域的支撑主要包括：费用报销RPA、发票订单核对RPA、银企对账RPA、税务业务RPA、财务报表RPA等。

1. 费用报销RPA

相比于传统的人工报销模式工作量大、易出错的困境，费用报销审核RPA基于OCR技术自动识别报销凭证与报销单据，通过NLP技术对报销金额进行标准判断与自动校对，自动登录企业邮箱发送给业务领导审核，再将业务处理结果通知报销员工。无论是发票的识别率、审核的精细度还是业务的实效性都得到了大幅提升[②]（见图2-2）。

---

① 王言. RPA：流程自动化引领数字劳动力革命［M］. 北京：机械工业出版社，2020：200-221.
② 达观数据. 智能RPA实战［M］. 北京：机械工业出版社，2020：261-283.

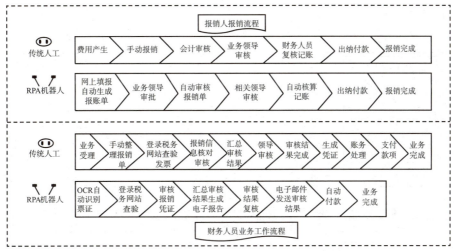

图 2 - 2　RPA 机器人在费用报销审核中的应用

2. 发票订单核对 RPA

传统财务业务中发票到付款流程涉及诸如订单核对、发票对账、付款核实、团队沟通等环节，时间耗费与人力成本较高。采用发票订单核对 RPA 机器人实现了发票与订单核对的自动化。首先，针对发票与订单业务进行流程拆分与设计。其次，整理流程中需要的数据库与校验规则，确认数据采集与校验规则的可行性。再次，进行流程自动化测试，验证数据采集的完整性及校验规则的准确性。最后，发票订单核对 RPA 机器人自动识别并匹配发票与订单（价格与数量），匹配通过的订单自动流转至付款环节；匹配有误的订单自动派发给人工环节，并给出问题与建议。发票订单核对 RPA 机器人提高了发票到付款的处理速度与业务质量，加强了财务管控力度[1]（见图 2 - 3）。

3. 银企对账 RPA

传统银企对账业务由于账单数量庞杂，企业与银行的"未达账项"信息不对称，人工对账出错率较高。采用银企对账 RPA 机器人自动提取企业、银行系统、第三方的账务信息，然后自动匹配账单信息、自动生成对账报告、自动汇总余额调节表、自动发送报告邮件给指定人员，大大降低了人为错误的发生概率。实践证明，银企对账 RPA 机器人的工作效率是传统人工对账效率的 6.7 倍，准确率

---

[1]　达观数据. 智能 RPA 实战 [M]. 北京：机械工业出版社，2020：270 - 285.

高达100%①（见图2-4）。

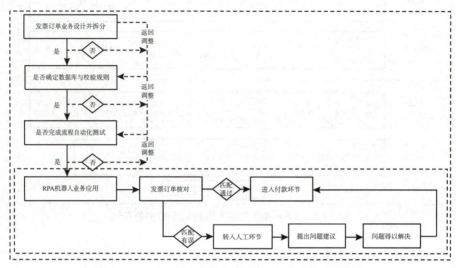

图 2-3　RPA 机器人在发票订单核对流程中的应用

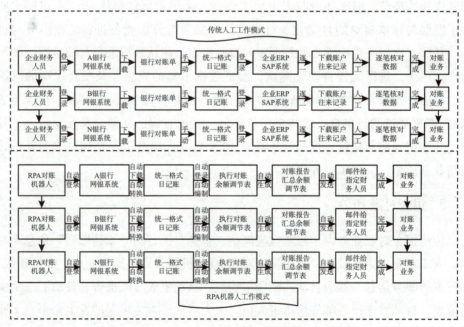

图 2-4　RPA 机器人在银企对账流程中的应用

---

① 朱龙春，刘会福，等. RPA 智能机器人：实施方法和行业解决方案 [M]. 北京：机械工业出版社，2020：160-182.

4. 税务业务 RPA

RPA 税务机器人主要采用了批量开票机器人、自动开票机器人、自动报税机器人等。以批量开票机器人为例[1]，针对传统批量开票业务存在发票清单繁多，操作效率低与错误率高的弊端，批量开票机器人自动登录税务网的电子开票系统，通过文本识别技术获得网络电子文本，再使用 OCR（光学字符识别）技术验证发票真伪，操作税务软件对接财务核算系统，自动进入税控系统批量开具发票。另外，RPA 税务机器人还能解析关联企业的发票数据并自动登记到企业内部系统，自动发送台账给税务人员，同时自动发送邮件给申请人，实现了高效开票的全自动化[2]（见图 2-5）。

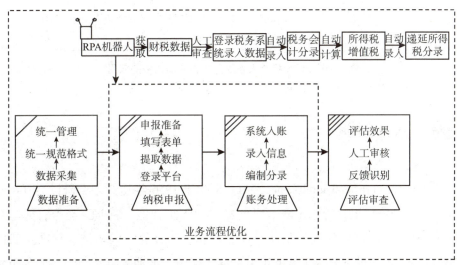

图 2-5 RPA 机器人在税务业务中的应用

5. 财务报表 RPA

针对财务报表生成过程烦琐漫长的"痛点"，财务报表 RPA 机器人通过流程自动化推动数智化：第一，RPA 机器人录入并导出数据，合并处理并计算期末余额。第二，财务机器人每月初向分公司发出数据催收邮件并实时监控收集文件。第三，对财务报表进行自动化解析，转换为电子化财务数据。第四，汇总子公司

---

① 自动开票机器人、自动报税机器人的工作原理类似于批量开票机器人，篇幅所限，不再赘述。
② 田高良，陈虎，郭奕，等. 基于 RPA 技术的财务机器人应用研究 [J]. 财会月刊，2019（18）：10-14.

基本信息、财务信息、报告信息，生成合并财务报表。第五，RPA 机器人生成个性化的财务报告，发送到指定负责人邮箱。财务报表 RPA 机器人深入分析并挖掘数据价值，为集团战略提供科学的决策支持①（见图 2-6）。

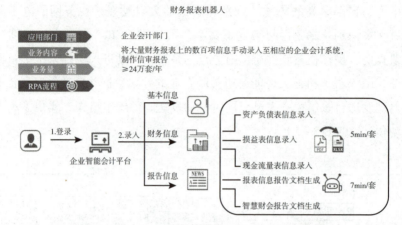

图 2-6　RPA 机器人在财务报告自动化中的应用

2.2　人工智能

人工智能（artificial intelligence，AI）诞生于 1956 年达特茅斯研讨会（dartmouth conference）上，约翰·麦卡锡创造了"人工智能"一词。至今，人工智能已经经历了 60 多年的发展历程。在大数据、云计算、区块链、移动互联网"四位一体"的协助下，人工智能正引发链式突破，推动人类社会经济的各个领域从数字化、网络化向智能化全面发展②。本章节将从人工智能的概念、发展阶段、关键技术等方面介绍人工智能如何支撑智能会计。

2.2.1　人工智能的概念与发展阶段

人工智能的概念与我们对现实本质、自我身份的认同和人类实质的核心信念有关，21 世纪人工智能的发展会更迅速，人工智能的概念和发展阶段如下。

---

① 张玉明．智能会计 [M]．北京：经济科学出版社，2021：54-56.
② 国务院关于印发新一代人工智能发展规划的通知 [EB/OL]．中国政府网，2017-07-08.

1. 人工智能的概念

由于人工智能是当前最前沿的交叉学科，目前人工智能的定义并不统一。斯图尔特·罗素（Stuart Russell，2010）将人工智能区分为四类：一是像人一样思考的系统；二是像人一样行动的系统；三是理性思考的系统；四是理性行动系统[①]。虽然维基百科认为"人工智能就是机器展现出来的智能，只要机器有智能的特征和表现，就应当视为人工智能"比较简单，实际上，拉斐尔（Raphael）对人工智能的评价更为贴切：人工智能是一门科学，这门科学让机器人做人类需要智能才能完成的事情[②]。从计算机应用系统的角度看，人工智能是研究如何制造智能机器或智能系统来模拟人类智能活动的能力，以延伸人类智能的科学[③]。本书采纳中国《人工智能标准化白皮书（2018 年）》定义：人工智能是利用数字计算机或者由数字计算机控制的机器，模拟、延伸和扩展人类的智能，感知环境、获取知识并使用知识获得最佳结果的理论、方法、技术和应用系统[④]。

2. 人工智能的发展阶段

人工智能的发展大致可以分为三个阶段。

（1）第一阶段（1950～1980 年）：人工智能诞生期。

在该阶段，人工智能基于符号主义（逻辑、知识）得到快速发展，但是受到计算机算法、硬件设备、运算能力的制约。

（2）第二阶段（1980～2000 年）：人工智能发展期。

在此阶段，专家系统（模糊逻辑）得到了技术支撑，数学模型有了创新性突破，然而专家系统在自学习能力、推理能力还存在局限性，另外人工智能开发成本较高。

（3）第三阶段（2000 年至今）：人工智能成熟期。

该阶段随着互联网的普及、大数据的应用、云计算的提升，人工智能取得了革命性的进展，在很多领域都得到了应用发展。语音识别、集成学习、虚拟现实等技术的稳步发展，表明人工智能技术成熟度较高。

[①] Stuart Russell. 人工智能——一种现代方法：第 4 版 [M]. 张博雅，等译，北京：人民邮电出版社，2022：2-5.

[②] Raphael B. The Thinking Computer: Mind Inside Matter [M]. W. H. Freeman & Co. 1976.

[③] 王莉，宋兴祖，陈志宝. 大数据与人工智能研究 [M]. 北京：中国纺织出版社，2019：33-35.

[④] 人工智能标准化白皮书（2018 版）[EB/OL]. 信息技术研究中心，2018-01-24.

2.2.2 人工智能的关键技术

人工智能是一门独特的科学，允许我们探索未来生活和工作的诸多可能性，它的方法已经被纳入计算机科学的标准技术中。人工智能引领产业发展的关键技术包括机器人流程自动化、光学字符识别技术、自然语言处理技术、机器学习、认知智能、智能工作流等。

1. 机器人流程自动化

机器人流程自动化实质上是一款自动化软件（工具），将该软件的配置安装在计算机或服务器上，通过模拟键盘、鼠标等人工操作来实现操作自动化，适用于具有规则性、附加值低、重复性高的工作业务流程，面对复杂的界面和文本，需要与业务人员在交互界面（应用系统）相互配合。RPA 相当于人类的"灵巧双手"，高效率地接受并完成指令，AI 则是人类的"智慧大脑"，进行模仿、思考、决策。故 RPA 需要与 AI 相结合，相当于基于规则和流程的自动化基础上，进一步地深度学习与认知推理、判断决策，大幅提升企业运营效率，降低人工操作风险，对接"孤岛式"业务系统，实现智能流程自动化[①]。

2. 光学字符识别技术

光学字符识别技术（Optical Character Recognition，OCR）指利用电子设备（如扫描仪）将任何纸质文档中手写或打印的文字转换为可由计算机识别软件读取编辑的文本格式，可供文字处理软件进一步编辑加工的处理技术。OCR 技术一般可以分为五个流程（阶段）：图像分析与处理－版面分析－图像分割－文字识别－版面还原。其中，图像分析与处理是指针对图像的成像过程中存在的问题进行修正，例如几何变换、去模糊处理、光线校正等；版面分析是指对文字版面、所在位置、范围与布局的检测，主要处理算法有 RCNN，Mask－RCNN，Unet 等；图像分割就是把图像分成若干个特定的、具有独特性质的区域的技术和过程，它是由图像处理到图像分析的关键步骤；文字识别是指在文本检测的基础上，将图像中的文本信息转换为计算机可识别和处理的文本信息；版面还原是将最终的文字识别或文本抽取的结果输出（见图 2－7）。

---

① 尼克. 人工智能简史（2017 年版）[M]. 北京：人民邮电出版社，2015：112.

图 2 – 7 OCR 技术流程

3. 自然语言处理技术

自然语言处理技术（Natural Language Generation，NLG）是自然语言的计算机处理技术的统称，其目的是有助于计算机理解和接受人类借助自然语言输入的指令，完成一种语言到另一种语言的翻译过程。NLG 技术的核心是语义分析，其基于自然语言进行语义信息分析，不仅能进行词法、语法分析，而且能确定单词、词组、句子、段落含义。具体而言，语义分析技术包括词法分析、句法分析、语用分析、语境分析、自然语言生成。NLG 技术应用场景有文本纠错、标签提取、文本相似度比对、文本分类、文本聚类等（见图 2 – 8）。

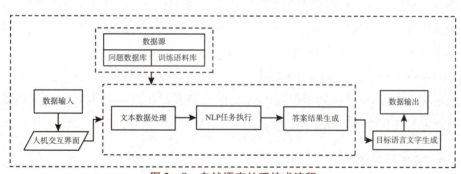

图 2 – 8 自然语言处理技术流程

4. 机器学习

机器学习（machine learning，ML）是指让计算机无须进行明确编程就具备学习的能力①，ML 共有五个发展阶段。第一阶段是机器"推理期"，人们认为只要能赋予机器逻辑推理能力，机器就具有智能。第二阶段是机器"知识期"，要使机器具有智能，必须设法使机器拥有知识。第三阶段是机器"学习期"，机器学习开始成为一个独立的学科领域，各类机器学习技术百花齐放。第四阶段是机器"统计学习期"，"统计学习"取代连接主义技术占据了主导地位，其代表性技术是支持向量机与核方法。第五阶段是机器"深度学习期"。连接主义学习卷

---

① 蒋鲁宁. 机器学习，深度学习与网络安全技术［J］. 中国信息安全，2016，5（5）：92 – 94.

土重来，掀起了"深度学习"的热潮（见图 2–9）。

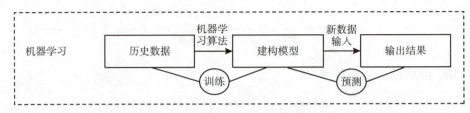

图 2–9　机器学习技术流程

5. 认知智能

认知智能是智能三层面的高级阶段（计算智能、感知智能和认知智能），这与人工智能的划分标准有关（人工智能和强人工智能）。简言之，认知智能是指让机器能够像人一样思考的强人工智能[1]，这种思考能力体现为三个方面：第一，机器具备理解数据、语言进而理解现实世界的能力；第二，机器能够解释数据、解构过程进而解释现象；第三，机器具备推理、规划、联想等人类特有的一系列认知能力[2]。（认知）智能体（cognitive agent，CA）能够持续执行"感知环境中的动态条件"—"执行动作影响环境"—"进行推理并解释感知信息"—"求解问题和决定动作"[3]，其不仅能够优化作业流程，快速响应不同的业务场景，而且能够避免技术风险和应用风险。

6. 智能工作流

智能工作流（Smart Workflow，SW）是能够自动化地处理相关活动和任务，能够精确化每一个处理步骤，减少人机交互处理过程中的错误，最大化提高生产效率的流程。智能工作流随着行业领域自动化、智能化的发展而广泛应用到动态可变的场景中。SW 技术可动态地调整 RPA 的任务设定、业务流程的自动变更与自动升级，可指导 RPA 进行自适应作业模式。实现 SW 的方法有基于遗传算法的工作流调度、基于粒子群优化算法的启发式算法（PSO）、基于自然界和仿生学的智能算法（混合蛙算法、蝙蝠算法、人工蜂群算法）等。当前，SW 主要基于智能规划进行工作流处理，统筹考虑多项事件的共同影响，通过智能规划推导出

---

①　肖仰华：知识图谱与认知智能［EB/OL］. 知识工场实验室，2018 – 04 – 04.
②　达观数据. 智能 RPA 实战［M］. 北京：机械工业出版社，2020：70 – 97.
③　6 大人工智能应用关键技术，终于有人讲明白了［EB/OL］. CSDN，2020 – 08 – 19.

不同工作流和任务之间的逻辑关系，并从其他渠道与外部信息中挖掘潜在的关系，过滤噪声数据并实现流程的自动修正，进而实现自适应性的作业模式和任务过程（见图 2-10）。

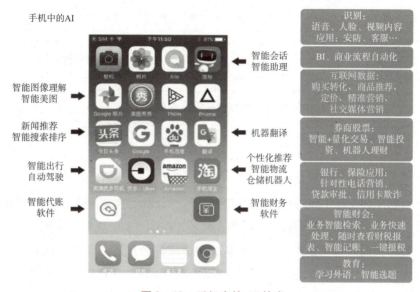

图 2-10 手机中的 AI 技术

2.2.3 人工智能技术对智能会计的支撑

在人工智能研究中产生了搜索技术和专家系统等，这些技术都嵌入了许多控制系统、金融系统。目前，财会系统使用神经网络、遗传算法和专家系统用于辅助财务决策。人工智能对智能会计的支撑主要体现在三个方面：集成企业资源计划（enterprise resource planning，ERP）各子系统功能、实现多业务系统对接共享、推动业务系统智能化升级。

1. ERP 各子系统功能集成

ERP 各系统功能集成是指将公司集团信息化过程中生成的 ERP 子系统进行数据整合与功能集成，按照战略规划要求将财务管理、生产管理、物流管理、采购管理、销售管理、库存管理、人力资源管理模块对接，自动生成报告，提高运营灵活度和透明度。以生产运营产能报表的报关业务为例：人工智能技术支撑 RPA 系统，通过报关机器人自动登录运营管理系统，自动选择"运营产能表"，根据所需要统计的要求进行指标查询，自动将结果数据下载到 Excel 表格并进行空白项和重复项检查，自动将完整信息填入对应的表格和数据库中，自动完成产能报表并发送到指定负责人（见图 2-11）。

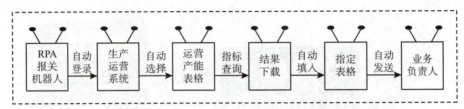

图 2-11　人工智能技术在报关业务流程中的应用

2. 多业务系统对接共享

多业务系统对接共享是指人工智能技术支撑业务、财务、税务、银企业务等数据对接与信息共享，集成工作流与自动化业务，实现从单次任务执行到批量任务处理，并且提供可追溯可查询的自动化作业模式，在业务系统联动的基础上进行自动执行、自动归档、自动备份。以业务系统的供应商管理流程为例，首先是信息识别。RPA 机器人自动登录供应商系统，识别任务与信息并自动分类存储、自动检查。以宏观的大数据网络涵盖全局的数据报表，细致入微的个体数据解析[1]。其次是常规检测。RPA 机器人根据规则标准，调用专家知识库进行信息与关键内容判断，并上报检测报告与异常信息。再次是辅助判断。根据前面两个阶段的内容结果进行重点识别，根据专家知识库"锁定"关键点与重点内容，并将关键信息发送给业务人员并提供处理意见。最后是经验累积。记录信息识别、信息分类、信息存储、常规检测、重点识别全过程，进一步丰富与完善专家诊室库系统（见图 2-12）。

3. 业务系统智能化升级

业务系统智能化升级是指人工智能结合 RPA 技术、自然语言处理技术（Natural Language Processing，NLP 技术）[2]、OCR 技术等，构建业财管的自动化、智能化系统。以财务共享服务平台为例，首先是建模平台。通过任务池管理、角色管理、门户及工作流管理、服务协议等，为客户、供应商、员工、合作伙伴提供

---

[1]　王艳艳，金义，钱诚，等. 基于资质评价模型与不良行为分析的供电企业供应商管理系统开发 [J]. 武汉理工大学学报（信息与管理工程版），2022（5）：752-757，765.
[2]　自然语言处理（NLP）是一种机器学习技术，使计算机能够解读、处理和理解人类语言。如今，组织具有来自各种通信渠道（例如电子邮件、短信、社交媒体新闻源、视频、音频）的大量语音和文本数据。他们使用 NLP 软件自动处理这些数据，分析消息中的意图或情绪，并实时响应人际沟通。

组织服务。其次是业务系统管理。集成影像管理、运营管理、任务管理模块，完成单据影像扫描与存储，实现电子流与实务流的结合。再次是共享财务管理。以 AI 技术为代表的信息技术为财务共享中心的智能化转型提供了技术支持，使得财务管理更加科学和智能①。对接影像系统与费用报销接口，实现费用共享、应收共享、应付共享、银企共享、资产共享、总账共享与报销共享等审核与核算的无纸化流程。最后是智能化管理。指在财务大数据共享的基础上，进行智能决策与辅助预测，过程与结果并重、管控与服务并举、监督与指导共进，实现智能会计业务记录与价值创造的动态化、即时性、系统性（见图 2 - 13）。

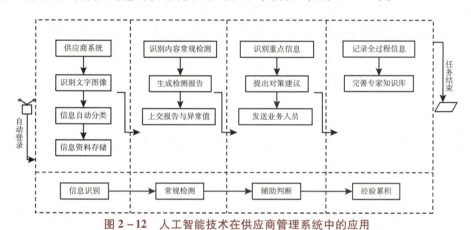

图 2 - 12 人工智能技术在供应商管理系统中的应用

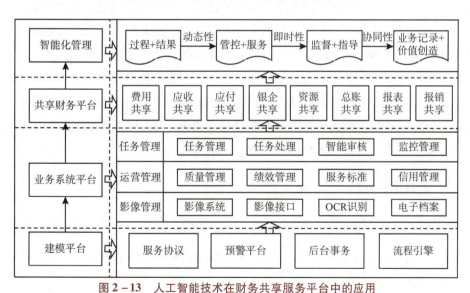

图 2 - 13 人工智能技术在财务共享服务平台中的应用

---

① 赵颖. 数智化财务共享平台的影响研究 [J]. 财会学习，2023（21）：4 - 6.

2.3　大数据

大数据（big data）最早是美国硅图公司（SGI）科学家约翰·马斯（John R. Masey）于 1998 年在 USENIX 大会①上首次提出，用来描述"数据爆炸"的现象。随着第三次信息化浪潮的涌动，大数据时代全面开启。"大数据为新财富，价值堪比石油"②，大数据科学家维克托·迈尔 – 舍恩伯格认为：世界的本质就是数据，大数据将开启一次重大的时代转型，数据列入企业资产负债表只是时间问题③。本章节将从大数据的概念、特征、关键技术等方面介绍大数据如何支撑智能会计。

2.3.1　大数据的概念与特征

当前，大数据正成为巨大的经济资产，成为新世纪的"矿产"与"石油"，将带来全新的创业方向、商业模式和投资机会，大数据的概念和特征如下。

1. 大数据的概念

研究机构高德纳（Gartner）、麦肯锡、维基百科等分别从宏观视角、数据软件、数据本身的量、种类与增长速度角度描述了大数据。实际上，"大数据"的提法具有时代相对性，今天的大数据在未来就不一定是大数据了。故大数据可从狭义和广义两个维度进行理解。所谓狭义的大数据，是指利用大数据的相关技术在各个领域的应用，以及从海量的数据中快速获得有价值的信息的能力。所谓广义的大数据，是指为了适应信息经济时代发展需要而产生的大数据技术、大数据工程、大数据科学和大数据应用的全新科技体系④。当人们谈到大数据时，往往并非大数据本身，而是指大数据与大数据技术的结合。

2. 大数据的特征

IBM 公司认为大数据具有 3V 特点，即规模性、多样性、实时性，以互联网

---

① USENIX Annul Technical Conference（USENIX ATC），是计算机系统领域国际顶级学术会议。
② The Global Information Technology Report 2012［EB/OL］. https：//www3. weforum. org/docs/Global_IT_Report_2012. pdf.
③ 维克托·迈尔 – 舍恩伯格，肯尼思·库克耶著. 大数据时代［M］. 盛杨燕，周涛，译，杭州：浙江人民出版社，2016.
④ 深圳国泰安教育技术股份有限公司大数据事业部群. 大数据导论 – 关键技术与行业应用实践［M］. 北京：清华大学出版社，2015：4 – 8.

数据中心①（internet data center，IDC）为代表的业界在此基础上扩展了大数据的价值性。当前，业内普遍认可大数据的四个基本特征：数据规模大、数据种类多、处理速度快、价值密度低。

（1）规模性（volume）。

数据规模大是大数据的基本属性，指大数据处理的是普通计算机和常规软件无法应对的海量信息。随着互联网的崛起，人们处理数据的量级从 GB 上升到 TB，再到 PB 甚至 EB，人类以前所未有的能力使用海量数据，从中发现新知识、创造新价值。

（2）多样性（variety）。

数据的大爆炸使得大数据呈现出多样化特征，过去人们处理的大多都是结构化数据。目前全世界 75% 的数据都是非结构数据，如 Office 文档、图片、音频、视频文件。数据类型不仅包括传统的关系型数据，还包括未加工的半结构化和非结构化信息。

（3）实效性（velocity）。

数据产生和更新的频率是大数据的重要特征。1 秒定律是大数据与传统数据区别的最显著特征。互联网每一秒都产生大量的数据，但实际上往往只有很少一部分数据是我们需要的，这要求互联网能够快速地从海量数据中挖掘出有价值的信息。

（4）价值性（value）。

"价值"是大数据的核心特征，表现为价值密度低、商业价值高。价值密度低指在数据呈指数增长的同时，隐藏在海量数据中的有用信息并未按比例增长，获取有用信息的难度不断加大；商业价值高是指从大量不相关、多类型的数据中找到相关关系，从而预测未来趋势。

2.3.2　大数据的关键技术

大数据是一场生活、工作与思维的大变革，从数据分析全流程的角度看，大数据处理的相关技术一般包括大数据采集、大数据准备、大数据存储、大数据分

---

① 互联网数据中心（internet data center，IDC）是指一种拥有完善的设备（包括高速互联网接入带宽、高性能局域网络、安全可靠的机房环境等）、专业化的管理、完善的应用服务平台。在这个平台基础上，IDC 服务商为客户提供互联网基础平台服务（服务器托管、虚拟主机、邮件缓存、虚拟邮件等）及各种增值服务（场地的租用服务、域名系统服务、负载均衡系统、数据库系统、数据备份服务等）。

析与挖掘、大数据展示与可视化①②（见图 2 - 14）。

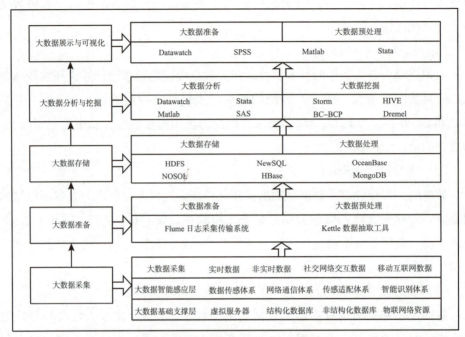

图 2 - 14 大数据平台架构及关键技术

1. 大数据采集

大数据采集是大数据知识服务体系的根本，是指通过实时数据（RFID 射频数据、传感器数据等）、非实时数据（历史视频等）、交互数据（社交网络等）、移动互联网数据（手机 App 等）获得结构化、半结构化、非结构化的海量数据。大数据采集一般包括大数据智能感知层和基础支撑层。大数据采集的方法主要有系统日志采集、网络数据采集、数据库采集和其他数据采集。

2. 大数据准备

大数据准备是指对数据的抽取、转换、加载等预处理操作。针对结构化与非结构化的数据类型，数据抽取与转换能够辅助用户将复杂的数据转化成为单一的数据，以达到快速分析处理的目标。大数据准备的主要工具是 ETL③ 工具，其包

---

① 林子雨. 大数据技术原理与技术［M］. 北京：人民邮电出版社，2015：34 - 37.

② 深圳国泰安教育技术股份有限公司大数据事业部群. 大数据导论 - 关键技术与行业应用实践［M］. 北京：清华大学出版社，2015：90 - 96.

③ ETL 是英文 Extract - Transform - Load 的缩写，用来描述将数据从来源端经过抽取（extract）、转换（transform）、加载（load）至目的端的过程。

括 Flume 和 Kettle 两个子工具，前者是分布式的海量日记采集和传输系统，后者是由 Java 编写并可在 Windows、Linux 和 UNIX 上运行数据抽取的 ETL 工具。

3. 大数据存储

大数据存储技术目标主要是容量上的扩展与数据格式的扩展。容量上的扩展要求低成本、即时按需地扩展存储空间；数据格式的扩展要求结构化数据、非结构化数据的格式扩展管理。大数据存储工具主要有 HDFS、NoSQL、NewSQL、HBASE、OceanBase 等。HDFS 是数据存储管理的基础，呈现分布式的文件系统；NoSQL 是非关系型的数据库，能够处理巨量的大数据；NewSQL 是可扩展高性能的数据库，具有对海量数据的存储管理能力；HBASE 是动态模式数据库，是针对结构化数据的高性能分布式数据库；OceanBase 是分布式数据系统，可实现数百 TB 数据的跨行跨表事务处理。

4. 大数据分析与挖掘

大数据分析与挖掘是基于商业目的进行收集整理、加工处理数据，从中提炼有价值信息的过程。其中，大数据分析是指通过分析工具和方法对已有大数据进行探索分析，从中发现因果关系、业务规律，为商业目标提供决策参考。大数据分析的主要计算分析软件有 Datawatch、Stata、Matlab、SAS、Storm、Hive、BC – BSP 等，实时数据处理、数据可视化、数据集成和数据查询。此外，大数据挖掘是从大量模糊、随机不完全的实际数据中，提取隐含其中且潜在有用的信息和知识的过程。大数据挖掘的工具有 Mahout、R、Datawatch、Stata 等，在此基础上，用户能够将最新数据进行可视化分析与信息挖掘工作。

5. 大数据展示与可视化

大数据展示与可视化是指将错综复杂的数据与信息，通过图片表格等图形化、智能化的方式展现给用户，有利于人们获取复杂情景的深刻理解，检验已有预测并探索未来发展。大数据展示与可视化工具主要有 Datawatch、Matlab、SPSS、SAS 等，其中 Datawatch 是数据可视化最流行的工具之一，允许用户访问并抽取任何数据信息转换为实时数据图表（地平线图、线性图等），不仅能够连接关系型数据库进行快速有效的多维分析，而且具备性能良好的时间序列分析能力，是公司与用户投资交易的好助手（见图 2 – 14）。

2.3.3　大数据技术对智能会计的支撑

数据作为企业的重要资产,数据价值是通过业务赋能来实现的。智能会计平台涵盖业务数据、财务数据、银企数据、税务数据等海量数据与信息,大数据对智能会计的支撑主要包括实现数据标准化与集成化、辅助企业科学决策与预测、"赋能"企业价值链增值三个方面(见图2–15)。

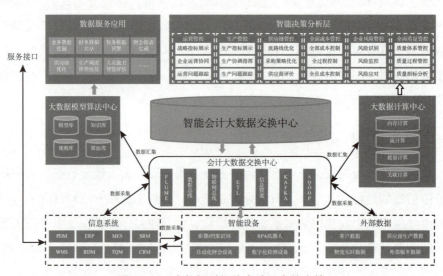

图 2 – 15　大数据对智能会计平台的支撑

1. 依托大数据线上线下相结合,智能会计数据标准化与集成化

智能会计学领域的数据是典型的大数据,涵盖企业信息的采集、处理、存储、传播、分析和解释。首先,基于大数据的智能会计平台系统,通过对企业内外大数据资源的整合应用,打造以业务、财务、税务、管理决策为主的"四位一体、相互协同"的新模式,实现了生产、运营、管理、决策的信息化与流程化。其次,智能会计平台系统打破"信息孤岛"与"资源烟囱",支持线上线下相结合,提供资产管理、业务追踪、智能设备自助式数据采集等全方位、立体化、全程式服务功能,实现数据信息公开透明开放。最后,智能会计整合大数据技术,实现平台应用、数据、用户等资源共享,提供满足内外部精细化要求的管理报告,对业务过程进行事先预测、事中控制和事后指导,促进了管理模式的精细化,组织架构"扁平化",实现了资

源的优化配置。

2. 基于机器学习进行数据挖掘，智能会计辅助科学决策预测

机器学习（machine learning）是数据挖掘中的一种重要工具，数据挖掘还通过许多非机器学习技术解决数据仓储、大规模数据、数据噪声等实际问题，解决智能会计"从数据学习"到"智能学习"。首先，大数据不仅仅是一种技术，更多是一种理念、一种问题解决思路和一系列技术的集合，通过分布式技术的发展，智能会计平台处理数据的能力极大提高：不同于传统的 BI[①] 从数据中抽样建模，再回 DW[②] 实施，智能会计平台大数据可以直接从全量数据中找到规律，通过数据的样本多样弥补模型的准确性。其次，传统企业的重大决策通常在很大程度上依赖领导者的经验与判断，由于信息化程度不高，经营环境又比较复杂，所以企业决策的准确性不高。在智能会计中运用大数据辅助决策，剔除人的主观因素影响，对收集到的数据进行系统综合、全面分析与科学评价，为管理者决策提供更加个性化和精细化的数据支持。通过深度学习，从数据中挖掘价值，有效预测未来发展趋势，为促进企业组织的商业成功"锦上添花"。

3. "搭乘"云计算，支持智能会计"赋能"企业价值链

大数据 IT 架构的基本特征首先必须是横向扩展的，所以从技术上看，大数据与云计算的关系就像一枚硬币的正反面：云计算作为计算资源和存储资源的底层，通过分布式架构支撑着上层大数据平台，大数据在"云端"存储数据实现成本优化、访问控制和合规性。首先，大数据最核心的技术就是在于对于海量数据进行采集、存储、管理和分析。智能会计平台通过整合内部和外部大数据，存储数据和分析数据形成自己的数据湖（Data Lake），在归档数据、潜在数据（日记文件、错误文件和来自应用程序的操作数据）中获得新的业务价值，从而升级了传统企业数据的处理能力。其次，智能会计平台借助大数据与云计算，通过"数据加工"实现数据增值，提高对供应商、客户、企业数据的"加工能力"；完成业务、财务、税务、管理决策的"数据变现"；进行企业内外部的风险管理、信

---

① 商业智能（business intelligence，BI），又称商业智慧或商务智能，指用现代数据仓库技术、线上分析处理技术、数据挖掘和数据展现技术进行数据分析以实现商业价值。

② Adobe Dreamweaver（DW），中文名称"梦想编织者"，最初为美国 Macromedia 公司开发，2005 年被 Adobe 公司收购，是集网页制作和管理网站于一身的所见即所得网页代码编辑器。

用评估、资金流动分析等。大数据分析还可以提供"供应商画像""企业视图""客户视图"等，进行元数据管理、安全与隐私保护、数据生命周期管理，在Hadoop[①]框架下形成完整的大数据管理与生态体系。最后，智能会计对企业组织的价值能力提升体现在流程管理与绩效管理方面，借助大数据相关性分析技术能识别业务的"拥堵环节"，智能会计平台据此进行业财流程优化，不仅能大大地提升业务处理效率，而且能发现深层次的问题根源。另外，通过获取、关联和分析更多维度、更深层次的大数据，有利于实现企业的价值增长与数字化转型。

2.4   云计算

当前，在信息技术（information technology，IT）行业非常流行的词是"云"。自从 Google 推出"云计算"（cloud computing）以来，IT 行业的各大厂商纷纷卷入了一场"云中战争"，2010 年也被 IT 界称为云计算元年。未来世界都在"云"中：云服务器是"大脑"，互联网是信息传播的"神经网络"，云计算正在改变世界。本章节将从云计算的概念、特征、关键技术等方面介绍云计算如何支撑智能会计。

2.4.1   云计算的概念与特征

事实上，云计算比大数据"成名"要早，2006 年谷歌首席执行官埃里克·施密特在搜索引擎大会上首次提出"云计算"，云计算是处理"大数据"的技术手段。因此，大数据是需求，云计算是手段。云计算的概念与特征如下。

1. 云计算的概念

根据美国国家标准与技术研究院（NIST）的定义，云计算是一种按使用量付费的模式，该模式提供可用的、便捷的、按需的网络访问，进入可配置的计算资源共享池（网络、服务器、存储、应用软件、服务），这些资源只需要投入很

---

① Hadoop 是一个由 Apache 基金会所开发的分布式系统基础架构，用户可以在不了解分布式底层细节的情况下，开发分布式程序。

少的管理工作，本质上是通过网络按需提供 IT 资源。

2. 云计算的特征

由于"云"支持方便、按需地通过网络访问可配置计算资源的共享池，其具有规模化、虚拟化、自助化和性价比高的特征。

（1）规模化。

云计算的规模化是指"云"的规模大、用户的访问量大。一般企业的私有云拥有数百台服务器，用户可以随时随地使用任何云端设备接入网络并使用云端资源。

（2）虚拟化。

虚拟化突破了时间、空间的界限，是云计算最为显著的特点，虚拟化技术包括应用虚拟和资源虚拟两种。众所周知，物理平台与应用部署的环境在空间上是没有任何联系的，而是通过虚拟平台对相应终端操作完成数据备份、迁移和扩展等。

（3）自助化。

计算机包含了许多应用、程序软件等，不同的应用对应的数据资源库不同，所以用户运行不同的应用需要较强的计算能力并对资源进行部署，而云计算平台能够根据用户的需求快速配备计算能力及资源。

（4）性价比高。

云计算将资源放在虚拟资源池中统一管理，在一定程度上优化了物理资源，用户不再需要昂贵、存储空间大的主机，而是可以选择相对廉价的 PC 组成云，一方面减少费用，另一方面计算性能不逊于大型主机。

2.4.2 云计算的关键技术

云计算是传统 IT 技术的集大成者，近年来，我国云计算市场保持着 30% 的平均增长率，其应用已经遍布政府、金融、制造、能源等领域。云计算运用虚拟化技术实现对数据中心的部署、管理与共享，其关键技术包括虚拟化技术、多租户技术、分布式文件系统、供给与调度技术等。[①]

---

① 方国伟. 企业云计算：原理、架构与实践指南［M］. 北京：清华大学出版社，2020：14－30.

1. 虚拟化技术

虚拟化技术是指通过技术手段把数据中心中的各种异构的硬件资源转换为统一的虚拟资源池，从而形成云计算服务资源。虚拟化技术包括计算虚拟化、网络虚拟化、存储虚拟化等。

2. 多租户技术

多租户技术使得大量用户共享同一堆栈的软硬件资源，每个用户都按需使用资源，对软件服务进行客户化配置而不影响其他用户使用。多租户技术不仅可以实现多个租户之间共享系统实例，而且能满足租户系统实例的个性化需求。

3. 分布式文件系统

分布式文件系统的节点分为三类角色：客户端、主服务器、数据块服务器。分布式存储的常用存储方式是通过使用廉价 PC 服务器搭建大规模存储集群，分布式存储将云端的数据分布到不同的存储节点，突破了单个计算节点和存储节点的资源瓶颈。

4. 供给与调度技术

云计算服务上根据用户需求提供供给与调度标准，包括一键启动虚拟机、云存储、中间件等。虚拟机迁移、资源的弹性伸缩是云计算的基本特征，虚拟机迁移可以突破单个物理机的限制。另外，还可以根据负载情况动态弹性地调整资源供给（见图 2 – 16）。

2.4.3　云计算技术对智能会计的支撑

当前，云计算正为政府、企业、社会带来商业模式的变革与收益，随着数字化的加速，"上云"是大势所趋，云计算技术对智能会计的支撑主要体现在变革财会工作的运营模式、推进智能会计的管理精细化、提高智能会计的数据分析能力三个方面（见图 2 – 16）。

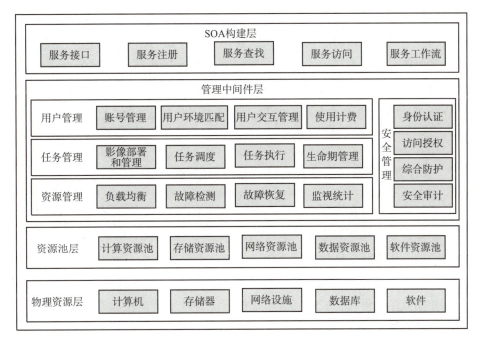

图 2 - 16 云计算技术体系结构

1. 云计算技术变革了财会工作的运营模式

云计算正在使管理会计业务环境逐步现代化，且正在改变管理会计应用程序的使用方法，进而逐步推动会计运营模式的转变①。云计算在发展过程中从用户体验的角度逐步形成了三种服务模式（service models）：软件即服务（SaaS）、平台即服务（PaaS）、基础架构即服务（IaaS），从根源上讲，这三种模式都源自SOA（service-oriented architecture）的架构设计模式。SaaS 是最全面的服务交付模式，在该模式下，用户只需接入网络即可使用在云端上运行的应用，从报账、记账到报税，实现一站式服务；IaaS 专注于底层硬件平台与虚拟化，用户通过Internet 可以从完善的计算机基础设施获得服务，主要面向系统管理员；PaaS 则实现了操作系统、中间件、应用与服务的持续升级、集成融合。可见，云计算不仅能够扩展财务会计的工作范围，还可以扩展公司的业务运营范围。例如，亚马逊云服务（Amazon Web service，AWS）通过 Netflix 支持全球无缝服务②，能够快

---

① 何雪锋，薛霞."大智移云"下管理会计驾驶舱的构建与应用［J］.财会月刊，2019（24）：100 - 104.
② Netflix 是一家市场领先的电影和电视剧的互联网定制服务提供商，详细信息可参考 https：// about. netflix. com/zh_cn.

速部署数千台服务器，并在数分钟内部署数万亿字节存储。借助云计算，智能会计平台与企业外部的银行、税务机关、客户、供应商的业务、资金与信息对接，使得银行对账、网上报税、交易及企业与上下游企业和用户之间的会计信息系统集成成为可能，企业流程从内部延伸到整个产业链，促进了企业财务流程的再造，降低信息化建设成本的同时优化资源配置和调度，推动业务和财务深度融合。

2. 云计算技术推进了智能会计的管理精细化

首先，云计算的先进理念结合先进技术，根据企业业务、财务、税务等实际需求，通过部署云计算智能会计平台，全面集成业务系统、财务系统、税务系统等数据资源，实现远程信息资源共享。其次，虚拟化技术的采用（在 PC 服务器上利用 Xen 虚拟化技术；在存储上利用 SVC），可以进行资源的动态调整，提高资源的使用效率。再次，云计算技术辅助智能会计平台监控所有资源的利用率，并根据资源的使用情况为平台系统及工作人员分配最合适的资源。最后，云计算有利于企业降低财务会计成本，将云计算作为基础的数据存储、数据处理和数据挖掘技术，能够便捷、有效地将诸多多样化的终端数据保留下来，以便进行计算和分析，有助于降低海量信息生产成本，提高信息生产效率。[①]

3. 云计算提高了智能会计的数据分析能力

强大的云服务是支持智能会计创新发展的新引擎。作为一种技术架构和服务模式，云计算被应用到会计业务的各个方面，包括资源服务管理、业务流程管理、内容管理、后台管理、客户关系管理、税务管理等业务领域。传统企业信息化模式不能够低成本且有效解决会计大数据处理的问题。云计算的现代信息化模式将用于解决这个问题[②]。云计算辅助企业从 Web Service、Microsoft 等租借所需的计算能力，快速处理大量业务数据，整合、存储和共享大量分析数据，计算交易投资的风险，分析客户消费习惯，帮助实时制定决策。从技术上讲，智能会计"云"就是利用云计算系统模型，将智能会计的数据中心与客户端分散到云里，"云端"整合业务云、财务云、税务云、银企云，从而达到提高自身系统运算能力、数据处理能力、改善客户体验评价、降低运营成本的目的（见图 2 - 17）。

---

① 何雪锋，薛霞．"大智移云"下管理会计驾驶舱的构建与应用［J］．财会月刊，2019（24）：100 - 104．
② 许金叶．会计云计算：物联网体系中"脑智能"［J］．会计之友，2012（24）：90 - 91．

深圳华为公司的算力能满足全球 7×24 小时循环结账的要求，每小时可处理数据
5500 万行，使全球 270 多家子公司按照国际会计准则、中国会计准则、所在国会
计准则的要求，分别出具按照多种会计准则编制的财务报表①。

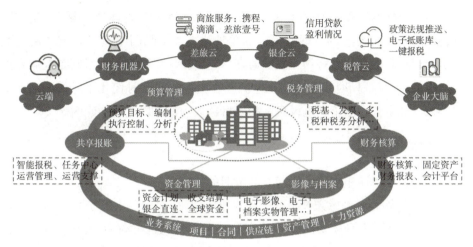

图 2-17　云计算技术对智能会计的支撑

2.5　物联网

物联网（Internet of Things，IoT）理念最早可以追溯到 1991 年英国剑桥大学
的咖啡壶事件，物联网技术是 IT 行业中的一个新领域。自 2009 年开始，物联网
被正式列为国家五大新型战略性产业之一。近年来，物联网产业发展迅猛，涉及
电网、交通、家具、医疗、金融、财会等各大行业，人们的生活和工作进入"万
物互联"的美好图景。本章节将从物联网的概念、特征、关键技术等介绍物联网
如何支撑智能会计。

2.5.1　物联网的概念与特征

物联网与以往的 Web 服务不同，通过智能设备实现形形色色的"物"与互
联网相连。实际上，物联网是通过"随时随地"利用多种多样服务的"泛在网

---

①　秦荣生. 人工智能与智能会计应用研究［J］. 会计之友，2020（18）：11-13.

络"。物联网的概念与特征如下。

1. 物联网的概念

物联网是通过装置在物体上的射频识别（RFID）、传感器、二维码等技术，通过接口与互联网连接，为物体赋予"智慧"，实现人与物体"对话"，达到物体与物体之间"沟通"的互联互通。简单地讲，"物联网"就是物与物的互联网，是利用最新信息技术将物互联互通在一起的新一代网络，物联网是互联网的延伸与扩展[①]，互联网时代接入的是电脑和手机，物联网时代几乎所有的东西都可以接入，如空调、冰箱、电视机、扫地机器人等都可以接入物联网。

2. 物联网的特征

与传统的互联网相比，物联网有其鲜明的特征。

（1）物联网是各种感知技术的广泛集成应用。

物联网部署了多种类型的传感器，其获得信息与数据具有实时性，并能根据环境变化与频率后期自我更新，据此衍生出新知识与信息，服务人们进行判断决策。

（2）物联网是建立在互联网基础上的泛在网络。

物联网的基础与核心仍为互联网，"Internet of Things"是手段，"Internet of Service"是目的，通过有线网络、无线网络与互联网融合，将物体信息实时准确地传送，传输机制通过泛在网络适应各种异构的网络协议，以保障信息的正确性、即时性、有效性。

（3）物联网具备智能处理数据的能力。

通过融合传感器与智能处理，利用云计算、模式识别等智能技术，物联网可以实现分析、挖掘、加工海量信息，针对用户的差异化需求，提供异质性的信息服务和应用模式。

2.5.2　物联网的关键技术

物联网的"智能网络"是信息技术（information technology）和运营技术（operational technology）之间的融合，其关键技术包括二维码及 RFID、传感器技

---

① 裴炯涛，陈众贤. 物联网，So Easy! ［M］. 北京：人民邮电出版社，2019：7－8.

术、无线传感器网络、感知无线电、嵌入式技术等①。

1. 二维码及 RFID

二维码及 RFID 是当前市场关注的焦点，二维码主要应用于需要对标的物的特征属性进行描述的领域，广泛地应用在税务、海关、文件管理等方面；射频识别技术（radio frequency identification，RFID）由电子标签、阅读器和天线组成，是一种非接触式的自动识别技术，通过射频信号自动识别目标对象并获取相关数据。通过二维码及 RFID 技术相结合，可以在恶劣环境下作业与数据采集，实现长距离传送大量数据，使得物联网具有实时追踪、重复读写和低成本的优势。

2. 传感器技术

传感器是能感受被测量物体并按照一定的规律转换成可用于输出信号的器件或装置，通常由敏感元件和转换元件组成，传感器是现代信息技术的三大支柱之一，作为物联网采集信息的终端工具，相当于物联网的"眼睛""鼻子""耳朵"，传感器的类型主要有温度传感器、应变传感器、微震动传感器等。传感器与微机电系统为核心的检测系统就像神经和感官一样，源源不断地向人类提供宏观与微观世界的巨量信息。

3. 无线传感器网络

无线传感器网络（wireless sensor network，WSN）是一种自组织网络，通过大量低成本、资源受限的传感节点设备协同工作实现某一特定任务，从而实现数据的量化采集、融合处理和无线传输。在物联网中采取 WSN 技术能够实时监测、感知和采集网络覆盖区域内各种环境或检测对象的信息，并对其进行及时处理，无线传感器网络具有防篡改的优点，但是计算存储和通信范围有限。

4. 感知无线电

感知无线电（cognitive radio，CR）技术是软件无线电技术的演化，是一种新的智能无线通信技术，具有智能性特征，能够使无线设备及其天线感知其所处的射频环境，并在必要时调节所使用的频带以避免发生干涉，从而指导软件无线

---

①　张新程，付航，等. 物联网关键技术［M］. 北京：人民邮电出版社，2011：33 - 58.

电（SDR）选择正确的执行方式与参数。

5. 嵌入式技术

互联网上大量存在的设备以通用计算机的形式出现，"物联网"的目的则是让所有的物品都具有计算机的智能，把这些"聪明"的物体与网络连接在一起，需要嵌入式技术的支持，该技术针对具体应用设计嵌入式系统，嵌入到物理设备中不被人们察觉，如空调、微波炉、手机的控制部件都是嵌入式技术的应用，具有专用性、可封装性、实时性、可靠性等特征。

2.5.3　物联网技术对智能会计的支撑

物联网应用主要在内网（Intranet）和专网（Extranet）中运行，形成众多"物联网"，最终会走向互联网（Internet），形成真正的"物联网"（IoT）[①]。物联网将感知技术、网络技术、人工智能与自动化技术集成应用，实现人与物由智能到智慧的交互。物联网对智能会计的支撑主要体现在协同物流系统信息智能化、生产远程监控分析优化、提升财务与业务的智慧融合等方面（见图 2 – 18）。

图 2 – 18　物联网技术对智能会计的支撑

---

① 薛燕红．物联网导论［M］．北京：机械工业出版社，2021：5 – 40．

1. 协同物流系统信息智能化

物联网技术融入现代物流信息技术，基于计算机技术、条码技术、全球卫星定位系统（GPS）和地理信息系统（GIS），综合统筹数据采集传输、系统建模技术、智能优化技术、信息集成技术，涵盖企业物流信息共享、配送车辆调度、协同营销和业务流程集成，物联网技术将进一步升级物流的智能化管理能力。例如，运输线路的检查点能够实现车辆自动感应、货物信息自动获取并上传企业管理平台，方便企业即时了解货物状态与位置。物联网技术将 RFID 电子标签嵌入物流设施（托盘、物架、集装箱等）、电子设备（仓库门禁、装卸设备等）内，标签中的记录使得物流管理系统能实时掌控物流进程，协助企业工作人员做出最优决策，从而提高了物流、财流、人流、信息流的资源配置效率。

2. 生产远程监控分析优化

物联网具有环境感知能力的各类终端，基于泛在技术的无线传感器网络、4G和 5G 移动通信技术不断融入到生产的各环节。物联网技术有效地对生产过程与设备仪器进行检测和控制，原材料管理、仓储和物流管理等环节实现精密和自动化处理，通过智能感知、精确测量和计算，量化生产过程中的材料消耗与产品产量。同时，通过网络远程采集生产数据，实现生产工况实时诊断、远程实时产量计算和资源消耗计量及原材料耗费分析。基于诊断和优化设计结果的专家解决方案与基于工况诊断和工艺参数的设计结果，远程实时实现对企业生产的"大闭环"智能控制，最终实现了物资管理可视化、财务信息数字化、生产过程规范化、业务流程科学化、服务沟通人性化。

3. 提升财务与业务的智慧融合

物联网技术通过将业务平台与财务处理平台进行数据对接，有效实现数据处理、数据分析、任务引擎与平台管理。第一，通过采用激光、摄像和系统技术，对各类物质资产进行探测、识别、智能感知，企业管理者可通过手机等移动终端随时了解物质资产的存量动态，实现更智能的资产安防系统，提供全方位的信息交互功能。第二，按照供应链各环节的发生流程，按照"订单受理—原料采购—车间生产—货物出入库—销售发货—运输安装"的物料流动与"采购发票—开票与回款—付款与报账—税务核算"资金流动的双循环模式，将不同职能部门（业务、财务、税务、仓储、采购、营销）中原本孤立的数据和流程整合到集成平台，根据统一流程来集中管理系统和数据，为企业提供更加便利和高效的一站式服务。

2.6 区块链

2009 年，区块链（block chain）伴随着比特币系统诞生，经过比特币类加密数字货币的发展，区块链技术在过去 10 年经历了以加密数字货币为标志的"区块链 1.0"和以智能合约为标志的"区块链 2.0"，目前进入了建立跨组织互信的"区块链 3.0"，与各种技术的结合正在加速，在政务、金融、供应链等行业的应用"如火如荼"。本章节将从区块链的概念、特征、关键技术、区块链电子发票、区块链电子档案等介绍区块链如何支撑智能会计。

2.6.1 区块链的概念与特征

区块链技术是在信息不对称的情况下，无须相互担保信任或第三方核发信用证书，采用基于互联网大数据和加密算法创设的节点间普通通过即为成立的信任机制。当前区块链已经成为金融科技的底层技术，区块链的概念与特征如下。

1. 区块链的概念

区块链的概念包括狭义与广义两个层面。从狭义上看，区块链是按照时间顺序将数据区块以顺序相连的方式组合成链式数据结构，并以密码学方式保存的不可篡改和不可伪造的分布式账本。从广义上讲，区块链是利用块链状数据结构来验证和存储数据，通过分布式节点共识算法生成和更新数据，再以密码学的方式保证数据传输与访问的安全性，最后利用由自动化脚本代码组成的智能合约来编程和操作数据的分布式基础架构与计算范式（见图 2-19）。

2. 区块链的特征

区块链是实现了多方信任的高效系统，具有去中心化、防篡改、可追溯、开放性、隐私安全保护等特征[1]。

---

[1] 杨淞麟. 区块链技术应用的法理解构与规范进路 [D]. 长春：吉林大学，2023.

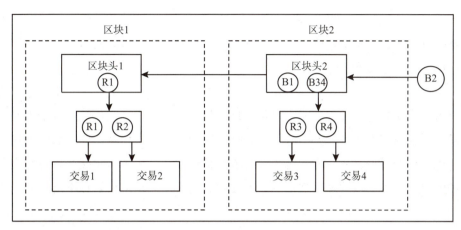

图 2 – 19　区块链技术工作原理

（1）去中心化。

去中心化是区块链最重要、最核心的特征，意味着没有中心平台对区块的创设、运行和维护负责，不存在中心化的硬件或管理机构，全网节点的权利义务相同，身份地位平等。区块链是建立在去中心化、P2P 网络基础之上的，不设门槛，任意节点均可自由出入[①]。

（2）防篡改、可追溯。

"防篡改"是指交易一旦在全网范围内经过验证并添加到区块链，就很难被修改或删除。区块信息一旦经过验证，确认上链后，就会"烙上"时间戳，得到永久保存，通常情况下是无法进行篡改的。除非拥有强大算力，同时操控系统中51％以上数量的节点，否则在单个或者少数节点的"账本"上对数据与哈希值的修改不会影响主链的真实与完整性。数据记载上链后几乎不能改动，区块链的共识算法确保了修改其上数据的极其苛刻的条件，这是正常算力所达不到的能力门槛。

"可追溯"是指区块链上任意一笔交易都有完整记录，可以针对区块链上的某一状态追查到与之相关的全部记录。

（3）开放性。

区块链对于节点的加入不设置准入限制，不分地域、不分国别、不分种族，都可以参与并通过区块链系统进行互动。区块链技术以技术理性和数字逻辑为基

---

① 杨东. 链金有法：区块链商业实践与法律指南［M］. 北京：北京航空航天大学出版社，2017：15.

础，兼具开放性与包容性的特征，摒弃了不同国家地域的文化和经济差异，能够跨越地理距离，在全球范围内建立起一个统一且可行的运行体系①。

（4）隐私安全保护。

指区块链节点上的用户通过使用"私钥"进行交易，并不需要依赖其他节点的身份进行交易有效性的判断，保护了用户的隐私与安全。区块链上的节点交互活动不需要第三方节点或是中心平台进行信用背书，基于技术信任和数字逻辑的信任无须公开身份，系统中的每个参与节点都有权利进行匿名化交互。参与交互活动的节点仅需通过地址传递信息，即便相关的交互信息被获取也不能据此逆推出交互节点的真实身份，为交互的隐秘性、安全性提供了重要保障②。

2.6.2　区块链的关键技术

区块链是一种分布式系统，分布式系统由许多独立的计算机组成，它们通过使用通信介质相互协作，目的是实现并确保去中心化系统的完备性，区块链的关键技术包括 P2P 技术、共享账本、共识机制、智能合约等②。

1. P2P 技术

P2P 技术是区块链重要的底层技术，是指与客户端/服务器（CS）模式相对应的信息交换方式与网络技术。区块链是建立在去中心化、P2P 网络基础之上的，不设门槛，任意节点均可自由出入③。P2P 技术不仅能够缓解传统服务器（CS）架构中服务器端压力过大的问题，而且能够充分利用网络上闲散的计算资源与网络资源，所以被广泛地应用到互联网各个领域。这种点对点（P2P）网络是一种去中心化的互联网信息交换方式，摆脱了对于中心服务平台的依赖，平等地进行任务与负载分配④。

2. 共享账本

共享账本又叫分布式账本，是分布在众多计算机中的去中心化系统，通过分布式手段来担保和核实交易。在区块链的交易流程中，共享账本的节点 A 直接将

①　长铗，韩锋. 区块链：从数字货币到信用社会 ［M］. 北京：中信出版社，2016：60.
②　邹均，张海宁，等. 区块链技术指南 ［M］. 北京：机械工业出版社，2018：2－58.
③　李玉，段宏岳，殷昱煜，等. 基于区块链的去中心化众包技术综述 ［J］. 计算机科学，2021，48（11）：12－27.
④　杨淞麟. 区块链技术应用的法理解构与规范进路 ［D］. 长春：吉林大学，2023.

交易发给节点 B，所有节点一起确认并验证真实性，公共总账更新后，所有人同步更新最新总账。

3. 共识机制

区块链的共识机制用于验证每一次记录的真实有效性，防止任意节点篡改数据。不同场景根据效率性与安全性选择不同的共识机制。共识机制主要包括工作量证明（Proof of Work，PoW）、权益证明（Proof of Stake，PoS）、股份授权证明（Delegate Proof of Stake，DPoS）等。

4. 智能合约

智能合约（smart contract）是指能够执行合约条款的计算机化的交易协议[1]。区块链 2.0 在 1.0 的基础上升级与研发出了智能合约，智能合约从本质上来说是通过将代码等数字技术手段与传统的合约内容相融合，重新编辑与整合成数字语言，可以自动执行的代码程序，简而言之就是传统合约的数字化与自动化呈现[2]。其特点是制定合约、执行合约、验证合约的成本比较低，而且能够在多个记录上同时执行，从而减少欺诈、降低仲裁成本和交易成本。

2.6.3　区块链电子发票

传统税务系统以票控税，消费者完成交易后等待商家开票并填写报销单，经过报销流程才能拿到报销款，部分商户存在"暴力虚开"发票现象，票税问题严重。2018 年 8 月 10 日，我国第一张区块链电子发票在深圳国贸旋转餐厅开出。

1. 电子发票区块链工作原理

区块链技术具有改善数据安全与自动化流程的优势，世界各国均在积极应用区块链技术。国家倡导"让数据多跑路，群众少跑腿"，税务部门通过区块链技术应用在发票管理场景中。2019 年中国国家税务总局深圳市前海税务局全面推

---

[1]　最早提出智能合约概念的是计算机科学家 Nick Szabo（尼克·萨博），他在自己主页上探讨了智能合约的定义。

[2]　See Siddhant Jain，et al. CodeBlockS：Development of Collaborative Knowledge Sharing Application with Blockchain Smart Contract［J］. International Journal of Information Engineering and Electronic Business（IJIEEB），2023：3 - 17.

行电子发票，腾讯公司联合深圳国税及金蝶软件，打造了"微信支付—发票开具—报销报账"的全流程发票管理应用场景，华为公司与税务部门联合合作实现了基于区块链的票税管理系统的原形验证，采用区块链系统后升级为整体方案，将税务总局、省市税务局、地方银行构建起联盟链：将地方税务数据实时上链，总局可以随时查看地方税局的相关数据；而各个地方税局无法互相查看；地方税局与当地银行之间建立通道；银行可以从税务部门取得相应的用户数据。区块链电子发票通过将发票相关信息上链，对发票从开具到报销实现全流程管理，每一张发票都可以做到可查、可验、可信、可追溯。这表明税务区块链在发票业务中的推广与普及。另外，创新的共识算法可满足大量用户贷款、签证、报税等大量业务访问；同态加密与零知识证明机制可保护个税隐私信息可验证但不泄露，实现了保护用户隐私的能力（见图 2 - 20）。

2. 区块链技术对电子发票应用的意义

电子发票链上开具拥有全流程加密、不可篡改、可追溯性的技术特性，与发票的业务逻辑高度吻合。区块链电子发票通过分布式账本技术将消费者、商户、公司、税务局等所有和发票有关系的节点都连接到同一个系统中，每一笔通过线上支付完成的交易数据都被视为一张"发票"；发票数据生成、发票开票申请、发票报销、拿到报销款等各个流程，都以时间戳形式记录下来并实时同步给系统中各节点。以此做到了"交易即开票，开票即报销"，同时每个环节都可追溯、信息不可篡改、数据不会丢失。区块链电子发票可实现发票轻量级防伪、降低用票成本的同时，又确保了发票数据的真实性、完整性和永久性，数据高度安全。具体体现以下几方面意义。

（1）加强了对发票的风险管理。

采用发票区块链技术，税务机关利用分布式账本整合发票信息数据，发票信息全网公开可见，将纳税人业务数据、财务数据和税务数据融合，既能保证发票信息虚假与反复使用，又能快速验证、辨别追踪相关发票信息，加强了发票的风险管理水平。

（2）促进云发票与云账本的构建与实施。

采用区块链技术有利于积极构建与实施云发票与云账本，纳税人开具电子发票的相关记录可以通过云记账技术存储到云账本中去，不仅为企业财务做出真实可靠账务创造了有利条件，而且为税务机关进行监管企业经营与财务信息提供了技术支撑，有效地降低了税企之间的信息不对称①。

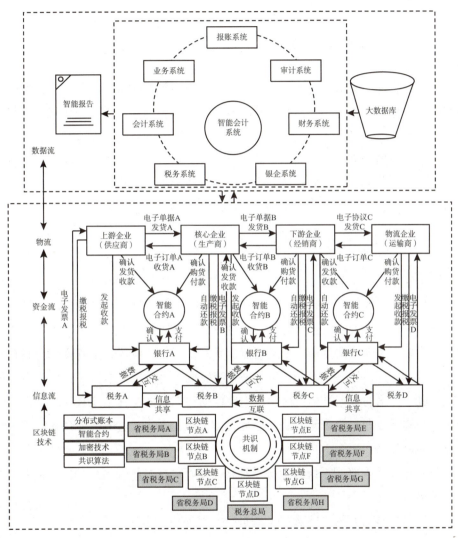

图 2 - 20 区块链发票工作原理

（3）发票区块链技术提高了税务申报的效率。

区块链技术通过优化和完善核心税收征管流程，在办理节点、流程标准、权限分配等方面修正业务区块链的平台标准，从而提高了税务申报和征管效率。在

---

① 程辉．区块链技术驱动下的税收征管与创新［J］．湖南税务高等专科学校学报，2019，32（6）：
42 - 46.

增值税方面通过发票区块链技术进行交叉稽核比对发票、认证双方发票信息是否一致，可实现申报与缴纳信息实时记录，促进了增值税业务的一体化融合。

2.6.4 区块链电子档案

当前，我国档案信息化的完整性和可用性面临较大的威胁，例如，档案数据被篡改或破坏、操作行为无监管、档案数据信息不对称等。由于区块链分布式存储的共享数据库，具有"全程留痕""不可篡改""公开透明"等特点，有利于提高档案的应用效率。2017 年英国国家档案馆等开展"ARCHANGEL"，是首个专门针对档案完整性管理问题所开展的区块链技术应用项目，旨在利用区块链存储电子档案内容证据，为档案利用者提供可靠的档案完整性认证服务。

1. 电子档案区块链工作原理

区块链本质上是信息系统平台，实现功能的方式是处理数据和存储数据，核心功能是账本管理和交易处理，对应数据存储技术与数据处理技术，区块链技术环境下对电子档案的管理主要包括归档管理和移交接收。电子档案管理在应用区块链技术时，通常依据使用成本及功能实现的便利性，电子档案管理部分管理业务仍在机构内部系统——电子档案管理系统完成，另一部分业务则由区块链系统完成。电子档案的数据类型可简化为内容数据和元数据，其中元数据包括内容元数据、结构元数据、背景元数据、管理过程元数据等[①]。电子档案管理应用区块链技术的原理是：

（1）电子档案管理系统或业务系统将需要存储的数据通过应用接口或客户端提交区块链系统；

（2）接口或客户端先将数据合约进行数据处理，实现相应的功能；

（3）合约功能执行后请示存储；

（4）区块链系统接收存储请示后调用背书节点进行背书，然后通过共识算法管理模块将数据打包生成区块文件；

（5）主记账节点获取区块后，通过 P2P 协议区块到不同的记账节点；

（6）获得区块后，记账节点通过账本存储管理模块写入本地账本中，至此完成电子档案在区块链的存储。

---

① 冯惠玲，刘越男，等．电子文件管理教程［M］．北京：人民大学出版社，2017.

2. 区块链技术对电子档案应用的意义

区块链技术应用于电子档案数据管理，满足海量档案数字资源的认证需求及依据相应规定自动处理的需求，同时使得任何人都可独立验证档案，适应跨部门、跨地域和跨责任主体的多种流程和应用场景，实现可信共享。具体体现在以下几个方面。

（1）加强电子文件档案的凭证能力。

电子档案部门在接收归档时，将电子档案的哈希值元数据登记到区块链，以不可更改的文件哈希值支持长期保存过程中的真实性验证，进一步加强了电子档案的凭证能力。

（2）支持电子档案文件的自动处置功能。

鉴定处置本身是电子文件档案管理的核心环节，区块链中的智能合约技术可以根据有关法律法规的规定实现电子文件的到期自动处置，包括保存和销毁。

（3）提供电子文件档案的可信共享。

区块链的技术特点有助于电子档案在效率性和安全性的价值增值，共享账本"端到端"打通了多组织、各部门之间的异构系统，使得电子档案与数据信息在联盟成员间完全透明化；智能合约和共识机制保证了链上数据的更改权限掌握在必要的角色手中，避免了集中化的数据存储介质中管理员权限过大的弊端；多中心化和块链结构账本保证了档案数据难以被篡改，天然的容灾备份很大程度上防止了黑客攻击的安全隐患；电子文档的历史记录全部可以被追溯，使得查阅工作的调阅成本降低，工作更加高效透明可信。

2.7 本章小结

本章选取了数字技术的代表——财务机器人、人工智能、大数据、云计算、物联网、区块链对智能会计的影响。RPA 机器人辅助企业以自动化的方式完成了大量琐碎重复的业务操作，极大地提高了业务流程效率。人工智能可以实现多业务系统对接共享、业务系统智能化升级。大数据技术对智能会计的支撑体现在数据标准化与集成化、辅助企业科学决策与预测、"赋能"企业价值链增值三个方面。云计算具有规模化、虚拟化、自助化和低成本化的特征，可以很好地支撑智能会计的发展。物联网是建立在互联网基础上的泛在网络，利用云计算、模式识别等智能技术，物联网可以实现分析、挖掘、加工海量信息以支撑智能会计系统。区块链发票将"资金流"与"发票流"二流合一，将发票开具与线上支付相结合，打通发票申领、开票、报销、报税全流程，全程可查、可信、可追溯（见图2-21）。

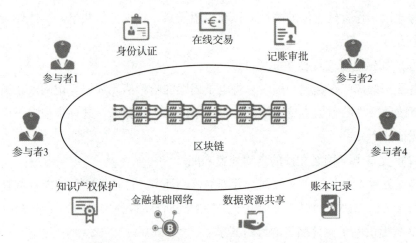

图2-21　区块链技术在企业财会工作中的应用

 思考题

1. 人工智能如何支撑智能会计？

2. 物联网如何为智能会计提供支撑？

3. 云计算如何为智能会计提供支撑？

4. 区块链是什么？如何助推智能会计发展？

思考题要点及讨论请扫描以下二维码：

智能会计工具

本章重点

1. 熟悉 RPA 技术在各流程中的作用机制。
2. 了解 AI 技术在会计领域中的几种主要应用场景。
3. 熟悉区块链电子发票信息的闭环流径，以及区块链电子会计档案的管理流程。
4. 熟悉大数据技术在企业经营管理中的作用。
5. 了解物联网技术在产品供应链各环节中的应用情形。
6. 了解银企联云和税务云的作用机制。

案例导入*

中兴通讯集团成立于 1985 年，是全球领先的综合通信与信息技术解决方案提供商，也是我国通信领域的先驱者。随着其规模和业务覆盖范围的扩大，集团管理过程中存在的问题也随之显现出来：事业部制的组织结构导致人员臃肿和决策低效率，与此同时，分散式的财务管理模式使得集团难以实现整体资源配置的最优化。

为了解决以上难题的掣肘，中兴通讯集团凭借其在互联网等技术领域的积淀，于 2005 年正式建立了自己的财务共享中心——中兴财务云，随后依托"大智移云物区"为代表的新一代信息技术，对财务共享中心不断进行模块优化与升级，其具体包括业财连接、财务控制、共享核心、会计核算、资金管理、税务管理、能力平台、财务大数据八大模块，并且根据不同的流程及会计循环需要，在每个模块下设不同的域，每个域中内含不同的系统。通过各个系统的互联互通，财务共享中心实现了业务数据的自动采集与财务处理的智能高效，集团的信息

---

* 财务云：从共享服务到大数据中心，赋能数字化转型 [EB/OL]. 中兴新云财务云，2019 - 08 - 02. 详细案例和进一步讨论，请访问链接网址：http://zhongqishuzhi.com；或扫描章后二维码。

流、物流、资金流完成了最优化配置与高效流动。那么中兴通讯集团是如何在财务共享中心的搭建和运行中运用 RPA、AI 等智能会计工具，完成业务流程高效处理和集团资源最优配置的呢？

数字智能化时代，智能化逐渐发展为驱动新一轮产业革命的核心因素。在此背景下，会计利用智能技术的成熟，逐步实现了模式创新和方法突破。其中，各类智能会计工具的出现，有力地促进了智能会计转型与发展。智能会计工具能够广泛应用于企业经营的各个流程。在费用报销、采购到付款等流程中，RPA 技术可以实现 7×24 小时的工作模式，同时保证工作的质量。AI 技术相当于人类的大脑，根据设定好的规则可以进行会计核算、核对验证、精准预测等。区块链技术运用到电子发票、电子档案等的管理中，具有可追溯、高可信等优点。大数据的海量化和多维度的特性，可以帮助企业进行财务分析、人力资源管理等。物联网运用到供应链的各个环节中，可以节省成本，提高经营效率。银企联云、税务云等与云计算技术链接，可实现高可靠性、高灵活性、高效智能的目标。本章主要介绍几种智能会计工具、其在企事业财会工作中的应用及技术流程等。

3.1　RPA 技术

随着企业数字化转型的深入，以及我国人口红利消退、企业人力成本不断提高，重复性、机械性、低附加值的财务工作逐渐被基于算法规定的财务机器人（RPA）取代，财务人员逐渐向挖掘数据资产价值、从事更具有创造意义工作转型，进而推动了企业财务变革[①]。RPA 技术可以根据事先设定的规则，进行重复无间断的工作。该技术可以实现数据的检索与记录、图像识别与处理、平台上传与下载、数据加工与分析和信息监控与产出的功能。基于 RPA 技术 7×24 小时的工作模式，将其应用于流程化、标准化的工作中，不仅能够保证工作的质量，而且能够将劳动力从重复性、机械性的工作中释放，使劳动力转移到更加富有创造性的工作之中，实现了劳动力价值的最大化应用。虽然 RPA 技术给企业带来了巨大的收益，但是与此同时我们也应该正视其存在的局限性。当出现规则制定

---

① 田高良，陈虎，郭奕，等. 基于 RPA 技术的财务机器人应用研究［J］. 财会月刊，2019（18）：10 – 14.

之外的异常事件时，机器人无法迅速处理，这时需要人工的干预来保障流程的顺利进行。企业可以综合考虑 RPA 技术的优缺点，实现该技术的最高效应用。本章节主要介绍 RPA 技术在费用报销流程、采购到付款流程、纳税申报流程和总账到报表流程的应用，图 3 - 1 展示了 RPA 技术在各流程中的应用。

3.1.1　费用报销流程

员工利用手机拍照功能或设备扫描终端对报销单进行收集与扫描，机器人通过 OCR 识别技术自动识别报销单上的相关人员及费用信息，并对相关费用进行分类别汇总。员工需登录报账平台提交相应的报账信息，该报账信息会根据员工所选择的领导自动传达到领导的代办业务中，待领导审批后传递到财务部门进行审核。RPA 技术通过事先预设好的审核规则，对发票的真伪、重复报销、报销标准和预算控制进行自动审核。若报销单通过审核，则自动生成付款单，机器人执行付款操作。付款完成后，机器人自动完成账务处理并生成相应的报销凭证。图 3 - 2 展示的是企业的报销单录入流程。报销凭证的录入分为人工拍照上传和机器人扫描上传两种，上传之后图片数据上传至 RPA 客户端并自动登录账号，自动进入"费用报销"页面，根据用户自定义内容，自动选择"结算机构""付款组织""往来单位"进行单据录入操作。机器人自动操作，高效稳定，能够有效地避免人为疏漏，提高报销单提报的效率。

3.1.2　采购到付款流程

员工对采购付款单进行审核，机器人扫描付款请求单据并通过 OCR 识别技术，自动识别采购付款单的信息并录入 ERP 系统。机器人将采购付款单的信息与 ERP 系统中的订单信息、发票信息和入库单信息进行核对，若核对无误，则录入相应的付款信息，报财务人员审批，审批通过之后系统自动生成应付账款凭证并传入总账记账。智能财务机器人可根据合同等相关信息自动推算最优付款时间，报单位财务核对，并在付款日通过发送邮件和系统提醒等方式提醒财务人员对付款信息进行确认，最后由系统执行付款行为。在付款操作过程中，机器人按照设定的规则提取相应的付款信息，核对好付款账号和户名等付款信息后，进行付款操作。付款完成后，财务机器人根据付款信息和设定的内容编制付款凭证，并将付款成功的信息发送至财务人员和采购人员。

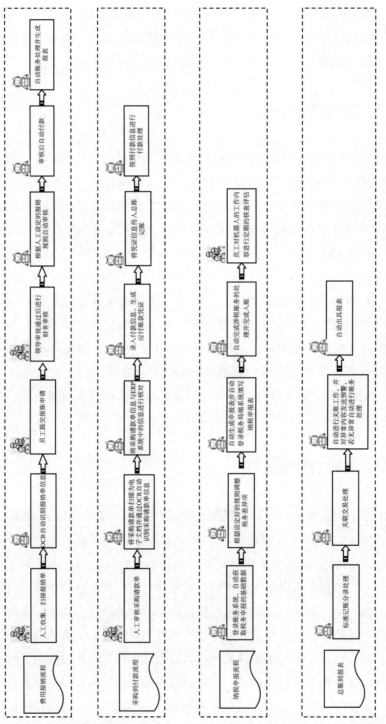

图3-1 RPA技术应用流程

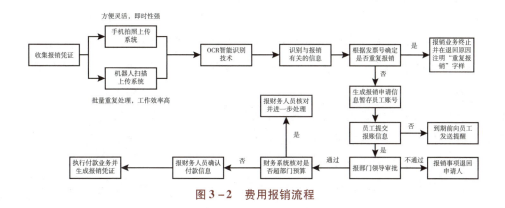

图 3 - 2　费用报销流程

3.1.3　纳税申报流程

机器人自动登录账务系统，批量导出纳税申报相关的基础数据，根据人为设定好的、符合税法规定的、与本单位有关的账务处理规则，对递延所得税资产等进行税务差异项的调整。在特定的逻辑规则之下自动生成申报表并登录税务系统填写纳税申报表，在此基础之上，完成税务分录的编制并完成入账工作。同时，相关的负责人还需要对机器人的工作流程与内容进行定期的核查与评估，保证纳税申报流程的质量。

随着国家税务申报政策变多，税务局对于增值税发票管理的要求越来越严格。企业每月需要进行包含多种税种的税务申报，这个过程需要财务人员对发票进行人工查验，保证发票的合规性后才能进行申报。而有的报税作业还需要登录不同地区的税务系统，致使纳税申报过程烦琐，业务完成效率低。

通过 RPA 自动将财税信息从对应系统中导出，RPA 根据不同的税务报表规则整理数据、处理逻辑，然后自动登录各个税务网站，自动完成相关数据的填报、核对和申报。

3.1.4　总账到报表

机器人对标准记账分录进行定期的记录和结转，同时根据子公司的交易信息，自动完成关联交易的处理。到了期末，机器人自动完成关账工作，若出现异常，则发送预警信息；若对账无误，则完成账务处理。最终，机器人根据汇总信息自动出具模板化的报表。

在期末，RPA 机器人可以自动完成各项关账工作，如现金盘点、银行对账等标准记账分录处理。机器人周期性地对账务分录进行记录和结转关联交易处理，根据子公司的交易信息，自动完成关联交易项处理对账。机器人自动完成对账后会自动打印调节表，不需要人工的干预。完成关账后，RPA 机器人可自动完成数据汇总、合并抵消、邮件催收、数据导出和处理等工作，自动生成模块化的单张报表。而后根据设定好的规则完成汇率数据和当月境内、境外数据的处理、计算和合并，收集子公司报送的文件后对其中的数据进行汇总，根据规则执行合并抵消操作，最终汇总形成合并报表。

在财务报表编制过程中，涉及的会计科目多，报表类型多，报表逻辑复杂，参与人员多，可能会直接或间接导致错误，影响财务报表的真实性和完整性。同时，也存在财务人员故意掩盖财务数据和经营状况、制造虚假报告的情况，误导管理者做出错误的经营决策，会给企业带来严重的经营后果或巨大的经济损失。而 RPA 机器人可以严格按照设置好的规则运行，在多个系统中读取数据时也能够保证数据一致性，可追溯的系统日志使得全流程的风险控制成为可能。在财务流程中加入 RPA 自动执行，可以从本质上改善财务报告人工干预和出错率高的问题。

3.2 AI 技术

人工智能（Artificial Intelligence，AI）是研究、开发用于模拟、延伸和拓展人类智慧的理论、方法、技术及应用系统的一门新的技术科学，其主要发展方向包括感知智能（模拟人的感官能力）、运算智能（模拟人类对数据、信息的快速运算和存储）和认知智能（模拟人的认知和逻辑思维能力）[1]。AI 技术和 RPA 技术就相当于人类的大脑和手脚，RPA 技术不需要做出一系列的判断，只需要按照事先设定好的规则进行重复的操作，而 AI 技术可以像人类大脑一样做出判断，从而完成一些个性化的工作。AI 技术在会计领域中的应用需要具备五个条件，分别是实用的算法、高质量的数据、较强的算力、明确的用户和清晰的应用目的，目前这五个条件已经基本具备。本章节将分别介绍 AI 技术在语音指令会计核算、机器视觉核对验证、财务大数据分析、财务风险智能控制和提供精准预测方案的应用场景。图 3 - 3 展示了 AI 技术在各场景中的应用。

---

① 刘梅玲，黄虎，佟成生，等. 智能财务的基本框架与建设思路研究 [J]. 会计研究，2020（3）：179 - 192.

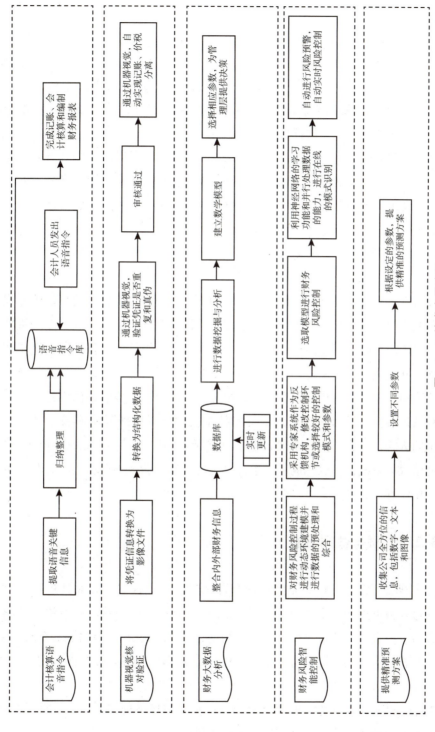

图 3-3 AI 技术应用流程

3.2.1　语音指令会计核算

人工智能通过提取语音中的关键信息，对信息进行归纳整理并形成"语音指令库"。当会计人员发出语音指令后，人工智能通过指令库中的信息，对指令进行输出，完成会计核算和财务报表的编制。

在人工智能时代下，财务信息系统以用户为中心，可以通过语言对话功能录入指令，完成原始凭证录入、数据查询等工作。会计人员发出语音指令，人工智能提取语音中的关键信息自动进行归纳分类，完成会计指令。

3.2.2　机器视觉核对验证

机器视觉是利用机器的眼睛和大脑的功能，将凭证等信息通过扫描等方式转换为影像文件，再将其转换为结构化数据，从而实现核对、验证等功能。机器的视觉核对验证主要应用于两个方面，一个是自动验证原始凭证是否存在重复和真伪问题，并完成合规性审核；另一个是在审核完成后自动实现记账和价税分离。

传统模式中，企业在取得发票后，财务人员需要人工核对票面信息，并到税务局网站进行验票。而采用了人工智能技术后，可以做到智能识票。通过 OCR 自动识别方式，完成纸质发票或者电子发票录入和审核工作。完成智能识票后，配套链接税务系统，可以完成从发票信息提取、发票验证到单据签收、智能审核的自动化流程。

3.2.3　财务数据分析

人工智能可以广泛收集企业的内外部信息，形成数据库并对其进行实时更新。通过对数据库中的数据进行挖掘与分析，推断未知关系，从而建立数学模型。最后，根据分析的结果得出相应的结论，为管理层决策提供信息基础。事前的风险分析、事中的数据分析和事后的绩效分析都可以将人工智能应用于其中，实现多场景的应用。图 3-4 展示了生产能力利用率的可视化分析，依靠人工智能的数据基础及分析优势，展现企业不同产销量情境下的销售收入、变动成本、固定成本与总成本，为企业生产经营决策提供信息支持。

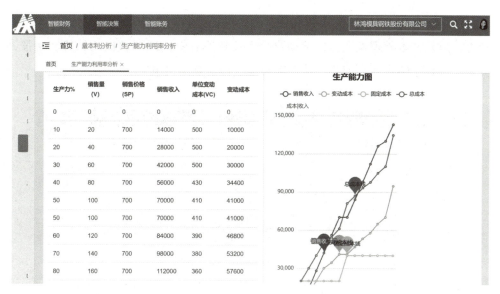

图 3-4　智能财务分析——生产能力分析

3.2.4　财务风险控制

人工智能通过模拟人的大脑，实现财务风险的自动控制，解决了在如今财务风险控制系统中，数据的不精确和不完备导致的难以解决和无法控制的情况。

图 3-5 展示了企业的风险检查报告，从中可以得到企业的风险概况，即企业目前面临的低风险、中风险和高风险的个数。风险指标内容可以获知企业的发票风险、财务风险、纳税风险及总风险的分布情况。对于高风险指标，可以知道指标名称、计算公式、计算结果等内容，有利于管理者了解企业风险状况，更好地进行风险控制。

3.2.5　提供精准预测方案

将人工智能应用于预测领域，可以提高预测的准确性，解决传统预测中数据来源单一的问题。企业可以搭建大数据应用平台，对企业多维度、多方面的数据进行收集，依托大容量、多种类、高应用价值的数据集合，通过人工智能技术构建模型和算法，对多元数据进行业务、财务、管理等方面的分析与应用，洞察财务管理和生产运营过程中的规律，根据设定好的参数信息，生成财务预测和模拟方案，实现预测方案的精细化。特别地，2022 年底由 OpenAI 公司发布的人工智能深度学习系统 ChatGPT，可以利用其强大的信息收集与获取能力、计算与分析能力，以及文本处理能力等，帮助财会人员快速有效地理解数据的趋势和特征，并识别数据中的模式和趋势，从而准确地进行预算与决策①。

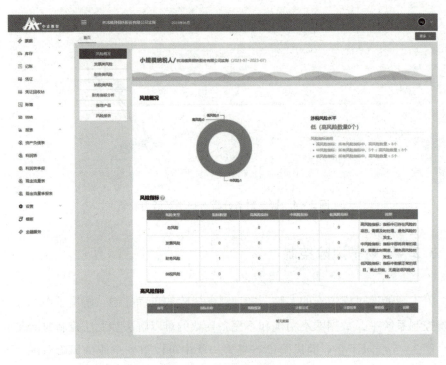

图3-5　财务风险控制

3.3　区块链技术

区块链是以区块为单位的链状数据块结构，每一个区块内记录了创建期内产生的所有数据，本质是一个分布式账本，其按照时间顺序将数据区块以顺序相连的方式组合成链式数据结构，具有去中心化、开放性、不可篡改性等特点。凭借其信息透明安全、系统自治管理等优势，区块链可以促进业务网络中的交易记录和资产跟踪流程，实现信息提供的实时性，降低风险发生的可能性。此外，对于企业管理而言，基于区块链技术的数字资产报告框架可以实现更为广泛及动态的

---

① 刘勤. ChatGPT 及其对会计工作的影响探讨 [J]. 会计之友，2023 (6)：158-161.

披露，辅助企业进行前瞻性的预测，进而完善企业管理模式，助推管理的精细化①。在业财管融合领域，将区块链技术嵌入企业财务和业务活动的全流程，依靠数据层进行业财信息的存储和传递，并通过分布式记账、智能合约、点对点业务处理等方式，保证数据处理的快捷安全，进而为合理决策提供及时、准确的信息②。本章节以区块链应用于电子发票、电子会计档案的情形为例，具体介绍区块链技术对于企业业务流程的作用机制。

3.3.1　区块链 + 电子发票

区块链 + 电子发票构建了发票征信信息闭环流径。基于区块链去中心化、不可篡改、可追溯、高可信和高可用等特点，首先，实现了"资金流"和"发票流"的双流合一，解决发票金额填写不实、少开、不开等问题；其次，实现了全流程的实时监管，从发票的开具、报销到申报全流程上链，不仅可以实时查看管理发票信息，还能够根据设定的开票规则完成风险的事前控制；最后，打通了发票从领票到申报的全流程，形成了发票整个生命周期的全闭环。图 3 - 6 是区块链电子发票信息的闭环流径，演示了区块链技术下电子发票从开票企业开具给用户，再交由企业报销，最后流经纳税申报系统的路径。本章节将从发票的开具、存储、报销和查验四个流程分别介绍区块链应用于电子发票的具体情形。

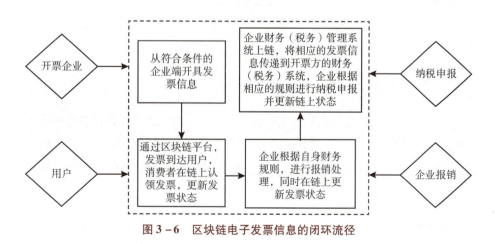

图 3 - 6　区块链电子发票信息的闭环流径

---

① 杨利红，赵格兰. 基于区块链技术的企业数字资产报告研究 [J]. 财会通讯，2021（24）：91 - 95.

② 刘光强，干胜道，段华友. 基于区块链技术的管理会计业财融合研究 [J]. 财会通讯，2022（1）：160 - 165.

1. 发票的开具

开票方接收到来自购买方的订单请求并进行处理，企业根据开票信息提交开票申请，待平台收到开票申请后，向购买方确认交易信息的完整性与真实性。购买方确认完成后，区块链通过共识机制，选取开票节点，生成电子发票。同时，为保证发票的唯一性，需要添加密钥对发票数据进行加密和签名，最终将发票发送至购买方。发票开具流程如图 3-7 所示。

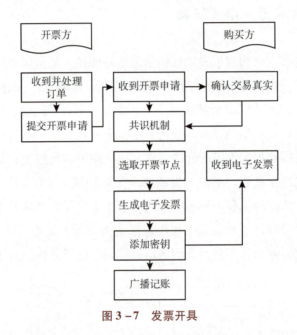

图 3-7　发票开具

2. 发票的存储

如图 3-8 所示，电子发票区块链是由一个个含有电子发票信息的区块按照时间顺序连接而成的，每个区块都包括两个部分，分别是区块头和区块数据主体。由于其特有的数据存储和组织方式，实现了区块链中发票信息的可追溯、不可更改和不可重复的特点。

3. 发票的报销

企业收到发票后，向区块链发起报销入账请求，对发票信息查验通过后，完成报销入账工作。同时，应该及时将报销信息反馈至区块链系统，追加发票状态信息并更新区块链中发票的状态。具体流程如图 3-9 所示。

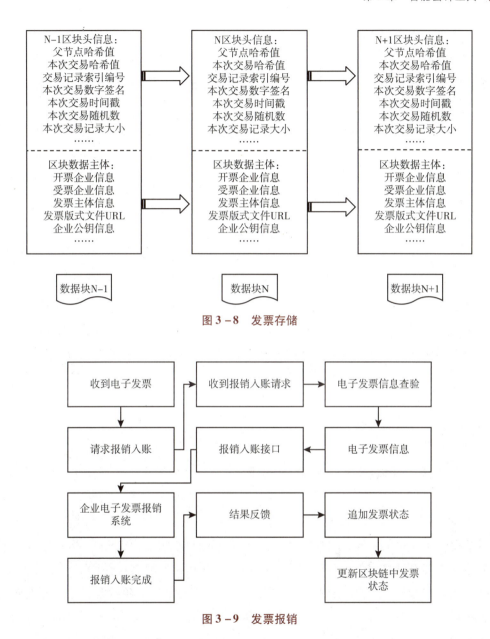

图 3-8　发票存储

图 3-9　发票报销

4. 发票的查验

由于区块链具有不可篡改性，用户可以通过查验接口获取区块链上发票的信息。图 3-10 展示了发票查验的流程。用户提出请求后，区块链系统进行查询并返回相应的查询结果，为用户提供发票状态的信息和一些必要信息。

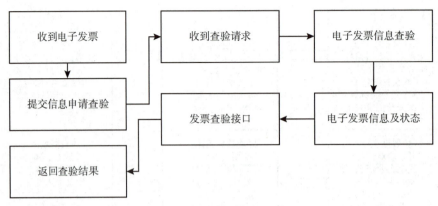

图 3 - 10   发票查验

依托区块链架构，数据资产可以不再经由第三方机构进行记录和处理，而是形成"数据生产者—数据处理者—数据需求者"的基本架构，进而为明确税收征管要素提供了技术支持①。在这一模式下，区块链电子发票具有全流程完整追溯、信息不可篡改等特性，能够做到规避假发票，使发票监管流程更加完善。在智能会计系统中通过区块链实现对上链数据的控制，可以看到发票状态、购货单识别号、上传状态、开票时间、购货单位名称、价税合计、合计税额、收款人、开票人、复核人及区块详情，便于存储与查验。

3.3.2   区块链 + 电子会计档案

随着信息化的发展，现如今，越来越多的企业基本实现了会计档案的电子化，基于区块链的特性，可以将区块链技术应用到电子会计档案中。区块链技术适用于电子会计档案是由于两者存在的相似性，其相似性表现在以下三个方面：首先是两者存储的信息都是有用信息，其次是两者针对的对象都是存储在磁性介质上的电子信息，最后是两者保存的实质上都是数据。另外，由于区块链技术的可溯源性和不可篡改性，可以保障电子会计档案的真实性和安全性，提高文件的可信任性。图 3 - 11 展示了区块链电子会计档案的管理流程和支撑服务。

---

① 蔡昌，赵艳艳，李梦娟. 区块链赋能数据资产确权与税收治理 ［J］. 税务研究，2021 （7）：90 - 97.

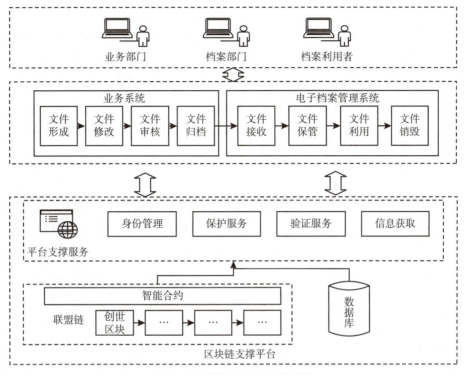

图 3-11　区块链电子会计档案

1. 电子会计档案存证溯源

当前电子档案存在一系列问题，例如，档案的形成不规范、档案真实性难以保证及档案难以溯源等。对此，基于区块链技术，可以建立电子档案的存证溯源平台。将会计档案形成和管理的各个机构组成联盟，利用区块链技术分布式存储、难以篡改等特征，解决电子档案存在的问题，提高企业电子档案的真实性水平。

2. 电子会计档案全生命周期管理

从电子档案的产生到其销毁，会经历跨机构的转移和长时间的保存，将区块链技术应用到电子档案保管中，可以实现电子档案全生命周期的真实性保障。可以构建电子档案的真实性管理平台，该平台包括用户、业务系统、电子档案管理系统和区块链支撑平台。在该平台中，将业务系统中的文件形成的文件归档上链，同时将电子档案管理系统中档案的接收到销毁上链，保障文件和档案的真实性，实现电子文件全生命周期的真实性管理。

通过档案系统与区块链平台的集成，可以在档案系统中对借阅的电子档案进行文件上传并进行校验。如果能够通过校验则可以展示该文件在档案系统中的各类元数据信息，进而有效对电子文件的真实性进行保护，同时实现跨企业电子文件的交换和验证。

3.4 大数据技术

大数据具有海量化和多维度的特性，其产生的信息资源越使用越有价值、越准确越有价值、越整合越有价值。只有那些能够源源不断地获取海量数据流入并且持续进行算法优化的企业，才有可能提炼出新的产品价值。如图 3-12 所示，大数据时代下，在海量的数据资源的基础上，一方面可以对分散化的信息进行分析处理，对有效的信息内容进行捕捉，提高有效数据资源的利用率；另一方面可以将前后的信息资源进行关联，解决数据孤岛的问题，帮助企业及时梳理在运行过程中存在的问题，促进企业的发展。本章节将从财务分析、人力资源管理、预算管理、经营决策及精准采购环节中大数据技术的应用视角，结合系统图表剖析大数据技术工具对企业经营的支持作用。

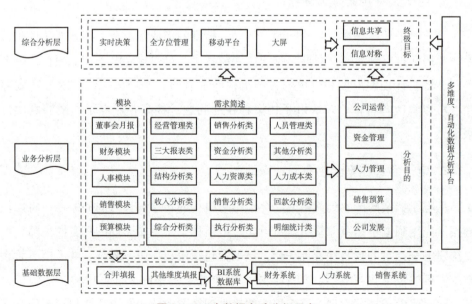

图 3-12   大数据自动分析平台

3.4.1 财务分析

将大数据应用到财务分析中，可以减少数据统计量，提高分析的时效性。分析方法不仅涉及简单的结构分析、同比和环比分析，还增加了趋势分析和预警分析。随着业务系统中的数据不断补充完善，财务分析也随之升级转换，以提供更好的财务分析结果。

图 3–13 展示的是企业的四大财务能力分析，从中可以看到企业的一些指标分析，包括收入盈利能力、偿债能力、成长能力和营运能力。同时，将现有数据与预警条件进行对比，可以对经营情况进行预警分析，能够更直观地展示企业四大能力的薄弱和优势环节，以便于更好地进行决策，为管理层决策和经营分析提供数据支撑，从而进一步分析可以从哪一方面对企业的四大能力进行提升和运作，有利于公司运营管理更加科学。

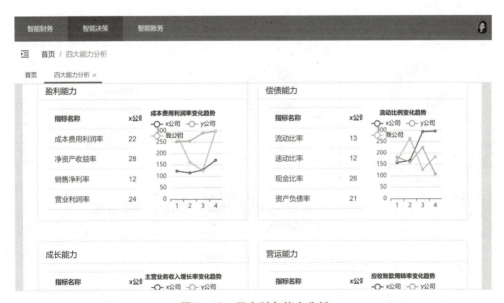

图 3–13 四大财务能力分析

3.4.2 人力资源管理

基于大数据平台积累的大量信息，通过多维度的开发和利用，可以提高人力资源的管理水平，满足管理者的管控需要。在大数据的支撑下，分别建立人员数量统计、人力成本统计、员工满意度与敬业度调查，以及人力资源管理过程指标监控，加强人力资源的管理，将人力转化为企业的核心竞争力。通过考勤工时、人工成本、人均效益、费用比率、成本预测等分析模型可以帮助企业衡量人才投资价值；人才盘点、招聘离职、配置预测等分析模型可以帮助企业执行更有效的配置战略；招聘效能、培训效能、流程效能等人力资源效能分析模型可以帮助企业洞察人力资源管理运行效率。

图 3-14 展示的是企业利用人力资源数据分析平台进行智能分析。可以选择多种图形化数据展现形式和人力资源分析模型，HR 可以轻松、快速拖拽聚合数据分析建模，洞察人力业务。划分为一级部门、二级部门和三级部门，可以实时查看人才结构表、人均培训费用、人均培训小时数、转正率、关键岗位离职率等内容，帮助人力资源管理部门提高人力资源管理效率。

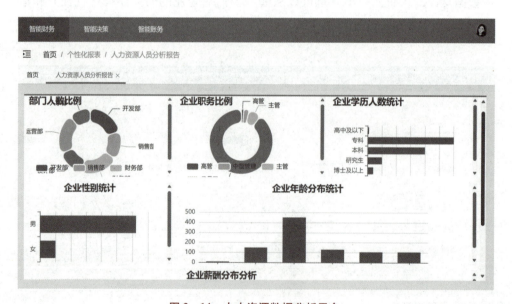

图 3-14　人力资源数据分析平台

3.4.3　预算管理

大数据应用于预算管理，首先，实现了对投入产出的控制，更加精准化地掌握超支和节约情况，提升企业管理效能。其次，能够生成动态化的预算报告，更加实时、准确地提供预算的分析结果，也便于管理者及时了解预算的执行情况。

图 3 - 15 展示的是企业将大数据应用于预算管理。从图中可以看出过去的经营数据分析，包括收入、支出、利润和净现金流，也可以看到本月营业收入、本月营业支出、本月利润及它们的同比、环比增长情况。将企业各个地区的预算使用情况、利润目标达成进度以图的形式展示出来，企业可以准确地掌握超支、节约情况和目标达成情况，使企业的管理能力和管理效率进一步得到提升。

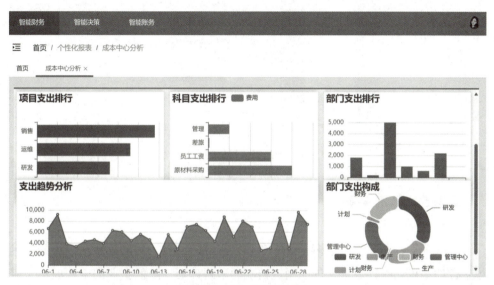

图 3 - 15　预算管理

3.4.4　经营决策

大数据可以整合企业数据信息，企业可以借助大数据平台强大的整合能力和建模能力，对相关参数进行完善，建立符合企业自身特点的模型和参考值。管理者便可以借助大数据平台计算出的各种指标来进行相应的经营决策，提高企业的经营业绩。

图 3 - 16 展示的是企业形成的智能决策支持系统中有关于产品销售目标的利润分析页面。在智能决策系统中，形成了以产品品种分析、盈亏情况分析、安全边际分析、目标利润分析、敏感性分析、生产能力利用率分析和盈亏临界预测为主要内容的智能产品的经营决策系统。这能够考虑企业所在环境和生产能力，从企业经营的多维度对经营进行分析和预测。

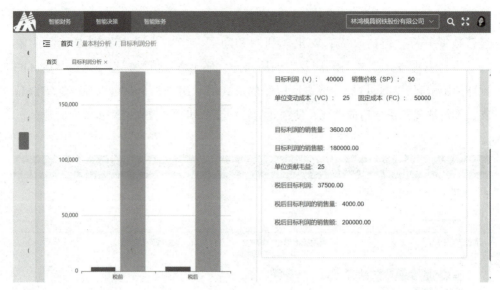

图 3 – 16　产品销售目标的利润分析

3.4.5　精准采购

大数据平台能够实时掌握企业库存和生产端的信息，对海量数据进行分析建模，合理地规划库存数量，进而制定精准的采购计划，降低企业的采购成本，避免造成采购环节的浪费。本书围绕采购业务全过程相关的行为数据和业务记录数据，同时对行业公开网站上相关的外部市场数据进行分析，制定评价指标体系，构建采购综合分析评价数据模型，从而推动采购流程优化。

可视化的采购部门业务分析主要包括：供应商采购金额分析、原材料采购随时间的变化分析、不同供应商和原料的到货及时率分析等内容。通过对以上数据的分析，可以帮助企业更精准地进行采购，降低采购成本。

3.5　物联网技术

物联网的关键作用是实现物品之间、物与人之间的信息交互，依靠二维码和FRID 等感知、采集物品的信息，将收集的信息在通信网络的支持下进行实时交流与传送，最后利用智能计算技术完成对海量数据的加工以服务于企业生产经营决策①。本章节从供应链的角度，介绍物联网技术在各个环节的应用情形。如图 3 – 17 所示，从供应链的初始采购环节，到仓储、运输、生产、销售和售后环节，物联网技术的应用使得整个供应链流程更加智能化，不但节省了人力成本、提高了工作效率，而且降低了整个流程的出错率，提高了产品的品质和质量。

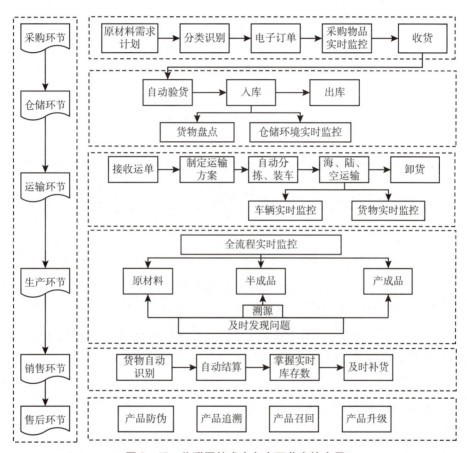

图 3 – 17　物联网技术在各个环节中的应用

3.5.1　采购环节

企业在采购环节首先制定原材料需求计划，通过对生产过程与设备仪器进行

---

①　孙其博，刘杰，黎羴，等. 物联网：概念、架构与关键技术研究综述［J］. 北京邮电大学学报，2010，33（3）：1 – 9.

检测和控制，以及准确感知、测量、计算材料的生产消耗，物联网大大提高了需求预见的准确性，从而制定更为精细的采购计划，改善预算和合同管理。之后物联网技术可以对原材料的需求和供应商信息进行分类识别，便于合理安排采购量和采购批次；与此同时，不同于传统采购过程中常见的信息孤岛困境，依靠二维码与 RFID 技术的结合，物联网可以对原材料的信息进行实时的采集、更新与追踪，经由现在的有线与无线网络实现远距离的及时输送，实时监控原材料的质量，增强材料采购的可追溯性，减少信息的失真问题，进而提高采购的效率。此外，还可以将物联网技术应用于供应商的管理中，对供应商进行分类管理，对不同的供应商制定不同的采购策略，提高采购的水平。

3.5.2　仓储环节

物联网技术在仓储环节的应用主要体现在对于存货状况的监控及存货数量的及时盘点，为存货管理及制定采购计划提供实时信息。其一，在物联网技术中运用了 RFID 标签定位功能和传感器技术，能够实现在仓储环节的实时监控。对仓储环境的温度、湿度和承重压力等进行监控，能够及时地发现不符合存储要求的方面，便于企业对存储环境进行及时调整，以满足特殊货物的存储要求。其二，物联网技术能够及时掌握库存信息，企业能够在物联网技术的应用下，及时准确地判断出何时需要补货，降低了企业存货的存储成本。

物联网技术下运用了 RFID 电子标签，工作人员可以利用 RFID 手持式的终端进行货物盘点扫描，以便及时掌握库存信息。

3.5.3　运输环节

运输环节运用的物联网技术有无线通信设备、传感器设备和射频识别技术等，该环节所使用的车辆和相关的货物信息通过扫描作为基础数据存储于物联网信息系统。物联网在运输环节的应用有两个方面：一方面，在运输部门将相关的要求输入物联网系统后，系统能够根据提供的相关信息进行分析与计算，自动制定最优的运输方案；另一方面，依托物联网追溯技术，如将 RFID 电子标签等嵌入集装箱、门禁设备等，经过传感器识别及智能计算技术的支持，企业能够及时获取产品所处的物流阶段、定位等精准状态信息，实现对运输过程进行实时监控与掌握[1]，当出现突发情况时也能够及时处理，保证货物准时送达。

3.5.4　生产环节

物联网的关键技术能够实现整个生产流程的追踪，实现从原材料到半成品再到产成品全流程的监控，保证产品的质量。物联网系统由感知层、网络层和应用层组成，依靠感知层的诸如射频识别及其读写系统（RFID）对生产要素的加工信息进行实时采集，再经由网络层进行信息的传输与交互，最终汇聚于应用层完成对数据与信息的筛选和分析[2]，企业可以及时准确地掌握产品的生产状况，当出现差错时，物联网技术的可追溯性能够及时发现并且追溯问题产生的环节，对生产流程加以改进和调整，降低生产环节中的出错率，提高了生产环节的效率和产品的质量。

3.5.5　销售环节

在销售环节，物联网技术辅助企业完成货物的及时补充、款项的自动结算，并扩大企业的市场规模。首先，物联网技术能够实时动态掌握货物的出售情况，并将库存信息及时传递，便于上游的供应商按时完成补货。其次，在结算环节，应用 RFID 技术可以对货物进行自动识别，自动完成结算，节约了人力成本，提高了结算的效率，便于企业节省成本，同时也提高了顾客的满意度。最后，物联网技术的运用提高了运输环节信息流通效率，依靠无线射频、传感技术等实时了解路况和产品位置等物流信息，进而提高货物的流通能力，在此基础上，企业的终端消费者满意度和销售能力进一步提升[3]，企业的市场得以进一步拓展。

3.5.6　售后环节

物联网在售后环节的应用体现在以下几个方面：首先是使用物品编码技术和

---

[1] 胡斌，刘作仪. 物联网环境下企业组织管理特征、问题与方法 [J]. 中国管理科学，2018，26 (8)：127–137.

[2] 胡斌，王莉丽. 物联网环境下的企业组织结构变革 [J]. 管理世界，2020，36 (8)：202–211，232.

[3] 熊天任，胡宇辰. 新零售背景下传统商贸企业数字化转型路径探讨 [J]. 企业经济，2022，41 (3)：47–56.

无线射频 RFID 技术，能够实现产品防伪的功能；其次是使用电子条码技术和 RFID 技术，实现了产品的溯源，消费者可以通过扫描查询产品的各个环节信息；再次是实现问题产品的精准召回，当企业的某个批次产品出现了问题需要召回时，由于物联网技术能够记录产品的详细信息，能够高效地实现问题产品的召回；最后是在产品转移到消费者手中后，对于消费者使用产品的维修情况和使用反馈，物联网能够记录下来，有助于企业改进产品，提升客户价值。

目前市场迭代快，获客成本高，企业需要倾听客户的心声，留住客户，做出快速的分析决策，对产品进行维护与改进。可视化售后综合分析看板中，可以看到工厂客诉情况、客诉问题类型分析、月度客诉趋势分析、月度工厂客诉分析、售后费用等内容，帮助企业更加了解客户的需求所在，提供更好、更个性化的服务。根据互联网的记录内容，可以沉淀客户画像，以此开展分群管理及精细运营，从而达到持续提升客户满意度、成就长期客户价值的目标。

3.6 云计算技术

云计算的部署类型有公有云、私有云、社区云和混合云。大企业可以自建私有云，将整个财务信息系统的功能集成在云计算平台中，所有的业务操作都可以通过任何一个终端在云计算平台上完成。中小企业可以采用公有云服务，通过租用第三方企业提供的软件即服务，实现按需使用。本章节具体介绍了应用云计算技术的银企联云服务和税务云服务。

3.6.1 银企联云

银企联云是应用云计算技术，连接场景，提供随时、随地、随需的金融服务，如今在不同的场景均有适用。应用银企联云，对于金融机构，可以实现跨行现金管理；对于投资平台、贷款平台，可以实现资金监管、支付结算和主动收款等；对于其他业务系统，可以实现账户的余额结算、查询等；对于大型电商平台、采购平台，可以实现商户资金管理、在线对公结算等；对于网报平台、HR 平台，可以实现代发工资、代付报销、实时出款等。图 3 – 18 展示的是银企联云服务在 ERP 和资金管理平台的应用。

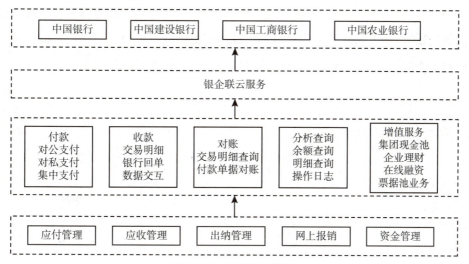

图 3-18　银企联云服务

3.6.2　税务云

税务云应用云计算技术，为企业提供以进销项管理和纳税申报为核心的增值税服务，提供关于涉税环节的解决方案，如图 3-19 所示。税务云打通了企业业务、财务和税务数据，为企业提供智能化的税务服务，帮助企业作出税务决策，建立连接、高效和智能新特性的税务云平台。

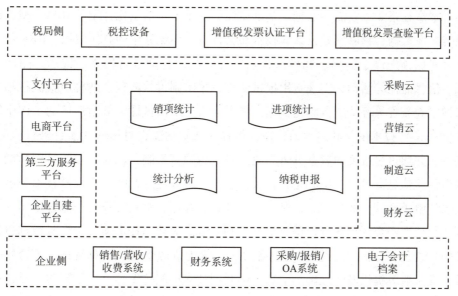

图 3-19　税务云服务

利用税务云服务平台，可以实现销项管理、进项管理、税金核算、纳税申报和风险管控。图 3-20 展示的是自动生成增值税申报表页面，同时也可以生成其他各税种申报表，一键报送局端，也可以进行历史报表的查询。

| 返回 | | | | | 取数 | 发票汇总 | 保存 |

增值税及附加税费申报表《增值税纳税人申报表附表|

增 值 税 及 附 加 税 费 申 报 表
（一般纳税人适用）

根据国家税收法律法规及增值税相关规定制定本表。纳税人不论有无销售额，均应按税务机关核定的纳税期限填写本表，并向当地税务机关申报。

税款所属时间：自 年 月 日至 年 月 日					填表日期：年 月 日		金额单位：元（列至角分）
纳税人识别号(统一社会信用代码)： □□□□□□□□□□□□□□□□□□							
纳税人名称：			法定代表人姓名		注册地址	生产经营地址	
开户银行及账号			登记注册类型			电话号码	

			一般项目		即征即退项目	
项目		栏次	本月数	本年累计	本月数	本年累计
销售额	（一）按适用税率计税销售额	1				
	其中：应税货物销售额	2				
	应税劳务销售额	3				
	纳税检查调整的销售额	4				
	（二）按简易办法计税销售额	5				
	其中：纳税检查调整的销售额	6				
	（三）免、抵、退办法出口销售额	7		—	—	—
	（四）免税销售额	8		—	—	—

图 3-20   增值税申报表自动生成

3.7 本章小结

本章在第 2 章智能会计理论基础概述的基础上，情景化介绍了 RPA、AI、区块链、大数据、物联网和云计算技术在会计各工作流程中的具体应用。RPA 技术可以根据预先设定的算法和模型，重复无间断地自动进行检索、记录、图像识别、信息监控等活动，实现费用报销流程、采购到付款流程、纳税申报流程和总账到报表流程等环节的自动化处理，将财会人员从机械性、低附加值的工作中解放出来。AI 技术依靠其强大的感知、运算和认知功能，对摄取的信息进行验证、核对，并通过多维度的数据分析为决策者进行预算编制、风险控制等管理活动提供个性化信息。具有去中心化、开放性、不可篡改性等特征的区块链技术与电子发票和电子会计档案相结合，完成发票开具、存储、报销、查验全流程的闭环管理，并让电子会计档案管理得更加真实和安全。大数据技术通过对海量数据进行集中化处理与分析"提纯"，为财务分析、人力资源管理、预算管理、经营决策及精准采购等提供及时准确的信息。物联网技术搭配传感器、二维码等工具，打通了供应链全流程的信息通路，完成智慧供应链的降本、增效和提质。云计算技术被应用于金融服务领域和税务领域，依靠银企联云和税务云提高资金管理的质量和税务管理的运作效率。通过本章的学习，学生应熟悉各智能会计工具在财务业务流程和管理决策中的具体应用，加深对智能会计理论基础的理解。

 思 考 题

1. AI 技术与 RPA 技术的主要区别是什么？
2. 大数据技术在企业经营管理中有哪些运用？

思考题要点及讨论请扫描以下二维码：

第 **4** 章

智能会计业务流程

本章重点

1. 理解何为"业务驱动财务"和"财务承接业务"。

2. 了解在数字经济时代下，企业基本业务活动（采购、生产、销售、库存管理）的运行模式，以及各业务活动与财务活动间的关系。

3. 了解智能会计系统是如何优化业务处理流程的。

4. 掌握智能会计软件中采购业务、生产业务、销售业务、库存管理的操作步骤。

案例导入 *

　　华为公司成立于 1987 年，是全球领先的信息与通信技术（ICT）解决方案供应商。2007 年以前，华为公司的业务规模在突飞猛进的同时利润率却逐年下滑。年报显示，华为的营业利润率从 2003 年的 19% 下降到了 2007 年的 7%，净利润率则从 14% 下降到了 5%。[①] 这主要是因为华为公司的业务运作出现了一些问题，业务流程与财务流程不能有效融合，企业内部沟通效率和管理效率低下。

　　为解决上述问题，华为公司秉持业财融合的核心主张，自 2007 年起与 IBM 合作，开启了财务转型之路。一方面，华为公司在全球范围内统一体系规范，陆续建立了七大区域账务共享中心，实现了业务流程和会计流程的集中化、标准化和自动化处理，从而提高了数据处理的效率和准确性，并实现了数据的实时更新与共享。[②] 另一方面，华为公司进行了长达八年的集成财经服务（intelligent fi-

---

　　* 详细案例和进一步讨论，请访问链接网址：http://zhongqishuzhi.com；或扫描章后二维码。
　　① 李云杰. 任正非的财务转型 [J]. IT 经理世界，2009（15）：23 - 24.
　　② 华为建立七大区域财务共享中心，构建万物互联的智能世界_ 数字化 [EB/OL]. 搜狐新闻，2018 - 12 - 12.

nance system，IFS）变革，IFS 在华为公司内部的广泛应用，为财务管理和业务发展提供了有力支持。依托数字化和智能化技术，华为公司能够更好地管理财务风险、优化成本控制，提高决策的准确性和效率。此外，IFS 也为华为公司培养了数千名合格的财务总监，他们深入企业的各个业务部门（包括销售、研发、供应链等），把规范的财务流程植入到华为公司的整个运营流程，助力其实现收入与利润的平衡发展。[①] 通过设立财务共享中心、进行 IFS 变革，华为公司逐步构建起"业财管"深度一体化的智能会计体系，形成了自动化、智能化的业务处理流程。

面对复杂多变的企业生存环境，管理者、投资者及利益相关者个性化、多样化的信息需求呼唤着企业业务流程进行升级改造，以提供实时的、相关的业务信息和财务信息，为其决策提供更多前瞻性的信息支持。基于物联网、云计算、RPA 财务机器人、数据挖掘和分析技术等新兴技术，智能会计业务流程能够数字化、自动化、智能化地对业务信息进行快速处理和实时共享。智能财务会计平台通过与企业 MRP、ERP、OA 系统建立接口，实现信息的互联互通和业财数据的对接及管理，并基于业务活动中生成的财务信息进行自动化账务处理，最终为管理决策提供深度支持。本章主要讨论企业的一般业务活动及其在数字经济时代出现的新发展，将其作为财务活动的前置基础和财务数据的底层来源又是如何与智能会计互联互通，实现业财融合的。

4.1 业务驱动财务

企业的业务活动主要是指企业的生产经营活动，业务流程也是企业经营过程中的实际流程的起点，为后续会计流程和管理流程的开展奠定了基础。从经济学角度看，企业的运行是"投入货币，购买原材料与劳动力，生产产品，再销售产品，得到货币"的再生产循环过程，业务活动是企业存续的前提，也是财会数据的来源。会计自诞生起就与业务活动密不可分，针对企业经济业务中产生的大量业务信息，会计流程会对这些信息进行采集、加工、存储，并输出给管理流程，为企业管理层实施内部控制、进行业绩评价、制定后续生产经营计划等工作提供

---

① 专访华为前 CFO｜智能财务：赋能企业经营，重塑业务价值_工作［EB/OL］. 搜狐新闻，2019 – 05 – 23.

有效信息，是连通业务流程和管理流程的桥梁。业务驱动财务，业务的基础数据是会计处理的基础（见图 4 – 1）。

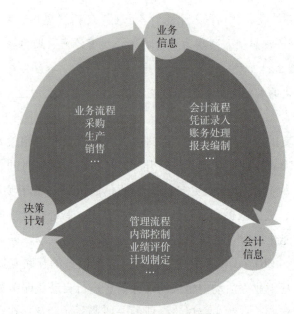

业务信息

会计流程
凭证录入
账务处理
报表编制
…

业务流程
采购
生产
销售
…

决策
计划

管理流程
内部控制
业绩评价
计划制定
…

会计
信息

图 4 – 1　业务驱动财务流程

4.1.1　事件驱动

"事件驱动"是在持续事务管理中的一种决策策略，即跟随当前时间点上出现的事件，调动相应的资源，执行相应的行动，其主要用于计算机编程领域。会计的信息处理流程是由"事件驱动"的，销售产品、购买物资、支付薪水等交易事件的发生导致企业现金流和资产负债情况发生变化，会计人员会根据相关原始凭证编制记账凭证，触发会计记录的产生。从交易事件发生到生成会计凭证、登记会计账簿、编制会计报表，这种"事件驱动"的处理流程确保了会计信息的准确性和可靠性，缓解了信息不对称现象，使企业管理层、董事等内部利益相关者，以及供应商、合作伙伴、机构投资者等外部利益相关者能够更好地了解企业的生产经营情况，从而作出更加科学合理的决策和计划，推动业务增长。随着互联网的发展和 IT 技术的不断演进，大数据、云计算、人工智能、区块链等新技术与会计的深度融合推动了传统会计工作向信息化、智能化演变。在智能会计体系中，会计处理被嵌入到业务系统中，由业务的发生触发会计的处理。当业务发生时，系统按照业务事件的规则对业务数据和财务数据进行采集、编码和储存，建立起业务数据库，这些信息被导入智能会计的系统中，系统能够根据每一项交易或事项自动生成凭证、账簿和报表，给经济事项留下"脚印"，从而使业务流程具有可视性和还原性①，实现业务和财务的深度融合。业务数据与财务数据经过标准化的处理，汇总到共享的综合数据库形成数出同源、易于共享的数据资产，实现企业业务活动、财务活动数字化。

4.1.2　业务循环

业务循环是指按照一定的步骤反复运行的一组流程的组合，对流程的抽象和描述是系统逻辑建模的重要技术依据②。在会计电算化阶段，系统在传统会计循环过程的基础上进行抽象和建模，实现了从凭证编制到报表生成的自动化；在会计信息化阶段，系统围绕企业核心生产经营活动，对"获取—支付"循环、"生产—转换"循环、"销售—收款"循环进行抽象和建模，实现了业务活动和财务活动的一体化；而在会计智能化阶段，系统以资源优化配置目标为导向，围绕"决策—控制"循环、"披露—反馈"循环、"协同—共享"循环、"监督—调控"循环进行抽象和建模，实现了"业财管"深度融合，构建了智能会计系统的主要业务循环模型。具体而言，在"决策—控制"方面，智能会计系统可以实现信息采集、加工、分析、预测等决策活动与计划、预算、跟踪、监督、反馈、激励等控制活动的闭环联结，提升采购决策、生产决策、销售决策等制定和实施的效率及科学性，优化业务流程，同时提高控制活动的时效性；在"披露—反馈"方面，会计信息标准化建设降低了信息交换成本，区块链、分布式账簿等新技术的应用通过信息共享降低了会计报告的监管成本，从而缓解信息不对称现象，企业管理层可以获得更加真实的信息反馈，全面、准确地把握生产经营情况；在"协同—共享"方面，智能化技术的应用实现了企业内部各部门之间、集团公司之间、企业与外部利益相关者间的资源共享和价值链协同，并依托价值链和生态圈内实现内外部资源的优化配置，进一步推动业务活动顺利进行；在"监督—调控"方面，智能会计云平台汇聚了大量的财务信息和非财务信息，并支持数据实时更新和查询，为业务计划执行效果检验提供了信息支撑，同时大数据、

---

① 陈益云. 基于价值链管理会计的会计业务流程再造研究［J］. 会计之友，2016（19）：26 – 29.
② 续慧泓，杨周南，周卫华，等. 基于管理活动论的智能会计系统研究——从会计信息化到会计智能化［J］. 会计研究，2021（3）：11 – 27.

人工智能等技术的应用也为各项活动的跟踪和调控提供了便利，使得企业的业务流程、会计流程和管理流程之间的联系更加紧密。

4.2　企业基本业务活动

随着数字经济时代的来临，大数据技术、互联网技术、人工智能技术、物联网技术等新兴数字技术重塑了企业的生产端、业务端、财务端和管理端，优化企业内部业务流程，打通数据和信息传递的畅通渠道，发挥出对企业降本增效、提高全要素生产率的带动、叠加和倍增作用。数字化的业务管理模式和操作流程也为进一步深化业财融合、释放财务的管理潜力提供了新的契机。以制造业企业为例，企业的基本业务活动包括采购业务、生产业务、销售业务和库存管理，这些业务都在数字经济时代呈现出新的运行特征，并与财务活动更紧密地结合在一起。

4.2.1　数字化采购业务

采购是指企业在一定的条件下从供应市场获取产品或服务作为企业资源，以保证企业生产及经营活动正常开展的一项企业经营活动。采购流程涉及寻源、招标、协议、订单、预算、支付、报销等多个环节，采购效率的提升对企业的价值创造有着重大影响。大数据和云计算等技术的应用推动着采购活动的数字化转变，实现信息流、商品流、业务流、财务流的"四流合一"（见图4-2）。具体而言，采购活动的数字化特征体现在以下几个方面。

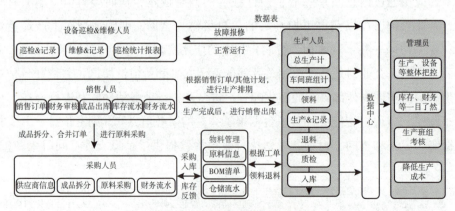

图4-2　数字化采购业务流程

1. 规则嵌入，优化预算管控

以往企业在制定年度预算时，几乎不会征询采购部门的意见。无论是由于缺乏数据还是由于采购部门无法预测和收集所需数据，这种脱节情况使采购部门在整个预算期间都会处于被动状态。在大数据的支持下，企业的采购数据被实时记录，数据中的结构和非结构化信息被发掘并与分析体系和预测见解结合起来，从而改善企业的预算制定，使得采购部门在制定采购计划、执行采购活动中更具自主权。同时采购系统中通过内嵌规则、设定权限、预算分配、流程优化、统一结算，解决内部审批流程规范问题和预算管控问题，也有助于财务预算管理的高效运行。

2. 广泛寻源，智能化订立合同

企业可以通过整合电商平台、资信平台的统一采购门户——企业商城，在线询价报价、在线招投标、在线采购下单，平台支持大数据高性能交易处理和智能化匹配推荐，提供有关市场信号和价格压力的情报以优化结果，从而优化采购流程。合同订立过程也变得更智能和全面，采购系统自动识别和匹配法律资料库中的相关条款和条件，根据企业历史数据查找特定商的类似合同条款，智能化订立合同，并建立起合同全生命周期管理，涵盖合同执行跟踪，合同验收管理，合同到期智能预警等功能，并通过与智能会计系统链接，实现合同付款管理。

3. 供应链协同，一体化业财处理

企业打破与供应商的信息壁垒，通过云端接口，上传订单、物流、发票等信息，与供应商实现合同协同、订单协同、物流协同、开票协同、结算对账协同，提升采购业务、发票业务处理效率，加速供应链周转效率，节约人工和时间成本。依据采购订单、入库单、采购发票，智能会计系统自动实现三单匹配对采购业务进行结算。通过与库存系统建立接口，依据发票和入库单更新库存信息；与税务局建立接口，实现发票自动查重验真；与银行建立接口，智能化付款结算（见图 4 – 3）。

图 4-3   主要模块构成

4.2.2   数字化生产业务

生产活动是企业价值创造的来源。生产执行制造系统借助计算机、互联网和传感设备等,对整个生产过程进行数据采集,并可进一步扩展到整个产品制造过程的全生命周期,打造生产调度管理、工艺执行与管理、过程控制管理、排程管理、质量管理、设备管理等模块,实现时刻管理和展示生产制造全流程。

1. 物联网集成信息

数字化生产车间通过引入数控机床、工业机器人等生产设备实现自动化生产,并在此基础上利用数据采集与监视控制系统(SCADA)实时管控物料数据、生产数据等,进一步扩展到整个产品制造过程的全生命周期。借助完备的数据采集和传输设备,生产系统随时获取生产设备的使用状态,传递控制指令,以此实现科学决策、智能设计、合理排产、精准维修,提升设备使用率,指导生产运行,使自动化生产智能设备高效运转。

2. 智能化生产安排

生产系统在企业层面对接采购、销售、库存和智能会计系统,接收来自销售系统的销售订单，依据销售订单进行成品拆分、需求合并，精准计算任务量，智能化生产排期并将任务派发至各车间班组。智能生产系统根据生产任务单向关联BOM 配方，实时传输至库存系统并领料生产。生产完成后，智能生产系统在线记录质检结果，迅速更新产品信息，并根据生产数据实现对生产管理的可视化数据分析。

3. 精细化成本核算

传统生产过程中无法精准计量生产线中的物料消耗情况，导致生产成本计量不准确，难以衡量实际生产与标准生产成本的准确差异，在成本管理和管控上较为不足。数字化转型后，生产车间可以实时采集物料数据，费用可以归集到每道加工步骤，再汇总到生产订单，为生产和管理当局提供更精准的成本资料。财务部门可以根据共享的生产数据从成本的角度对生产工艺过程的改进给出指导和建议（见图 4 −4）。

图 4 −4　生产制造全流程管理

4.2.3 数字化销售业务

销售业务是企业将生产成果出售给第三方以获得价值增值的经营活动。一般的销售活动包括销售渠道管理、销售订货、销售发货、开具销售发票、确认收入与成本和销售结算等环节。由于市场环境变幻莫测，行业竞争不断加剧，销售部门也是企业中不确定性最多的部门。企业数字化转型为企业销售管理植入数字基因，激活其效率、效果和效益，提高其应对风险的管控能力。

1. 基于大数据的精准营销

企业建立的数据中台可以为销售提供实时、全面的全域数据和数据分析，有利于销售人员更好地掌握用户需求，开展精准营销。例如，销售部门可以通过数据中台构建用户画像，进行群体分层，分析客户的喜好，对客户可能存在的需求进行类推、判断，从而在与客户交谈时，能够快速拿出打动客户的方案，让企业产品和服务满足客户个性化需求。

2. 智能信用管理降低经营风险

企业销售系统能够对客户的公司规模、销售金额和回款时间进行智能统计分析打分，并根据分数建立信用评估模型，对客户信用等级进行评分管理。客户信用等级会根据模型和记录数据自动提升和降低，并以此控制销售订单可欠款的额度。销售系统与智能会计系统共享客户信用数据，在智能会计系统对预收账款和应收账款进行管理，准确反映预收、应收账款的形成、回收及增减变化情况，按月对往来款项进行核对与清理，并将信息传递给销售部门，由销售人员及时向客户提示付款，进行跟踪催收。

3. 从订单到回款的闭环交易管理

企业可以通过全渠道业务中心，将 B2C 商城、渠道服务、零售服务纳入一个体系，进行上下游订货协同、库存共享、在线对账等业务协同。全渠道业务平台将促销、返利、信用控制变得灵活而多变，不同经销商给予信用政策，不同产品给予不同价格政策，让市场政策能够第一时间抵达渠道终端。同时与智能会计系统互联互通，根据销售订单、出库单和客户共享的对账单，完成智能对账和差异预警，在税务系统中通过税控设备直连开票，同时支持多类数据来源、多种协同方式、多样化结算模式，实现从签订订单到收回货款的全流程联动管理（见图 4 - 5）。

图 4 - 5　销售流程自动化

4.2.4　数字化库存管理

随着企业业务的不断发展，多组织、跨区域库存管理问题日益增多，如库存动态掌握不及时、库存占用不合理、全局库存难掌握等，因此，如何更好地管理并及时掌握库存动态，是企业库存管理者需要思考的问题。企业的存货管理系统需与采购系统、销售系统、生产系统、财务系统等建立密切关联，互相传递、共享信息，打破不同系统间的信息孤岛，构建起信息、数据间的关联关系。

1. 实时化数据采集

库存系统对仓库到货检验、入库、出库、调拨、移库移位、库存盘点等各个作业环节的数据进行自动化的数据采集，保证仓库管理各个环节数据输入的速度和准确性，确保企业及时准确地掌握库存的真实数据，能够准确、高效地跟踪与管理客户订单、采购订单及仓库等信息，从而最大限度提升仓库管理的效率和效益。

2. 多系统联动管理

采购入库时根据订单和到货单信息对入库货物进行编码，并把编码信息写入电子标签。销售部门和生产部门领用库存商品和物料可以实现批量出库，自动生成出库信息，并更新存货总量，记录在库存台账中。RPA 机器人根据出库信息自动计算存货成本，按照预设好的规则进行成本分摊，然后在财务系统中生成凭证并记账，通过多系统对接、数据互通等方式，实现对库存的高效管理。

3. 存量管理和数据分析

管理者可以在系统中同时查看所有仓库分布，实时查询安全库存、最高库存、最低库存、可用量，及时掌握库存现状。临近采购到货或超期未到货时，系统会及时发送预警消息，有效指导企业及时发现短缺物料，及时采购。通过多维度库龄分析和定期存货盘点，全景展示物料在库时长，避免出现产品滞销或者因被遗忘而出现大量的临期产品，有效指导采购政策（见图 4-6）。

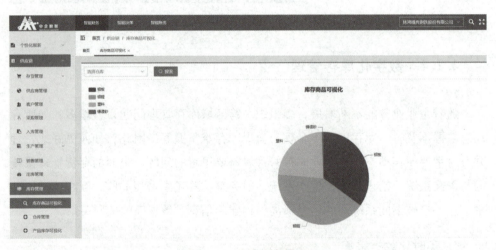

图 4-6　企业库存管理

4.3　财务承接业务

在传统会计业务流程中，会计业务流程的起点是业务活动产生的原始凭证，经过对原始凭证进行数据加工，形成记账凭证并登记账簿，最后编制财务报表提供给会计信息使用者。随着经济的发展、企业规模的扩大和业务的复杂化，传统会计业务流程已经难以满足企业的日常需求，计算机技术、IT 技术，以及云计算、大数据、区块链、人工智能等新一代 IT 技术陆续被引入到会计核算工作中来，推动会计工作实现了从电算化到信息化再到智能化的变革。企业利用智能会计体系能够将业务流程、财务流程和管理流程全部在线化和显性化，使财务端所有业务能够基于线上交易信息进行实时处理，将事后记账报账转变为业务发生时的记账报账，实现会计工作全流程自动化和数据互联互通，并简化审批环节、便捷化入账。

4.3.1　全流程自动化

智能会计是覆盖会计工作全流程的智能化[①]。在智能会计体系下，企业的信息处理方式全面升级，一体化的会计信息化处理流程打通了"业财管"各个环节，实现了流程联动、数据联通。同时智能技术的应用可以实现对各类数据信息价值的深度挖掘，业务数据、财务数据、税务数据形成的数据资产能够为企业的运营分析、预测、决策提供支持，彻底改变传统财务模式下财务流程、业务流程、管理流程各自为战的局面，提高会计信息的及时性和可靠性，推动会计工作步入全流程自动化阶段。具体而言，智能会计系统大量采用智能机器人、OCR 影像识别、RPA 等技术，将各类输入输出等操作自动化。例如，以前录入业务部门提交的单据、票据需要财务人员手动输入系统，而现在使用 OCR 影像识别技术自动扫描发票、单据即可完成信息自动采集，避免了人工输入易引发的错误，全面降低了财务人员的工作量并提升了工作效率。同时系统根据相关事项及对应数据进行匹配，选择流程并进行相应处理；在业财对接中遇到问题时，RPA 还将根据知识库与学习回答问题，实现流程自动化处理。

4.3.2　简化审批环节

在采购活动或业务人员报销流程中，一项业务往往要经历业务领导审批、部门经理审批、财务预算审批、资金付款审批等多个环节，业务处理流程复杂，审核过程漫长，不可避免地造成效率低下。智能会计体系通过预算管理的数字化，将预算管控内嵌到业务流程中，优化企业的财务管理逻辑，同时也能提高企业业务的处理效率。全面预算管理体系天然具备反映企业业务的属性，是打通财务数

---

① 秦荣生. 数字化转型与智能会计建设［J］. 财务与会计，2021（22）：4-6.

据与业务数据的关键链接，是提升财务对业务运营的支撑能力。将全面预算管理嵌入业务全流程的各个环节，能够加强预算费用执行控制，把预算控制流程全面移至事前，简化传统审核程序，提升控制效率。例如，员工在费用报销系统中提交报销申请时，系统内置的报销标准和预算规则会控制单据类型和报销金额，预算标准内的报销申请将被自动通过，无须审批，而超过预算标准的报销申请才需转入特殊审批流程，从整体上简化了业务活动中的审批流程，提高了业务处理效率。同时，全面预算管理体系建立了自动化预警机制，能实时跟踪预算执行进度，及时反馈信息，明确风险与机会，推动实现业务价值。

4.3.3　数据互联互通

当企业众多业务线产生了大量有价值的数据时，要实现不同业务部门之间数据的有效联通和价值探索，便需要整合全域数据并建立统一的管理和应用平台。智能会计系统的前端与企业所有业务系统对接，由纷繁复杂的业务信息转化的业务数据被提取出相应的结构，使财务数据清晰明了。各系统对接后，智能会计系统形成向前延伸到采购、生产、销售等业务系统，向下延伸到税务、票务和财务系统，向外延伸到供应链的企业管理体系。企业内部信息系统高度集成，全面打通业务与财税流程，实现采购、生产、销售的集中信息共享，提高企业财务整体工作效率。在全过程数据链的支持下，对合同、订单、收发料单、运单、结算单、发票等多种单据的数据进行数据分析，建立不断完善的交易规则体系，成为精细化管理和智能化管理的基础。

4.3.4　便捷化入账

智能会计系统从业务系统内自动提取生成记账凭证所需的信息，在文字识别与处理技术的支持下将这些信息进一步处理，并基于一定的规则将这些业务信息转换为具有固定格式的预制记账凭证。智能会计系统内提前预制好入账规则，对要用到的科目分类，每类定义各自的数据项和对照表，根据单据和业务类型定义生产凭证的模板。当业务单据传输至智能会计系统时，RPA 机器人在业务单据、发票单据、收付款单据的比对中，通过关联规则等机器学习算法，有效匹配不同格式的数据项，判断每个项目数据的一致性并反馈结果，然后依据记账规则自动生成凭证，自动提交、过账，并生成账务报告、汇报至管理层。随着业务数据量的增大，智能财务会计系统内嵌的转换规则将处于持续不断的动态调整和优化完善的过程中，由此大大增强了企业会计核算工作与相关业务的同步性和协同性，为实现业财深度融合提供了支撑。

4.4 软件实操

财务活动处理的起点往往是来自业务部门的原始凭证。原始凭证是在交易或事项发生或完成时取得或填制、用来证明交易或事项的发生、明确经济责任，并作为记账依据的最初书面证明文件，是会计核算的重要依据。常见的原始凭证包括：采购或销售发票、银行支票、收款单、入库单、材料领用单、发货单等。在取得了原始凭证的基础上，财务人员才能进一步进行相关的会计处理。

4.4.1 采购业务

智能会计人员根据采购人员传递的存货或其他资产的采购信息，通过智能会计系统进行相应的处理，包括供应商管理、存货管理、采购管理和采购记账等。

1. 供应商管理

供应商是企业的重要利益相关者之一，良好的供应商管理能够为供应链的稳定性和所采购产品或服务的质量提供保障，能够帮助企业与供应商构建良好的沟通合作机制，优化双方间的关系。智能会计体系下的大数据分析、自动化工具等智能技术可以应用于供应商管理的各个环节，不仅能够为企业储存与管理供应商信息提供便利，帮助企业更加准确地评估和选择供应商，优化供应链协同作用，而且还能提高供应商管理的效率和质量，增强企业的供应链风险应对能力。

功能描述

通过供应商管理模块，企业可以借助智能会计系统实现对供应商信息的集中管理，便于供应商信息查询、评估和选择，以及采购订单管理等后续工作的开展。具体而言，企业可以在该模块选择"新增"供应商，录入供应商名称，设置供应商状态，即"正常"或"停用"。此外，企业还可以根据需求在"备注"栏添加相关备注信息，例如，供应商的联系方式、地址、信用评级等，便于相关人员了解供应商的基本情况。上述操作相当于给所有供应商建立了基础档案，方便企业查询、修改和维护供应商信息。对于大型企业而言，其供应商数量繁杂，后续信息修改工作相对烦琐。为此，系统提供了"搜索"功能和"批量操作"功能，可以直接搜索某个供应商信息，或对多个供应商的状态进行修改，从而减少重复劳动，提高工作效率。

操作步骤

（1）进入系统。

供应商管理模块在智能财务系统下，需要在智能会计系统首页从智能财务进入到系统中（见图4-7）。

图4-7　进入智能财务系统

（2）新增供应商。

在智能财务系统中，点击供应链模块右侧下拉箭头或者单击"供应链"（见图4-8），在下方找到供应商管理。

如图4-9所示，在供应商管理模块中点击右上方"新增"按钮，在弹出的添加供应商窗口中输入供应商的名字、状态和相应的备注，单击"确定"按钮，完成供应商的添加。

图4-8 进入供应商管理模块

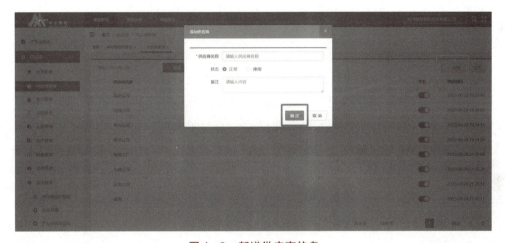

图4-9 新增供应商信息

（3）供应商状态管理。

对于供应商数量较少的企业，可以直接找到需要修改状态的供应商所在行，在右侧状态栏直接进行修改。在添加客户栏中，左边表示正常，右边表示停用供应商。对于供应商数量较多的企业或企业集团，对单一供应商状态进行修改，可以在供应商管理界面中的左上方搜索框中输入供应商的名称，点击右侧"搜索"按钮，找到相应的供应商并对其状态进行修改；对数量较多的供应商状态进行修改时，逐个修改不仅会造成重复劳动，还降低了工作效率，在智能会计的供应商管理模块中可以通过勾选如图4-10所示的供应商名称左侧的小方框，批量选取需要修改状态的供应商，点击右上方"修改"按钮，对供应商状态进行批量修改。

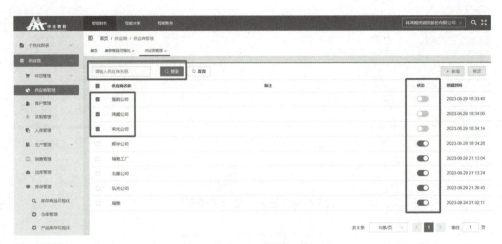

图 4 – 10   供应商状态管理

2. 存货管理

有效的存货管理可以避免库存过剩或不足，降低企业的资金占用成本和仓储成本，同时还可以提高供应链的灵活性，及时了解库存情况和需求变化并作出相应的调整决策。依托智能会计系统，企业能够提高需求预测和库存规划的准确性，运用自动化、智能化的存货管理工具提高管理效率和质量，并通过智能数据更准确地分析出采购决策，及时调整生产计划，以适应市场需求变化。

功能描述

存货管理就是将企业的存货相关信息进行大数据管理，在此基础上为决策分析提供底层数据支撑，主要包括存货类别管理、存货管理和物料清单三个子模块（详见本章智能会计业务流程 4.4.4 节中存货管理部分）。

操作步骤

如果是新设公司，在采购管理之前需要预先在存货管理模块中添加需要采购的存货种类和具体的存货质量标准，以便于后续在采购管理中选择相应的采购物资。具体操作步骤详见本章 4.4.4 节库存管理中的存货管理部分。

3. 采购管理

企业进行采购管理的主要目的是确保企业能够及时获得所需的原材料、其他物资或服务等，以维持生产活动和日常运营工作的正常进行。在智能会计体系中，自动化工具和流程的引入可以提高采购工作的效率和准确性，优化采购流程，并通过智能数据分析帮助企业选择合适的供应商、确定合适的采购价格，进一步降低采购成本。

功能描述

采购管理是智能会计系统中供应链管理的重要组成部分，该模块提供采购单录入、查看、筛选、修改等功能，系统能够控制采购单据编码的自动生成，保证其唯一性，帮助企业实现采购业务的系统化、集中化管理。进入采购管理模块后，企业可以通过添加采购单录入采购信息，包括供应商名称及存货名称、数量、单价等，由系统自动生成单据号、记录创建时间、计算存货金额，并根据登录账号自动录入创建人信息，从而在很大程度上规避了由于主观原因导致的信息错误。后续需要查看某特定采购信息时，可输入单据号、单据时间、产品类别、供应商等信息进行筛选查询，满足不同应用需求，简化了后续信息管理工作。此外，采购单价、数量等信息的记录也便于后续进行成本核算和分析，为成本控制和决策提供了准确的数据支撑。

操作步骤

（1）采购单据录入。

在智能财务系统中，点击供应链模块右侧下拉箭头或者单击"供应链"，在下方找到采购管理。如图 4－11 所示，在采购管理模块中点击右上方"新增"按钮，在弹出的添加采购单窗口中录入采购单的相关信息。其中单据号、创建人和创建时间均由系统自动生成，单据号系统依顺序自动生成，创建人系统默认为登录的账号，创建时间为录入单据的时间。总数量和总金额是系统自动计算已添加存货的数量和金额的汇总数。选择图 4－11 下方的存货信息，点击中间的"新增"按钮，如箭头所示出现一条可供编辑的栏目，单击方框中"请选择"字样右侧的放大镜" 🔍 "，跳转至存货添加的相关界面，如图 4－12 所示。

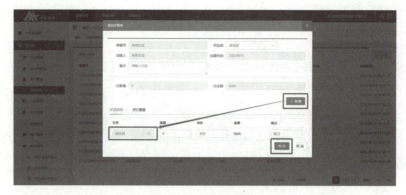

图 4 – 11   新增采购单

存货ID	名称	型号	品牌	规格	单位	备注
20230629215403050	铝板		北星		吨	
20230629215455051	铸造砂				吨	
20230629215534052	铝锭		辉华		吨	
20230629220402053	钟型罩		永昌			
20230629233631056	铝锭		北星			
20230629234553065	铝锭		北星		吨	
20230630103154101	塑料		荣光		吨	

图 4 – 12   存货搜索界面

　　在存货添加的相关界面中，相关产品种类较少的企业可以直接选择对应的产品品种和批号，如果企业的产品种类较多，可以先按照类别进行筛选，或者直接在搜索框中按照产品名称和型号进行筛选。找到需要添加的产品直接单击该产品的条目，就可以完成产品名称的添加，跳转回图 4 – 11 的新增采购单界面。在存货信息栏目中继续添加产品的数量、单价，金额由系统自动计算生成。可以按照此步骤在一个采购单下添加多个不同类型的产品，全部添加完毕后系统自动计算总数量和总金额。确认无误后，点击右下角的"保存"按钮，完成采购单的录入。

（2）查看采购单。

在采购管理界面找到需要查看的采购单，点击"单据号"弹出录入采购单的界面即可查看该采购单的详细信息（见图 4 – 13）。

图 4 – 13　查看采购单

（3）筛选采购单。

在采购管理界面找到如图 4 – 14 所示的搜索框，可以根据需要输入单据号、单据时间、产品类别、供应商等，分类别对单据进行筛选。这能够帮助企业快速查看从同一家供应商的采购频率和数量等相关信息，为管理提供便利。

图 4 – 14　查看采购单

4. 采购记账

详见第 5 章智能会计账务处理 5.3.1 节中应付账款管理自动化部分。

4.4.2　生产业务

在物联网等技术的支持下,智能会计系统能够更精确地归集、核算企业生产成本,为企业生产决策提供可靠依据。同时实时监控生产产量和设备运行状况,为实现精细化生产管理提供了实时的信息支持。

1. 成本核算

成本核算是企业生产业务的重要环节之一,该环节记录了企业生产过程中的各项成本费用,有助于企业控制和管理成本,为管理层评估企业绩效、制定决策计划提供依据。依托智能会计系统,通过"业财一体化"能够大幅提高成本核算的效率和准确性,并利用智能技术实现对成本的实时监控,优化资源配置。通常情况下,成本核算可分为费用归集和成本计算两步,其中费用归集是指将各项费用按照其性质进行分类和记录;成本计算是指在费用归集的基础上,按照相应的成本计算方法将费用分配给各个产品。

(1)费用归集。

①直接材料:根据生产车间材料领用情况,汇总生成材料发出汇总表、材料明细账等,并由此获取各直接材料的单位成本,根据预制分配标准,自动编制材料成本汇总表(见图 4 - 15)。

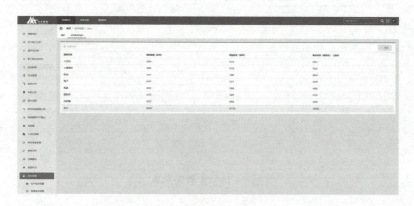

图 4 - 15　直接材料成本汇总

②直接人工：对于采用计时工资制的车间，生产人员在工时管理系统中填报工时，根据实际工时统计记录、人员工资分类表等自动编制人工费用分配汇总表。对于采用计件工资制的生产车间，从生产系统中获取产量统计报告、个人（小组）产量记录，根据单位工资标准或计件工资标准，自动核算生产人工费用分配汇总表（见图 4 – 16）。

③制造费用：根据材料领用、设备维修等情况，汇总生成按项目分列的制造费用明细账，根据预制的制造费用分配标准，自动编制制造费用分配汇总表（见图 4 – 17）。

图 4 – 16　直接人工成本分配汇总

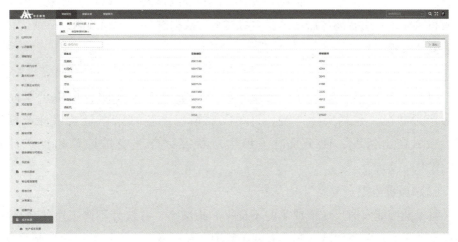

图 4 – 17　制造费用分配汇总

（2）成本计算。

根据材料成本汇总表、人工费用分配汇总表、制造费用分配汇总表等自动计算得到生产成本汇总表。结合生产系统的产量数据及成本分配规则，自动分配计算产品成本（见图 4 – 18）。

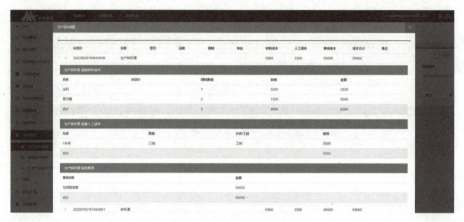

图 4 – 18　生产成本核算

2. 生产监控

生产监控是企业生产业务中必不可少的环节，包括产量监控、质量监控和设备监控。有效的生产监控有助于企业提高生产效率、保障产品质量，并通过对生产设备和操作过程就监测和控制，为生产过程的安全性和可靠性提供保障。基于智能会计系统，企业还可以实现对生产过程的全流程监控，以及生产数据的实时传输和储存，利用智能算法和机器学习技术对数据进行分析和预测，持续优化和改进生产流程。

（1）产量监控。

物联网技术和大数据可视化技术辅助企业管理者实时获取生产车间的实时产量状况，包括实际产量、订单完成情况、各时段产量及累计产量情况、投入产出情况，便于及时了解生产状况，合理安排订单和生产计划（见图 4 – 19）。

（2）质量监控。

质量监控能实时反应产成品的不良率和报废率，并统计不同工序的合格率、不良率和报废缺陷原因及分布，有利于管理者及时发现生产过程中的问题并及时调整，提高生产质量和效率（见图 4 – 20）。

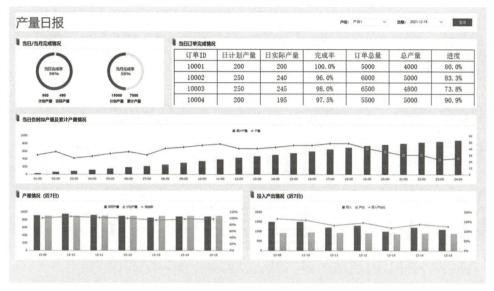

图 4 – 19　生产产量监控

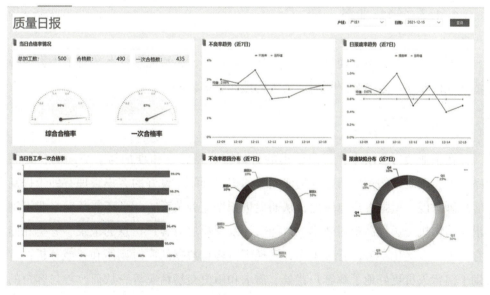

图 4 – 20　生产质量监控

（3）设备监控。

设备监控能实时反应设备运行情况、生产效率和故障情况，通过及时进行设备维修延长设备使用寿命，提高设备利用率和生产率（见图 4 – 21）。

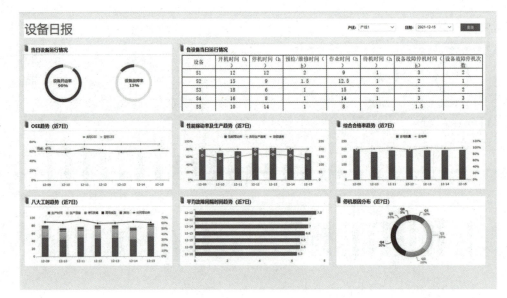

图 4 – 21　生产设备监控

4.4.3　销售业务

智能会计人员根据销售人员的产品销售信息，在智能会计系统对销售类业务活动进行处理，包括客户管理、销售管理和销售记账等。

1. 客户管理

在企业销售活动中，客户管理的目的主要是建立和维护与客户间的良好关系，以实现既定的销售目标并构建完善的销售网络。良好的客户管理有助于提高客户满意度、增强客户忠诚度，从而促进长期业务关系，并且还能帮助企业识别潜在销售机会、提高销售效率。智能会计系统通过对客户信息的记录、分类和储存，进一步优化了客户管理工作，实现了对客户数据的实时调用和智能分析，有助于销售人员更好地了解客户背景、需求和历史交易情况等，从而改善与客户的沟通协作，优化销售流程，降低销售成本。

功能描述

通过客户管理模块，企业可以在智能会计系统中录入相关客户信息，包括客户名称、状态等，并根据实际情况、销售业务需求等添加备注信息，例如联系人、联系地址、联系方式、公司背景、行为偏好、信誉度等信息，建立客户信息基础档案，方便企业更好地了解客户情况，方便日后的沟通和跟进，实现对所有客户信息和客户关系的高效管理。此外，系统还提供批量修改功能，进一步提高工作效率。借助客户管理模块的相关功能，销售人员可以更加便捷、快速地获取客户信息，对客户进行分析和评估，以确定重点客户、潜力客户和低价值客户等，筛选出目标客户群体和销售地区，从而更有针对性地开展市场推广和销售活动，提高与客户间的沟通效率，降低沟通成本，增强客户黏性，从而促进销售增长和业务发展。

操作步骤

（1）进入客户管理界面。

供应商管理模块在智能财务系统下，需要在智能会计系统首页从智能财务进入到系统中。在智能财务系统中，点击供应链模块右侧下拉箭头或者单击"供应链"（见图 4－22），在下方找到客户管理。

图 4－22　进入客户管理模块

（2）新增客户。

如图 4－23 所示，在客户管理模块中点击右上方"新增"按钮，在弹出的"添加客户"窗口中输入对应的客户名称、状态和相应的备注，单击"确定"按钮，完成客户的添加。

图 4 - 23　新增客户信息

（3）客户状态管理。

对于客户数量较少的企业，可以直接找到需要修改状态的客户所在行，在右侧状态栏直接进行修改。在添加客户栏中，左边表示正常，右边表示停用客户。对于客户数量较多的企业或企业集团，对单一客户状态进行修改，可以在客户管理界面中的左上方搜索框中输入客户的名称，点击右侧"搜索"按钮，找到相应的客户并对其状态进行修改；在对数量较多的客户状态进行修改时，逐个修改不仅会造成重复劳动，还降低了工作效率，在智能会计的客户管理模块中可以通过勾选如图 4 - 24 所示的客户名称左侧的小方框，批量选取需要修改状态的客户，点击右上方"属性"按钮，对客户状态进行批量修改。

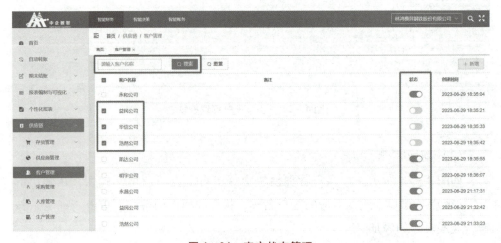

图 4 - 24　客户状态管理

2. 销售管理

企业进行销售管理的主要目的在于组织、规划和监控销售活动，以实现销售目标、提高销售业绩。有效的销售管理可以帮助企业建立科学的销售策略和计划，合理分配销售资源，提高销售效率和销售额，增加市场占有率，增强市场竞争力。依托智能会计系统，可以简化销售单据的录入和查找工作，优化销售数据的管理和调用，便于销售人员了解市场需求、客户需求和产品偏好，进一步完善销售策略和流程。

功能描述

销售作为供应链管理中的重要一环，也是智能会计系统的重要组成部分。销售管理模块提供销售单据录入、查看、筛选、修改等功能，系统能够控制销售单据编码的自动生成，保证其唯一性，帮助企业实现对所有销售记录的统一管理。基于该模块，企业可以根据实际销售情况录入相关信息，包括客户名称、产品名称、销售数量、销售单价等信息，由系统自动生成销售单据编号、记录销售单据创建时间、计算销售总金额，并根据登录账号记录创建人信息，从而提高订单处理的效率和准确性。此外，企业还可以根据自身需求，在备注栏记录与该笔销售业务有关的其他重要信息，如销售人员信息、是否赊销等，以帮助企业更好地了解销售人员业绩、产品销售情况等。销售管理模块不仅可以为企业管理销售活动提供便利，为后续营业收入核算、销售业绩评价等工作奠定基础，还可以为销售趋势预测提供历史数据支撑，帮助企业优化销售流程、制定科学合理的销售计划。

操作步骤

（1）销售单据录入。

在智能财务系统中，点击供应链模块右侧下拉箭头或者单击"供应链"，在下方找到销售管理。如图 4 - 25 所示，在销售管理模块中点击右上方"新增"按钮，在弹出的添加销售单据窗口中录入销售单的相关信息。其中单据号依据系统顺序自动生成，创建人系统默认为登录的账号，创建时间为录入单据的时间。总数量和总金额是系统自动计算已添加到销售单中存货的数量和金额的汇总数。

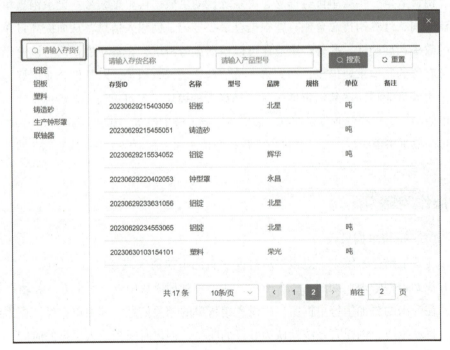

图 4 – 25　新增销售单据

选择图 4 – 25 下方的存货信息，点击中间的"新增"按钮，如箭头所示出现一条可供编辑的栏目，单击方框中"请选择"字样右侧的放大镜"🔍"，跳转至存货添加的相关界面，如图 4 – 26 所示。

存货ID	名称	型号	品牌	规格	单位	备注
20230629215403050	铝板		北星		吨	
20230629215455051	铸造砂				吨	
20230629215534052	铝锭		辉华		吨	
20230629220402053	钟型罩		永昌			
20230629233631056	铝锭		北星			
20230629234553065	铝锭		北星		吨	
20230630103154101	塑料		荣光		吨	

共 17 条　10条/页　< 1 **2** >　前往 2 页

图 4 – 26　销售存货搜索界面

在存货添加的相关界面中，相关产品种类较少的企业可以直接选择对应的产品和批号，如果企业的产品种类较多，可以先按照类别进行筛选，或者直接在搜索框中按照产品名称和型号进行筛选。找到需要添加的产品直接单击该产品的条目，就可以完成销售单中产品名称的添加，跳转至图 4 – 27 所示的新增销售单界面。在存货信息栏目中继续添加销售产品的数量、单价，金额由系统自动计算生成。可以按照此步骤在一个销售单下添加多个不同类型的产品，全部添加完毕后系统自动计算总数量和总金额。确认无误后，点击右下角的"保存"按钮，完成销售单的录入。

图 4 – 27　查看销售单据

（2）查看销售单。

在销售管理界面找到需要查看的销售单，点击单据号弹出录入销售单的界面即可查看该销售单的详细信息。

（3）筛选销售单据。

在销售管理界面找到如图 4 – 28 所示的搜索框，可以根据需要输入销售单的单据号、单据时间、产品类别、供应商等，分类别对销售单据进行筛选。这能够帮助企业快速了解同一客户从本公司采购的频率和数量等相关信息，为大客户的管理和关系的维系等提供便利。

3. 销售记账

销售记账包括产品成本的结转和收入的确认。详见第 5 章智能会计账务处理 5.3.1 节中应收账款自动化处理部分。

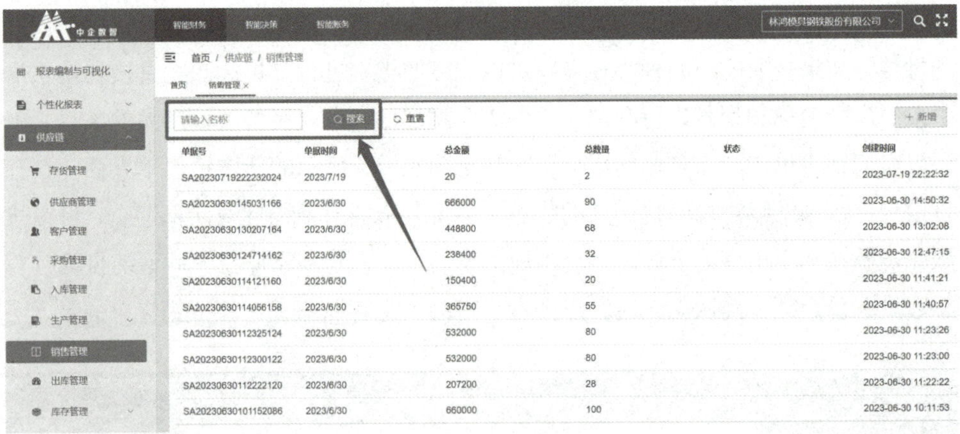

图 4 – 28   筛选销售单据

4.4.4   库存管理

产品的库存信息是由库存管理人员在存货管理、库存管理系统录入的，财务人员在智能会计系统中依据采购活动、生产活动、销售活动的出库和入库信息，"一键化"更新库存信息，并在存货出库和入库时进行自动化的成本核算。

1. 存货管理

通过存货管理，企业可以合理规划和控制存货水平，确保及时供应和生产的连续性，降低供应链风险，还可以优化库存水平，降低库存成本，并及时了解存货状态，减少过期或滞销库存。智能会计系统的应用能够帮助企业更好地实施存货管理，实时记录并监控存货进出情况和储存情况，提供清晰、准确的库存数据和清单，提高存货管理的透明度和及时性。

功能描述

智能会计系统中的存货管理模块包括存货分类、存货管理和物料清单三个子模块，基于上述模块，企业可以实现对所有存货的精细化管理。首先，企业可以根据存货属性、生产活动需求等，将所有存货进行分类，将"分类名称"录入存货分类子模块，并设置类目层级、排序和状态，相当于为存货设置一个类目表，便于后续存货信息的录入和管理。其次，企业可以在存货管理子模块录入具体存货的详细信息，包括存货名称、分类、品牌、规格、单位、型号、状态、物料类型等，其中"分类"选项即为企业在存货分类子模块设置的类目表，物料类型包括产成品、原材料等，系统会自动生成"存货 ID"，此外企业还可以根据自身需求在备注栏添加其他信息，如存货型号、大小等具体特征信息。最后，企业可以在物料清单子模块查看所有产成品和其原材料的详细信息。除此以外，在查询功能方面，系统提供了搜索存货名称和产品型号两种搜索方式，其中在存货管理子模块还可以按照分类状态属性进行搜索，方便企业对存货信息进行查看和修改。

操作步骤

（1）存货分类。

①进入存货分类模块：在智能财务系统下，点击供应链模块右侧下拉箭头或者单击"供应链"，在下方找到存货管理，点击右侧下拉箭头，找到存货分类模块，如图 4 - 29 所示。

图 4 - 29　进入存货分类模块

②新增存货类别：如图 4 - 30 所示，在存货管理模块中的存货分类子模块下，点击右上方"新增"按钮，在弹出的添加存货类别窗口中输入具体的存货类别、显示排序的顺序号、选择相应的状态和上级分类名称，其中状态默认为正常使用，上级分类名称默认为主类目，如果新增的分类是主类目分类下的二级或三级分类，逐次点击"主类目"和对应项目的左侧下拉箭头选择对应的分类项目，单击"确认"按钮，完成存货类别的新增。

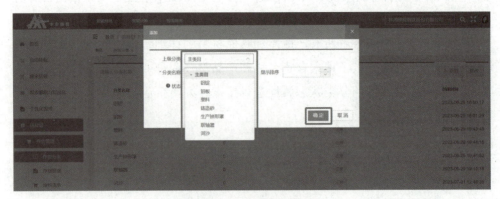

图 4 – 30　新增存货分类

③存货类别的查看与修改：选中某一分类所在条目，点击右上角的"修改"按钮，即可查看与该分类有关的详细信息，包含其上级分类和下级分类，使用状态等，并对该存货类别进行重新编辑和修改。如图 4 – 31 所示，在存货分类页面左上方的搜索框中输入分类名称和分类状态，点击右侧"搜索"按钮即可筛选出该存货类别在该状态下的所有分类，点击"重置"取消筛选。

分类名称	排序	状态	创建时间
铝锭	0	正常	2023-06-29 18:00:17
铝板	0	正常	2023-06-29 18:01:29
塑料	0	正常	2023-06-29 19:43:49
铸造砂	0	正常	2023-06-29 19:44:16
生产钟形罩	0	正常	2023-06-29 19:44:52
联轴器	0	正常	2023-06-29 19:45:18
润沙	0	正常	2023-07-01 12:46:39

图 4 – 31　存货类别的查看与修改

④存货类别批量修改：勾选需要修改的存货类别，点击"批量修改"按钮，对存货类别的状态等进行批量修改（见图 4 – 32）。

图 4 – 32　批量修改存货类别

（2）存货管理。

存货管理子模块主要是对企业生产过程中同一种类别产品的不同型号、规格、品牌进行管理。

①新增产品：在"智能财务—供应链—存货管理—存货管理"页面中点击右上方的"新增"按钮，打开新增产品窗口，分别输入相应的产品名称、分类、品牌、规格、单位、型号等信息，并选择相应的产品分类和状态。产品分类即在存货分类中录入的数据，若是没有想要选择的分类，需要先在存货分类账添加该分类之后，再重新回到存货管理子模块添加产品。单击"确定"完成新增产品业务（见图 4 – 33）。

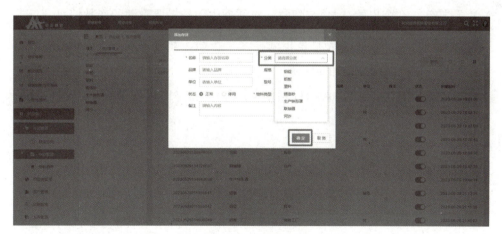

图 4 – 33　新增产品

②产品信息查看：在存货管理子模块中直接点击列表中存货的名称，可以直接查看该类别下所有型号和品牌的产品，如果企业的存货名称整体较多，人为通

过列表去查找很不方便，可以直接在搜索框中输入需要查看的产品类别的名称进行搜索，根据搜索结果选择需要查看的产品。此外，还可以根据产品名称、型号、分类状态等进行更加具体细致的搜索（见图4-34）。

图4-34 产品信息的查看与修改

③产品信息修改：勾选存货管理子模块中每个产品所在信息条左侧的小方框，点击右上角的"属性"按钮可以对产品信息进行批量修改。

④产品信息的显示与隐藏（见图4-35）：点击存货管理子模块中右上方"■"按钮，在弹出的"显示/隐藏"对话框中勾选需要隐藏的产品信息，点击"➤"按钮，完成后点击对话框顶端"×"按钮，即可实现对所选择信息的隐藏，使展示的产品信息更加简洁明了。勾选隐藏项目下所列示的产品信息，点击"◀"按钮，完成后点击对话框顶端"×"按钮，即可取消对所选择信息的隐藏。

（3）物料清单。

在智能财务系统中"智能财务—供应链—存货管理"下，点击物料清单，可以在该页面查看已有的全部存货的名称规格；单击选中产成品或中间产品所在的行，点击箭头横线下方的"新增"按钮，可以对生产该产品所需要的原料的名称数量等进行设定，为后续生产领料提供数据基础。产品原料消耗量的设定与领料人员分离，有利于加强公司的内部控制与管理。对于已经设定好的产成品，单击其所在行，如图4-36所示，便可以查看生产该产品所消耗的原材料名称及数量。

图 4 – 35 产品信息的显示与隐藏

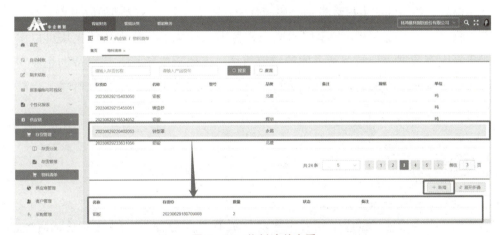

图 4 – 36 物料清单查看

2. 入库管理

入库管理是指对原材料、半成品、产成品等入库信息的管理，是企业库存管理的基础。入库管理的首要目标是确保入库信息的准确性，智能会计系统通过对存货进行准确的标识、计量和登记，可以避免错误入库、库存数据不准确等情况的发生。此外，系统还能记录产品或物资的具体入库地点，以便进行库存管理和仓库布局规划。

功能描述

存货的入库管理是包括企业原材料采购入库、半成品入库、产成品入库等在内的产品和原料入库信息的管理，入库时间、地点、数量、金额均会有明确记载，入库单与产品相对应，便于产品出入库信息的比对和成本计算等。一方面，企业可以在该模块通过添加入库单功能录入产品、原材料等的入库信息，包括供应商名称、入库仓库名称、存货名称、存货数量等，由系统自动生成入库单据编号、记录入库单创建时间、计算入库总数，并根据登录账号录入创建人信息。此外，企业还可以在备注栏记录存货规格、批次、型号等详细信息。除了商品管理功能外，系统还提供票据管理功能，企业可以在录入商品信息的同时录入相关购买票据信息，包括票据名称、票据类型、金额等，在同一张入库单中实现商品入库信息与票据信息的统一管理。另一方面，系统还提供了入库成本核算功能，只需选中需要结算的入库单，系统即可自动抓取相关信息并进行成本计算，并且系统还提供了不同的成本核算方法，包括月末一次加权平均、移动加权平均、按比例结算成本等方式，以满足不同的成本核算需求。综上，成本核算模块可以实时更新库存数据、记录存货入库的重要信息、方便成本核算，从而帮助企业实现对存货入库过程的系统管理，为库存管理、供应链追溯、财务分析等工作奠定基础。

操作步骤

（1）新增产品入库。

在"财务管理—供应链—入库管理"页面中点击右上方的"新增"命令，打开新增入库单窗口。如图 4 - 37 所示，依据提示选择并添加入库的产品名称、供应商名称、产品入库的仓库名称、入库数量并做好备注，点击"保存"完成新增产品入库。其中总数量由系统汇总计算入库单上全部产品数量总和，入库单号、创建人和创建时间均由系统生成。如需修改创建人，需退出重新用所需要的有权限的创建人账号登录系统进行产品入库单据录入。

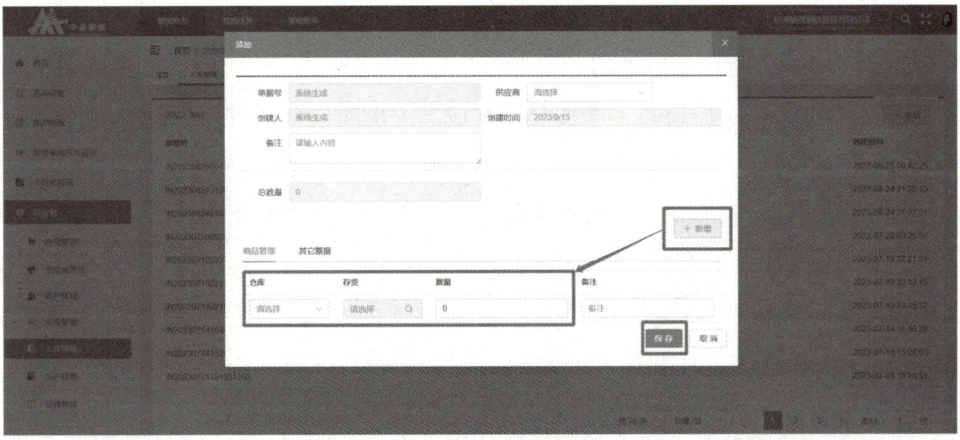

图 4 – 37　新增入库

（2）入库产品信息查看。

在入库管理界面，单击需要查看的入库单据所在的行，系统自动跳转至入库单据填写界面，企业库存管理人员可以在此界面查看入库产品的有关信息，对属于同一单据但没有一起录入的，在征得管理人员的授权同意后，可以在本界面重新补充上该入库产品的有关信息，即库存管理人员有权限对入库单进行重新编辑。财务人员可以在此查看该单据下入库产品的有关型号、存储地点、供应商、数量等信息，但没有编辑的权限，实现对产品入库与成本核算的分离，有助于加强企业内部控制与管理（见图 4 – 38）。

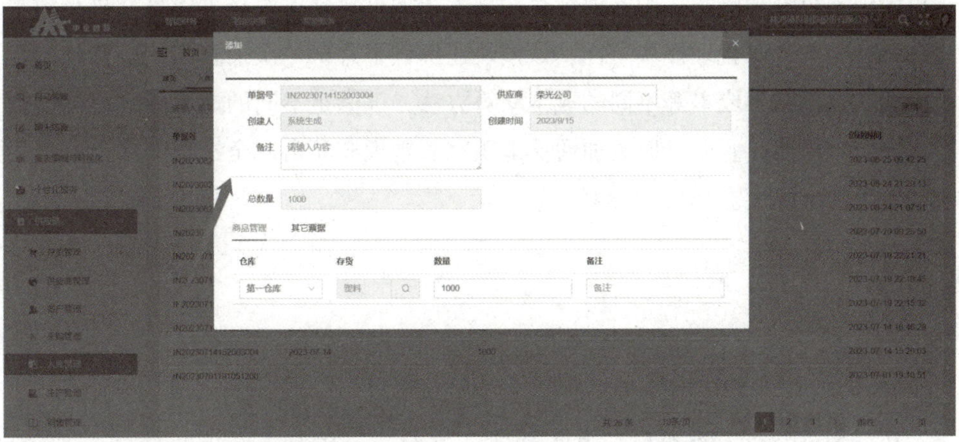

图 4 – 38　入库产品信息查看

3. 出库管理

出库管理是指对原材料、半成品、产成品等出库信息的管理，是企业库存管理活动的重要一环。入库管理的首要目标是确保相关产品或物资的准确交付，智能会计系统通过对出库物资进行准确的核对和记录，可以避免错误出库或交付不准确等情况的发生。

功能描述

存货的出库管理是对企业的原材料使用、半成品使用和销售、产成品销售等进行控制和管理，供应链系统会明确记载产品出库的时间、数量和经办人等信息，出库单与单据上所列产品相对应，使企业财务数据与生产数据相匹配。从具体功能来看，出库管理模块的功能与入款管理模块相似，但目的有所不同。一方面，企业可以在该模块通过添加出库单功能录入产品的出库信息，包括客户名称、出库仓库名称、存货名称、存货数量等，由系统自动生成出库单据编号、记录出库单创建时间、计算出库总数，并根据登录账号录入创建人信息，此外企业还可以在备注栏记录存货规格、批次、型号等详细信息，以便进行准确的库存管理和追溯。除了商品管理功能外，系统还提供票据管理功能，企业可以在录入产品信息的同时录入相关出售票据信息，包括票据名称、票据类型、金额等，在同一张出库单中实现产品出库信息与票据信息的统一管理。另一方面，系统也提供了出库成本核算功能，选中需要结算的出库单即可自动抓取相关信息并进行成本计算，并且与入库管理模块一样，该模块还提供了月末一次加权平均、移动加权平均、按比例结算成本等不同的成本核算方法，以满足不同的成本核算需求。通过出库管理模块，企业可以更加便捷地跟踪和管理产品出库全过程，提高订单处理的效率和准确度。

操作步骤

（1）新增产品出库。

在"财务管理—供应链—出库管理"页面中点击右上方的"新增"命令，打开新增入库单窗口。如图 4 – 39 所示，依据提示选择并添加出库的产品名称、客户名称、出库产品所在的仓库名称、出库数量并做好备注，点击"保存"完成新增产品出库。其中总数量由系统汇总计算入库单上全部产品数量总和，入库单号、创建人和创建时间均由系统生成。只有仓库管理的相关人员有权限对产品出库信息进行录入。

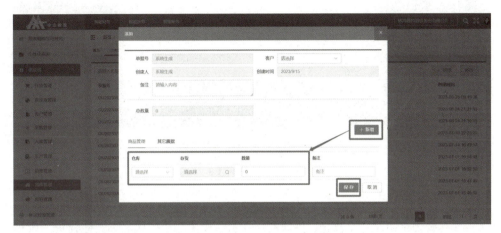

图 4-39　新增出库

（2）出库产品信息查看。

在出库管理界面，单击需要查看的出库单据所在的行，系统自动跳转至入库单据填写界面，企业库存管理人员可以在此界面查看出库产品的有关信息，对属于同一单据但没有一起录入的，在征得管理人员的授权同意后，可以在本界面重新补充上该出库产品的有关信息，即库存管理人员有权限对入库单进行重新编辑。财务人员可以在此查看该单据下出库产品的有关型号、原存储地点、供应商、数量等信息，但没有编辑出库单的权限，实现对产品销售、出库与成本计算三者在操作上的分离和数据上的联合，符合现代企业业务中对于加强企业内部控制与管理的需求（见图 4-40）。

（3）出库产品信息修改。

仓库管理员可以在出库管理界面，选择多个需要修改的出库单据，点击页面右上方"修改"按钮对出库单进行批量修改。为严格出入库管理，保证库存产品的完整性和准确性，以及划清责任界限，修改出库单据仅为仓库管理员特有权限，其他人员无权对出库单据进行修改。

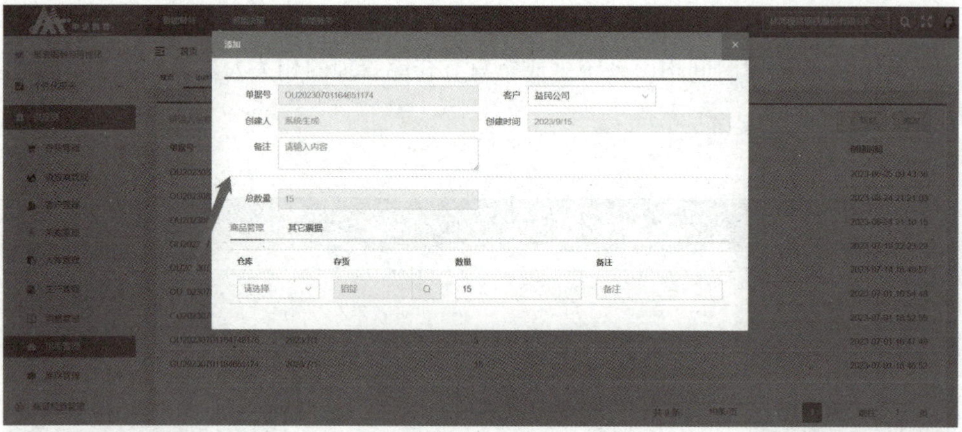

图 4 - 40   产品出库信息查看

4. 库存管理

库存管理是指对仓库及仓库内所有原材料、半成品、产成品和其他物资的管理活动。有效的库存管理不仅有助于控制库存成本和库存水平，还可以避免因库存不足导致无法按时交付客户订单的情况发生。智能会计系统可以实现对库存信息的实时监控和可视化查询，在为企业库存管理提供便利的同时也提高了其透明度和效率。

功能描述

智能会计的库存管理系统由仓库管理、现存量查询和库存可视化三部分组成。仓库管理主要是对存储存货的仓库进行设置，企业可以通过新增仓库功能添加仓库信息，设置仓库名称和状态，并在备注栏记录其他详细信息，包括仓库的容量、位置、所属权、状态等，帮助企业掌握仓库情况并对所有仓库进行精细化管理。现存量查询是对企业库存产品的一键查询，通过该功能，企业可以实时查看存货所在仓库、计量单位、规格、型号、品牌、数量、状态等信息，以及仓库存储情况等，帮助企业随时了解库存情况，及时调整采购计划、生产计划和销售计划，避免库存过剩或短缺的情况发生。库存可视化功能可以通过图表形式展示各产品的实时数量和变动，以及某一仓库中不同库存商品所占比重等信息，使企业可以更加直观地了解库存情况，帮助企业进行库存分析和预测，优化库存管理策略。依托智能会计系统的库存管理模块，企业可以实现对原材料库存、半成品库存、产成品库存等的规范化管理，实时监测库存情况，提高库存管理效率和透明度，降低库存管理成本，进一步提升供应链稳定性和产品可用性。

操作步骤

（1）仓库管理。

①现有仓库的查看与修改：在智能财务系统中，点击供应链模块右侧下拉箭头或者单击"供应链"，在下方找到库存管理模块下的仓库管理。点击仓库管理即可查看企业现有的仓库信息。点击要查看的仓库的名称，可以查看与仓库有关的位置、仓库容量、已使用容量和剩余容量等信息，合理利用可以优化仓库的使用效率。点击需要进行信息修改的仓库，在弹出窗口中点击"编辑"按钮，可对仓库有关的全部信息进行修改。若只需要修改仓库的状态，可直接在状态一栏进行相应修改（见图 4-41）。

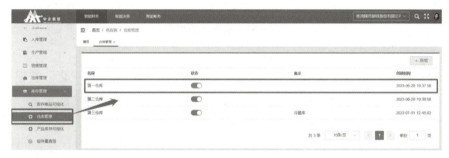

图 4-41　仓库的查看与修改

②新增仓库：在仓库管理界面右侧点击"新增"按钮，弹出新增仓库对话框，填写新增仓库的名称、位置、容量、状态等信息，单击"确定"，完成新增仓库任务（见图 4-42）。

图 4-42　新增仓库信息

（2）现存量查询。

①查询现有库存：在智能财务系统中，依次点击"供应链—库存管理—现存量查询"，在现存量窗口中即可查看企业现有的库存产品等信息（见图4-43）。

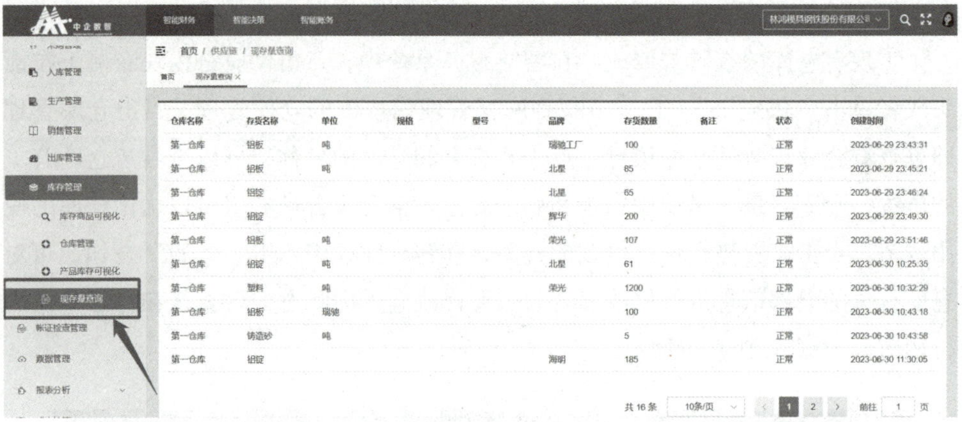

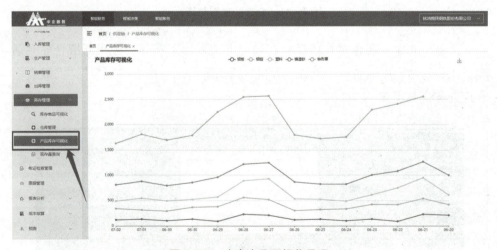

图4-43　查询现有库存

②库存产品可视化显示：单击现存量查询窗口中的"库存可视化"按钮，智能会计系统可以以饼图、柱形图、折线图等形式展示仓库中的各产品比重、仓库使用率和产品流动性等信息（见图4-44）。

图4-44　库存商品可视化呈现

4.5　本章小结

　　本章基于"业务驱动财务，财务承接业务"的核心逻辑，以采购业务、生产业务、销售业务和库存管理四大基本业务活动为切入点，对智能会计体系下企业业务流程的构建逻辑、具体内容和软件操作步骤进行详细阐述，全面解读智能会计业务流程。会计信息处理流程是由"事件驱动"的，业务活动的基础数据是会计处理的基础。数字化背景下，大数据、云计算、区块链、人工智能等技术重塑了业务流程，打通了各流程间信息传递通道，助力企业构建起"业财管"深度一体化的智能会计体系。通过全流程自动化、简化审批环节、数据互联互通和简便化入账，智能会计系统使业务活动和财务活动间的关系更加紧密。通过本章的学习，学生既需要了解智能会计业务流程的构建逻辑和运行模式，还需要熟练掌握软件实操的具体步骤。

 思 考 题

1. 如何理解"业务驱动财务"？
2. 在智能会计体系下，财务活动是如何承接业务活动的？

思考题要点及讨论请扫描以下二维码：

第 5 章

智能会计账务处理

本章重点

1. 了解账务处理流程自动化的技术支撑及相关节点的智能化账务处理。

2. 了解数据资本化的前提、内涵与意义，以及相关应用。

3. 重点掌握应收应付账款管理、报销流程自动化、资金结算、资金管理、薪酬管理、成本结转、账务处理、报表自动生成的软件实操。

案例导入 *

  在德勤推出财务机器人后不久，普华永道便也将人工智能技术用于财务工作，并推出了自己的财务智能机器人，普华永道的机器人不仅可以用于对财务工作的处理，在供应链和人力资源等方面也有辅助作用。在财会领域，普华永道机器人可以将那些耗时长、重复性强的人工操作取而代之，且不需要改变原有的应用系统，以快速低成本的形式完成财务工作自动化。中化国际作为一家国际化大型企业，其产品服务于 100 多个国家和地区，与其公司有合作往来的客户涉及上百个国家及地区，再加上它有多家子公司，经济业务遍布广泛，使得中化国际的财务工作繁杂与分散。在财务共享中心建立之后，企业能够整合不同地区的会计业务，使它们集中在一起进行管理，但是在会计核算工作及纳税等方面还是需要财务人员花费很多的时间。为了提升企业会计工作的质量和效率，中化国际于 2017 年 8 月将会计人工智能技术引入企业会计工作中，中化国际在引入财务机器人后在改造会计工作核算流程、降低人力成本、提升工作效率及会计信息质量等方面都发生了很大的变化。中化国际也成为首家试水机器人流程自动化的央企。

　　本章主要从企业账务处理视角展开介绍了如何通过人工智能技术等实现账务处理流程自动化、会计信息数字化推进数据的资产化、数据资产化的内涵与重要意义，以及如何更好地管理和应用会计信息数字化所形成的数字资产，融合企业的业财管，从而更好地服务于企业发展；同时本章借助"智能账务处理系统"，详细地讲解了智能会计系统下的账务处理流程。智能会计的账务处理是智能会计实际业务操作中的最基础的环节，为智能财务报表打下基础，为风险管控和智能决策提供依据和资料（见图 5 - 1）。

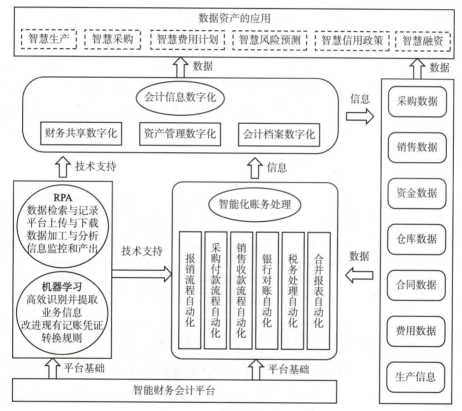

图 5 - 1　智能账务处理与数据资产

5.1　账务处理流程自动化

　　会计流程自动化是指利用信息技术搭建企业财务共享平台，并借助人工智能技术使平台上的财务业务流动一定程度实现自动化，如在费用报销、银行对账等方面，除此之外，人工智能技术还将帮助企业充分利用此过程中获取的数据信息帮助企业进行更好的经营。会计流程自动化可以提升效率和敏捷性，增加客户和员工的满意度，提升安全性，提升风险管控能，让业务更具前瞻性。

5.1.1 RPA 和机器学习

会计流程自动化离不开 RPA 和机器学习的技术。RPA 也被称为数字化劳动力，是数字化的支持性智能软件，能够完成以往只有人类才能完成的工作，或者成为高强度工作的劳力补充，从功能上来讲，RPA 是一种处理重复性工作和模拟手工操作的程序，可以实现数据检索记录、图像识别与处理、平台上传与下载、数据加工与分析、信息监控与产出这四大功能。而基于大数据的机器学习在财务会计方面，可以帮助实现高效识别并提取业务信息，并且改进现有记账凭证转换规则；在企业战略管理层面能够更好地做到风险管控，精准预测帮助企业更好地决策。RPA 和机器学习的技术在智能化账务处理中所扮演的角色如图 5-2 所示。

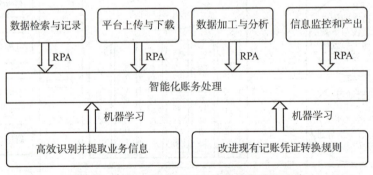

图 5-2 RPA、机器学习与智能账务处理系统

5.1.2 智能化账务处理

智能化账务处理是人工智能技术在账务处理方面的应用，财务机器人是机器人流程自动化及机器学习智能化在财务领域的具体应用。财务机器人在 RPA 技术、机器学习技术的基础上，针对财务的业务内容和流程特点，以自动化账务处理替代财务手工操作，辅助财务人员完成交易量大、重复性高、易于标准化的基础业务，从而优化财务流程，提高业务处理效率和质量，减少财务合规风险，

使资源分配在更多的增值业务上，加快企业的业财税管一体化，促进企业财务
转型。

1. 应收应付款项智能账务处理

企业采购和销售货物是企业主要的日常经营活动，与之相关的收款和付款是
企业账务处理和财务管理的重要组成部分，对生产经营活动进行恰当的记录不仅
是会计准则的要求，也有助于企业更好地进行信用政策管理，以及及时地进行应
收账款回款等。本章节主要介绍智能财务背景下，对企业日常生产经营中涉及的
采购付款和销售收款环节的账务处理的自动化改进。

（1）采购付款流程自动化。

不论在哪个企业，从发票到付款流程都非常关键，而且具备较高的风险。发
票到付款流程涉及许多人工对账和团队之间的沟通工作，在这个手动流程中，企
业需要花费大量时间来梳理发票、核对发票与订单的一致性，并处理付款事宜。

财务机器人的应用可以帮助公司财务部门减轻工作压力，提高利益相关者的
价值、效率和生产力，提高部门和企业的整体效益。采购到付款中财务机器人的
工作流程如图 5 - 3 所示。

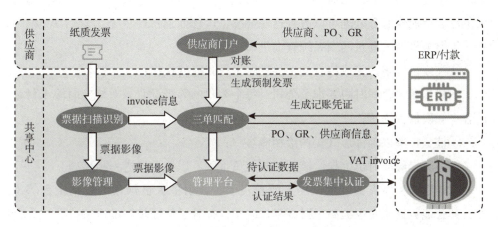

图 5 - 3 智能账务处理下自动化付款流程

资料来源：自动化应收应付共享的流程与实现——以应付业务为例 ［EB/OL］. 元年，2018 - 11 - 19.

①发票比对与查验：财务机器人可以查询并比对采购订单信息和采购发票的
结算信息；从图像中识别发票信息，将识别到的税票信息输入税务局平台中自动
进行发票查验。

②账款追踪与入账：财务机器人可以查询合同并按照合同规定设定付款时间提交付款申请；不定时跟踪付款情况并向财务人员反馈付款的执行情况，并在付款成功之后完成入账。

公司可以根据与供应商之间的协议，设置付款等级，根据合同协议，财务机器人可以设定付款时间提交付款申请。公司可以利用财务机器人完成大量重复性任务，自动执行发票与订单的核对流程，从而节约时间和精力，提高处理质量，并规避风险、加强管控力度。

（2）销售收款流程自动化。

开票流程自动化。在开票过程中，财务人员需要收集并识别符合开票标准的销售单类型，再根据客户需求选择特定金额的销售单经过发票管理系统中完成开票操作。为了提高财务部门人员配置的合理性和有效性，企业基于以下标准，设计相应的程序，运用智能化账务处理优化了财务开票流程：

①负责开票人员整理需要开票的资料；

②财务机器人识别需要开票的资料；

③财务机器人把识别到的信息输入开票系统完成开票。

在销售环节中，有的收款发生在开发票之前，有的收款则发生在开票之后，如果开票之后的收款，则需要及时关注回款情况，需要财务人员耗费大量精力时时关注。智能化账务处理可以改善这一情况，过程如下：

①财务机器人登录网银系统查询进账情况；

②在规定时限内完成将查询到的进账进行入账的操作；

③根据相关合同时限要求及公司对每个客户的等级设置，对规定时限未付款的客户触发催款提醒；

④催款提醒以邮件形式发送给相应客户；

⑤催款提醒同时也上报给该款项相应负责人，以便采取进一步措施。

智能财务机器人的加入，一方面减轻了企业财务人员烦琐的发票录入等工作，其智能数据比对也提高了财务工作效率，提升了凭证填写的准确度，也为会计信息质量提供一定的保证；另一方面，智能财务机器人的机器学习功能可以帮助企业更好的管理客户和供应商的信息数据，从而为其定制合理的信用政策，更好地服务于企业发展（详见本章5.2.3节智慧信用政策）。

2. 报销环节自动化账务处理

公司每年有大量增值税发票需要处理，发票的票种繁多，传统的财务报销人工审核方式效率低、质量不稳定。而且公司为了加强合规性控制，往往会设置相对复杂严密的报销流程，单据发起人需要耐心填报各种单据信息，财务人员更要细心地悉数复核。繁杂的报销流程，不仅影响员工日常工作，而且时常由于其重复性和机械性导致低效率。

而智能化账务处理借助财务机器人在财务报销中的应用可以解决报销过程中的这些痛点，助力公司打通业务流程，提升业务效率。

财务报销中财务机器人的工作流程：

（1）登录报销系统，查询需要审批的报销单；

（2）选择报销单，下载发票附件；

（3）从图像中识别发票信息，将识别到的税票信息输入税务局平台中自动进行发票查验；

（4）基于人工智能数据分析核对报销凭证，追加审批意见和附件；

（5）通过或者驳回报销单。

全天待命的财务机器人能够自动检查待审批的报销单，提取其中的发票图像，完成发票识别、真伪校验、信息输入，并自动生成自然语言的审批意见，邮件反馈给申请人和财务人员。相应地，通过票据影像化、结构化、数据化，企业对费用的内审管控也可在线高效便捷完成（见图 5-4）。

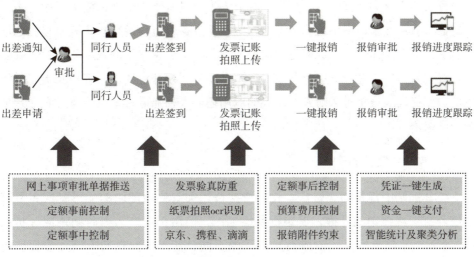

图 5-4　报销环节的智能化账务处理流程

3. 资金结算自动化

随着企业业务规模的不断增加、交易数据量不断攀升，其银行账户和账单的管理也日益复杂。对企业而言，银企对账可以保证企业资金安全性，规范企业会计核算。通过银企对账，企业可以逐项核对发生的业务，核对余额和明细，及时发现和防止贪污、挪用公款及账户被非法使用等违规违法行为的发生，确保资金安全使用；通过银企对账，还可以增强企业会计核算的准确性，加强资金的使用与管理，有效防止坏账发生，防范商务活动中的不法行为，保障企业财务运作的安全进行，提高资金营运效益。因此，如何提高银行对账单处理的效率和正确率已成为企业财务人员及管理层关注的重点问题。

银企对账需要按银行、按账户逐个进行，一个单位存在多个银行账户，每个账户的对账都要重复各操作步骤，导致下载数据/文件耗时过长；人工对账需要大量时间、效率低下；人工对账存在一定疏漏风险。

实施自动化之后，机器人可以按照定制化需求，导出银行对账单，并且可以实现对账单的合并与汇总，并把最终结果按照要求的格式上传到系统中。也可以自动登录网银系统获取银行对账单信息，并与企业财务数据相比对，生成银行存款余额调节表，财务人员仅需要对调节事项进行进一步的核对。

银企对账自动化可以降低重复劳动，银企对账工作属于规范性重复工作，引入财务机器人可大大降低人力成本，释放人力至具有更高附加值的工作中。由财务机器人直接登录网银系统，能够在一定程度上提升流程运行效率和质量。抓取信息进行对账工作，并生成银行余额调节表，提高银企对账的效率和质量。提高银企对账效率后，企业的应收、应付等资金循环周期都将变短，客户及员工的满意度得到提高。银企对账财务机器人的应用还会大幅降低人工风险及对企业造成损失的概率。

4. 自动化资产管理

会计准则中规定固定资产、长期待摊费用和有使用期限的无形资产每月都要进行折旧或摊销的计提，属于重复性工作，但由于资产入账时间不同、折旧（或摊销）年限及折旧（或摊销）方法的不同，使得资产在期末核算方面变得复杂。传统的资产核算主要通过基于 Excel 的资产卡片进行，期末依据计算公式进行折旧的核算和处理，依据计算的折旧额和资产使用部门编制会计分录，整个资产的核算过程比较烦琐，在人工账务处理中极容易出错。智能财务系统下，信息化智能化的数据处理工具代替了传统的人工处理，将这一复杂的业务处理过程简单化。

财务机器人可以识别基于 Excel 模板的由财务人员导入的资产卡片，根据固定资产使用和部门对其进行分类管理；根据固定资产卡片中的信息自动计算每月折旧摊销金额，并依据固定资产所属部门和折旧应计提金额生成折旧凭证，编制会计分录。

此外，智能财务系统还可以在年末依据市场上该项固定资产的平均价格及固定资产净值进行比对，判断某项固定资产是否应当计提减值准备及应当计提的减值准备的金额，并将数据汇总至财务人员，由财务人员根据当前市场价值及固定资产的实际使用情况对是否集体减值准备进行综合判断。固定资产的自动化核算有效降低了核算过程中的出错率，提高了固定资产核算的效率，并为其公允价值及减值准备的计算提供了参考。

5. 自动化薪酬管理

人是企业管理的核心，是企业发展最重要和灵活的要素。员工每月薪酬的计算与发放和员工个人所得税纳税申报是企业薪酬管理的重要环节。对于员工较多的集团型企业，由于员工所在地不同、薪酬标准有差异，所适用的所得税纳税比率不同，专项附加扣除不同，手工操作量极大，当存在较多员工集中进行纳税申报时，数据准确性无法保障，数据处理和申报效率不高，申报之后需要对相关税费进行归集，加大了人工处理账务的难度。智能财务系统利用财务机器人从数据准备、数据申报、账务处理和成果输出四个方面处理个人所得税纳税申报，极大地简化了企业个人所得税纳税申报流程（见图 5 - 5）。

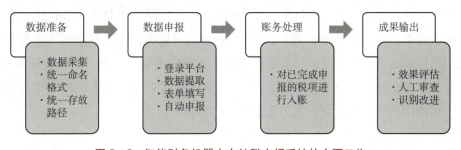

图 5 - 5　智能财务机器人在纳税申报系统的主要工作

智能财务机器人在企业的财务系统与员工管理系统建立连接，可以实现不同部门人员的纳税信息、出勤信息、薪酬和奖惩信息在人员管理和财务管理系统的共享，生成人员薪酬发放凭证，办理个人所得税纳税申报，依据员工薪酬和个人所得税申报信息核算人工成本，再匹配到员工所在部门，分类汇总并生成记账凭证。

智能财务机器人的使用解决了企业员工个人所得税税务申报流程中所面临的申报数量大，适用的税率等级多；人为操作风险高，手工操作量大，数据准确性难以保障；工作内容枯燥，重复性操作等痛点问题。同时可以按照员工所在部门对企业人力成本进行归集，有助于管理费用、生产成本的精准核算，为企业预算管理和对员工的考核提供数据上的支持和参考。

6. 成本结转自动化

成本的归集与核算是生产型企业的重中之重，只有成本核算准确才能准确地衡量该项产品所产生的实际利润，并通过成本归集判断不同生产环节业务目标的完成情况，由此来进行企业生产成本的管理。传统产品成本核算相对复杂，选取诸如成本法、分批法和分步法等成本分配方法，将生产成本在完工产品和在产品之间进行分配。尽管该项分类方法在会计行业内被广泛应用，但其复杂性使得传统成本会计核算相对复杂，且由于是人为将成本进行分摊，其准确性依旧略低于智能会计核算系统中的成本核算的结果，且难以对单个产品进行成本的归类核算。

智能财务系统可以借助 RPA 的数据对原材料、生产加工及固定资产等生产设备的使用进行全流程的追踪；依据产品所属批次、生产车间和原材料对产品成本、期间费用进行归集；将辅助生产成本和原材料按照产品进行汇总归纳，形成该项产品的生产成本；此外企业的 RPA 系统通过 OCR 标签对产品所在仓库位置进行定位，以帮助财务机器人准确核算每批次出库产品的销售成本。

智能财务机器人的使用简化了成本核算工作，同时，其对产品与其成本和实际生产成本之间的不同环节成本差异的对比分析可以为企业生产管理和成本管控部门提供借鉴，帮助其发现成本管控漏洞，完善成本管理计划，改善企业管理。此外，相关仓储信息和生产销售信息所产生的数据也对企业的生产和库存管理提供一定的指导（详见本章 5.2.3 节智慧生产部分）。

7. 账务处理自动化

广义的账务处理包含了从审核原始凭证、编制记账凭证，通过记账、对账、结账等一系列会计处理，到编制输出会计报表的整个过程。传统的公司财务体系中也按照不同的账务处理环节设置了出纳、成本会计、税务会计、总账会计等不同的岗位，不同岗位的财务人员各司其职，才能保证企业财务系统稳定有序的运转。而智能财务系统下，企业的账务处理依据其与业务的紧密性，被划分到了不同的部分，大多数财务数据直接与业务流程对接，依据业务流程的运转直接生成记账凭证，自动化完成记账、对账、结账等环节。

智能财务机器人的应用极大地减轻了财务人员的工作：扫描传感设备的应用能够自动识别和录入业务系统传来的发票等原始凭证，减轻财务人员录入发票的负担；自动根据凭证内容，查找对应的会计科目，生成记账凭证，并通过比对保证会计记录的准确性；每月月末系统自动进行对账和结账，生成会计报表。企业财务人员只需将系统发送的记账凭证作进一步的审核比对，并签字盖章。

账务处理自动化能够帮助企业财务会计人员从烦琐复杂的记账对账等会计工作中解放出来，将更多的精力投入到为企业管理服务当中去，挖掘财务数据资产的价值，企业"业财管"融合程度进一步加深。同时，智能财务机器人的使用也使得企业记账要经过财务机器人和财务人员的双重审核，提高了会计记录的准确性。

8. 报表生成与可视化显示

财务报表的制作是一个相当复杂的过程，即使是电算化会计时代，企业财务人员仍然需要录入复杂的公式来完成财务报表的制作，而且生成的报表只是最终的财务数据，不方便管理和业务人员直接理解和应用，导致即使生成了会计报表，不同使用者仍需要对其进行分析处理，才能将其应用于企业经营管理。而智能财务系统可以根据内置的标准报表公式，将企业账务数据汇总核算，实现报表的一键生成，并可以根据管理人员需要进行数据分析建模，并根据财务报表、分类处理的财务数据和数据分析模型，生成可视化的图像等，极大地方便了企业管理，使财务数据的应用更加广泛和方便。

财务报表的一键生成和可视化分析由财务机器人直接对数据进行处理减少了人工处理过程中的数据纰漏，极大地减轻了企业财务人员的数据处理过程；将企业财务数据和业务数据相连接，以更加直观的方式呈现给企业业务和管理部门，便于分析和理解，扩大了财务数据的应用范畴，也是数据资产化的一个重要表现（见图 5 - 6）。

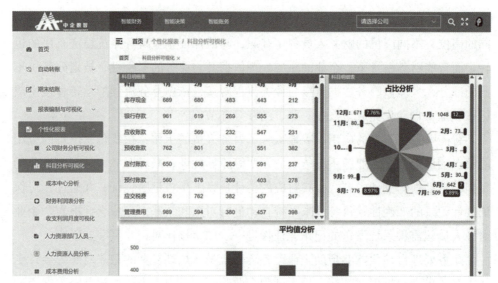

图 5 - 6　报表的可视化分析举例

此外，对于大型企业来说，一份集合各子公司及分支机构的合并财务报表的诞生常常不会那么容易：从最开始的数据催收、查阅汇率、科目余额汇总、编制合并抵销分录，到最后的财务报告生成，以及核对校验等。这些繁复的操作对许多财务从业者来说或许都是一个枯燥却又不失其必要性的过程。

传统财务会计部编制合并财务报表的时候需要每月从各子公司催收获取该月报表，经过手工汇总及合并抵销处理，编制完成该月的集团合并财务报告。而财务机器人的应用可以使这一工作得到极大改善。

（1）财务机器人从系统中导出所需数据，并根据规则完成汇率数据和当月境内外合并数据的处理和计算，计算出期末余额并对结果进行检查。

（2）财务机器人实时监控收件箱，收集各子公司报送的月报文件并发出催收提醒。

（3）对子公司报送数据进行汇总，并根据抵销规则生成合并抵销分录。

（4）财务机器人根据生成的数据，形成当月财务报告。

在合并报表流程上应用财务机器人，可使报表数据能够自动汇总和合并抵销，实现了财务报表的全自动生成，极大地缩短了财务报告的生成周期。此外，财务机器人还可以及时发现并响应异常情况，降低人力成本，员工可以把工作重心转移到具有更高附加值的工作上。

5.2　数据资产化

在数字化时代，以大智移云物区（指大数据、人工智能、移动互联网、云计算、物联网、区块链）为代表的数字智能技术不断推动实业企业数字化转型升级。我国会计信息化开始于 20 世纪 70 年代末，但直到近年来随着数字技术的普及、应用和发展，企业数据的资产化迈上了新台阶。财务部门是企业数据的汇聚地，企业财务数据直接反映企业的生产经营活动，如何有效利用这些数据，挖掘其中的价值是企业数据资产化的核心。

5.2.1　数据资产化的前提

会计信息化是数据资产化的必要前提。企业的财务部门掌握着企业运营的核心数据，一个完整的会计流程贯穿整个业务过程，并在此基础上进一步延伸。企业可能发生采购、销售、员工报销等一系列业务，业务发生就伴随着数据的产生，这便是数据的源头。业务数据产生后，由数据采集平台进行数据采集。采集到的数据在会计处理平台中进行进一步加工，包括自动记账，以及一些简单的指标计算分析，如简单的绩效管理、信用管理、质量管理。经过加工之后的会计信息在财务后台形成财务报表、电子会计档案等。最后实现真正的财务信息共享，为业务过程提供数据参考，为管理决策提供信息支持（见图 5 - 7）。

5.2.2　数据资产化的内涵与意义

企业在运营过程中产生了大量数据，这些数据可以为企业所用，充分发挥其功能帮助企业进行高效高质量运营与管理。在企业搭建起来的财务共享平台上，这些数据可以进行顺畅的流通，不存在各种壁垒，更加有利于数据的充分利用，不仅是企业内部的数据，还可以通过与供应链上下游企业搭建起相应的信息链，以便外部数据也可以为企业所用。而在此基础上，智能财务系统再辅以人工智能技术加持，助力企业对数据资产进行充分的高效利用。

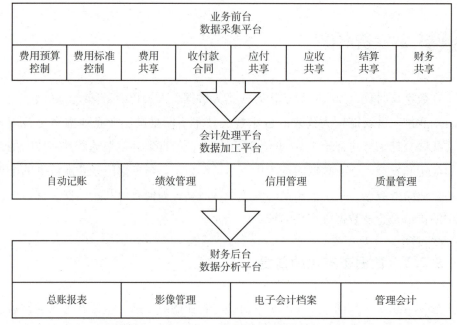

图 5 - 7   会计信息化背景下企业的数据流通

资料来源：付蓉洁. 大数据时代的数字化转型如何实现数据的安全使用 [J]. 互联网经济，2020
（Z1）：58 - 63.

1. 数据资产化的内容

2020 年 3 月 30 日，中共中央、国务院发布《中共中央 国务院关于构建更
加完善的要素市场化配置体制机制的意见》（以下简称《意见》），把数据作为一
种在数字经济时代涌现的新型生产要素，与土地、劳动力、资本、技术并列，提
出加快培育数据要素市场，充分挖掘数据要素价值[①]。数据作为未经处理的原始
材料，来源广泛而常见，资产是在企业经营管理活动中产生的由企业拥有和控制
的，能为其带来一定收益的资源。从为企业带来收益和价值角度考虑，当数据可
为企业带来价值时，就具有了资产的属性，被称为数据资产。

数据资产可以以电子形式存储在计算机网络中，也可以以物理形式存储在
现实世界中。随着数字经济的不断发展，数据的管理和应用不断普及，数据资
产的概念也不断得到深化，朱扬勇等认为数据资产是拥有数据权属、有价值、
可计量、可读取的网络空间中的数据资源，数据资产兼有无形资产和有形资产、

---

① 中共中央 国务院关于构建更加完善的要素市场化配置体制机制的意见 [EB/OL]. 中国政府网，
2020 - 04 - 09.

流动资产和长期资产的特征，是一种新的资产类别①。德勤和阿里研究院发布的
《数据资产化之路——数据资产的估值与行业实践》研究报告中指出数据逐渐成
为企业的核心生产要素，在企业内部业务和外部服务中不断形成数据产②。

　　数据资产管理的核心是数据资产化，就是要让数据资源融入企业的价值创
造，为企业带来经济利益流入，从而形成数据资产。大数据蕴藏着丰富的信息和
价值，如何运用好大数据，发挥数据资产的价值，这是大数据时期的商业挑战。
已经有非常多学者在讨论将数据确认为真实记录在账面上的资产。而这里所讨论
的数据资产，是企业内部产生的数据，如企业采购产生的采购数据、形成的供应
者画像，或者企业销售过程中产生的销售数据、形成的销售者画像等。财务中心
贯穿整个企业所有业务活动，财务中心几乎囊括了企业各种活动的全部相关信息
数据。而这些全部的信息总和呈现出了一个企业的基础画像，如图 5 - 8 所示，
针对这些反映出来的信息，我们可以对企业自身有一个更好的更客观的认识，从
而帮助其更好地实现企业业财税管一体化，帮助企业更好的发展。

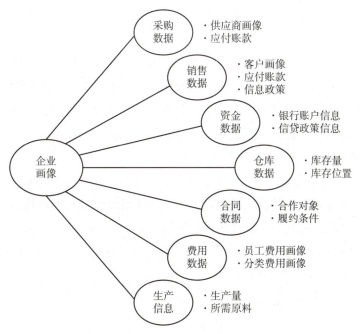

图 5 - 8　数据资产化应用之企业画像

---

　　①　朱扬勇，叶雅珍. 从数据的属性看数据资产［J］. 大数据，2018，4（6）：65 - 76.
　　②　数据资产化之路——数据资产的估值与行业实践［EB/OL］. 1636720863 - 389 - valuation - of - data -
assets - and - industry - practices. pdf.

2. 数据资产化的意义

数据是当今信息时代的重要资源，具有巨大的价值潜力。数据资产化指的是将数据转化为可交易、可使用、可变现的资产形式。数据资产化对于企业来说具有以下重要意义。

（1）提升企业竞争优势：通过数据资产化，组织可以将数据转化为可销售或授权使用的产品或服务，从而实现数据的价值变现。随着科技的不断进步，数据成为推动创新和竞争的重要因素。数据资产化可以为企业提供创新的思路和方向，帮助其推出更个性化、定制化的产品和服务，提升市场竞争力。

（2）提升企业商业价值：数据资产化可以帮助企业利用内部或外部数据获取商业洞察，揭示潜在的商机和发现市场趋势。通过对数据进行分析和挖掘，企业可以做出更明智的决策，提高运营效率，优化产品和服务。

（3）提升用户体验：数据资产化可以帮助组织更好地了解用户需求和行为，提供更个性化、精准的产品和服务。通过对用户数据的分析和理解，企业可以提供更好的用户体验，这有助于提高用户忠诚度、增加用户黏性，维系良好的用户关系。

（4）提高企业风险应对能力：数据资产化可以为企业决策提供有力支持，包括市场分析、预测和规划。通过数据资产化，组织可以将数据转化为可视化、易于理解和利于决策的信息。同时，数据分析还可以帮助企业识别和应对潜在的风险和威胁。这有助于提升决策的质量和准确性，支持更有针对性的战略规划和业务决策，加强风险管理能力，提高风险应对能力。

（5）支持企业战略发展：数据资产化为企业制定和执行战略提供了有力的基础和依据。通过对数据的深入挖掘和分析，企业可以评估市场趋势，发现潜在机会，调整和优化战略规划，实现可持续发展。

（6）促进不同企业之间合作与共享：数据资产化为不同组织之间的合作和共享提供了机会。通过将数据资产化，组织可以更好地共享数据并进行合作，加强合作伙伴关系，实现更大范围内的协同效应。

5.2.3　数据资产的应用

企业在财务共享平台的基础上加以人工智能技术实现智能化，在这个过程中形成的大量数据形成的企业自身画像都可以反过来被企业所用。企业可以通过自行分析或者借助智能财务机器人分析自身的采购数据、销售数据、资金数据、仓库数据、合同数据、费用书、生产信息等，帮助企业进行更智慧智能的采购、制定更优的费用计划、信用政策，甚至帮助企业更好地进行融资。

1. 智慧生产

企业在实际生产过程中产生的数据通过一定的财务和业务数据被存储起来，这些数据可以被智能财务系统中的数据算法进行机器学习，依据企业历史数据及企业未来的增长规划和预算等对企业的库存进行合理的预测和安排，以应对不同季节客户需求量的变化，使企业库存和生产保持一个相对稳定的状态，避免新订单到来时由于库存不足需要紧急生产带来的不便、库存积压带来的额外的库存管理费用及订单缺乏季节员工怠工状态的出现。

企业可以借助智能财务系统，依据系统中企业生产经营活动的历史数据及现有合同的签约等对生产和库存状况进行合理的预测和规划，降低库存占用和由于原材料价格波动带来的生产及供应风险。在库存不足时，及时督促企业组织生产，避免由于库存不足而错失一单业务；在库存充足时，应根据财务系统中的历史数据预测在满足现有订单之后的库存状况，合理安排生产；在库存过多时，及时向销售部门推送数据，加强销售业务流程跟进，减少由于库存积压而使企业成本增加，以及降低由于产品未来价格波动引起的经营风险的增加。

2. 智慧采购

在智能财务系统中，系统所涵盖的资金数据可以提供企业目前的资金状况，生产车间的信息可以提供车间目前的生产状况和所需材料情况，供应商画像可以提供供应商供货信息，企业可以自行或者借助智能财务机器人根据这些信息进行分析，提供出所有的可选方案及推荐最智能的采购方案。

企业需要根据智慧生产车间的实际生产情况，分析企业在目前的生产状态下所需要的原材料生产设备的规模和数量，以及需要的时间等；再结合供应者画像，分析供应商的地理位置、销售价格、付款政策，同时还要综合考虑企业的资金的情况，合理分析现有条件下的原材料采购方案，最后选择最合适的供应商进行采购。例如，当需求比较紧急的时候，则更多地考虑距离企业更近的供应商；当企业资金周转比较宽松的时候，则可以选择给出现金折扣更大的供应商。

3. 智慧费用计划

员工在企业财务系统中留下的费用记录、消费记录等经过大数据分析，可以分析得到一个员工的费用画像。同时，企业整体的费用按类甚至明细分别进行统计分析可以得到企业的整体费用画像，再进行纵向横向比较，则可以找到企业下一步压降费用的着力点。

企业可以借助智能财务系统对员工个人费用画像进行分析，分析每个员工的费用产生总额，以及各个类型费用的发生情况，并横向在各个员工之间进行比较，由此针对每个员工的费用发生情况进行评价，以便于日后指导对每个员工的费用进行审核报销时的审核层级和审核要求。对于费用发生明显较少的员工审核等级可以更低一些，对于费用发生明显较多的员工则需要重点关注。同时，对于总体费用产生情况进行分析控制，不仅与自己以前年度进行比较分析，还可以与同行业同规模的企业进行比较，从而更好地做出费用总预算与各类明细预算，并针对费用超支的部分采取一定措施来压制成本控制费用。

4. 智慧风险预测

建立企业的风险预测模型，对企业的财务风险、经营风险、特定风险等指标进行分析和预警，并利用企业生产经营活动和管理活动中所产生的财务数据及非财务信息，利用大数据和机器学习对模型进行不断的完善和修正。不同企业可以根据行业、企业及地区等特点设定合理的预警值，来帮助企业更好地进行风险管控。

以应收账款风险预测为例，首先根据交易中形成的历史数据，运用机器学习技术对客户信用进行评分，运用大数据技术，对企业内外部与应收款项相关的风险数据进行收集、分析、计算与建模，构建出风险指标与坏账发生概率的大数据模型，提前预测可能发生的坏账风险，帮助业务员或应收管理人员提前进行应收账款催收管理，避免或减少坏账损失，提高企业的应收账款管理水平。

5. 智慧信用政策

企业在与客户的交易过程中会产生大量数据，如与客户交易的次数、交易规模、交易金额、对方的纳税信用等级、回款速度、受信用政策影响的程度，以及客户目前的动态、当前的经营状况及业内评价等。通过企业长期的经营和累积，可以形成企业的大数据资产，利用机器学习等对其进行深度的分析和总结，收集起来，并在智能财务系统中进行充分的汇总运算，可以得到每个客户的客户画像。

　　企业可以通过客户付款时间、对本企业催款提醒的相应速度等数据为客户建立信用等级画像，结合该客户对企业的重要性，进而为其匹配合适的信用政策，财务人员可以结合本企业的实际情况，根据其他有关信息，如本企业资金的充裕程度，对信用政策进行合理调整。此外，企业仓库和财务系统充分互动，仓库的储存情况及时反馈到财务共享平台。财务共享平台可以作为总体的调度中心，更好地指导安排生产与销售。

　　由此，企业可以综合智能财务系统对客户画像进行分析，如客户的回款速度、信用等级及客户对信用政策的敏感度等，划分客户优先等级，并对每个客户制定特定的销售信用政策。同时也要考虑企业的仓储情况，在出现了仓储过剩的情况时，可以适当放宽信用政策以促进销售，而在仓储不足的情况下，收紧信用政策，优先销售给评分等级更高的客户（见图 5-9）。

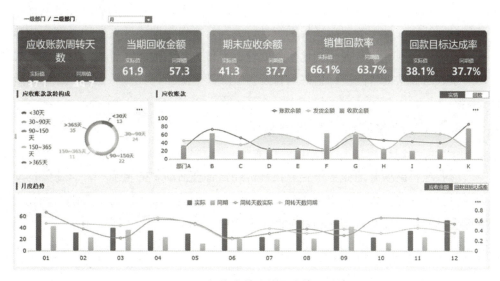

图 5-9　智能应收账款风险管理系统

资料来源：金蝶云星空社区。

6. 智慧融资

　　企业要发展必然离不开充分的资金支持，而如果企业一旦陷入急需资金的时候往往已经陷入财务危机，很难再筹集到所需资金。所以在资金方面未雨绸缪对于企业来说非常重要。利用智能财务系统，企业可以广泛收集各个银行的贷款放贷政策，同时也根据公司自身发展战略目标规划制定相应的融资预算。

　　智能财务系统可以根据企业自身情况，如企业在税务平台的信用等级，以及自身的战略布局资金需求等，抓取并分析各个银行的贷款放款条件，分析企业可以选择的贷款融资方式方法，判断企业目前条件下可以获得的融资额度，为企业未来的扩大发展提供资金预算规划选择等方案的支持。同时智能财务系统还可以分析在当前企业的发展状态下，与一些银行之间的贷款条件间的差距，并判断企业为了满足银行的贷款条件可以相应在哪些方面做出哪些相应的努力，以获得最优条件下的最高额度的贷款，为企业在满足资金需求方面提供更多的规划和选择。

5.3　软件实操

　　掌握扎实的财务系统实操技能是财务人员的基本功。本部分账务处理实操环节是根据智能会计下的智能账务系统进行编写，可以帮助读者更好地了解智能账务系统的发展现状，掌握智能化账务处理的操作方法，辅助读者加深对智能会计的理解，从而帮助智能会计更好的普及。

5.3.1　应收应付账款管理自动化

　　应收应付款项管理业务是企业在日常经营管理活动中的重要一环，主要的应收应付款项都是由采购和销售活动引发的，本部分关于应收应付款管理自动化的智能会计实训主要是从销项和进项两个方面展开。

　　1. 销项账务处理自动化

　　通过将 RPA 财务机器人等智能会计工具引入销项账务处理环节，企业可以根据销售环节的数据及自定义的凭证格式，一键自动生成销项凭证，大大节约了发票、凭证的处理时间。

功能描述

　　与智能财务管理系统的销售管理数据互通，实现销项票据一键生成记账凭证等功能，支持多种条件搜索筛选，默认根据系统当前账务归属期的发票开具时间进行筛选。销项业务自动化是指利用自动化技术和工具来提高销售发票、账单和收入处理的效率和准确性。

操作步骤

（1）凭证习惯设置。

企业财务人员可以自定义设置一键生成凭证的合成规则、日期习惯、凭证摘要的生成规则。首先要在销项管理界面右上角点击"凭证生成习惯设置"按钮，其次根据页面内容逐项设置符合公司实际情况的关于销售产品等销项凭证的生成习惯，点击"保存"完成设置，不设置则使用默认的凭证生成习惯（见图 5 - 10）。

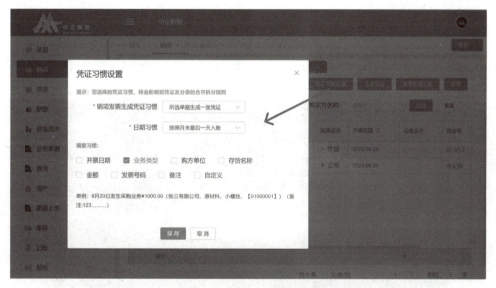

图 5 - 10　凭证生成习惯设置

（2）默认项设置。

企业财务人员可以自定义设置生成凭证的结算方式与收入类型及税额科目。首先要在销项管理界面右上角点击匹配科目右侧下拉按钮，点击"默认项设置"按钮，进入销项凭证填写的默认项设置对话框，其次根据页面内容逐项设置符合公司销售实际情况的结算方式、收入类型和税收科目，点击"保存"完成设置，不设置则使用系统默认项生成凭证（见图 5 - 11）。

图 5 – 11   自定义凭证的结算方式与收入类型及税额科目

（3）凭证生成。

在页面勾选需要生成凭证的销项发票后，点击"生成凭证"按钮，系统会根据凭证习惯与默认项内的设置自动生成凭证，凭证生成后，凭证号栏会自动显示该凭证的编号（见图 5 – 12）。

图 5 – 12   凭证生成操作步骤

注：作废发票不可进行生成凭证操作。

（4）查看发票汇总表。

点击右上角"查看发票汇总"按钮，在弹出的"发票统计信息"对话框中可以查看当月销项发票汇总表，该发票数据直接与税控设备相连接，与税控设备内数据保持一致，申报时可以进一步核对数据（见图 5 – 13）。

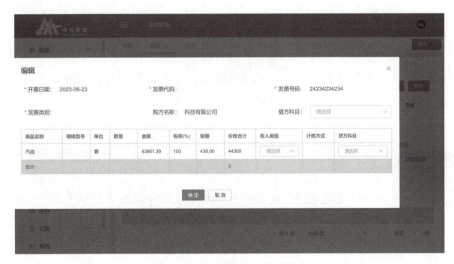

图 5 – 13　查看发票汇总表

（5）查看原票。

点击发票右侧操作栏中的"弹窗编辑"按钮，可以查看记账所依据的原始发票的相关信息，并对记账内容做进一步的编辑（见图 5 – 14）。

图 5 – 14　查看附件中的发票

（6）查看/删除生成凭证。

已经生成凭证的发票点击"凭证号"栏下的"记账凭证号"即可跳转到记账凭证界面查看凭证信息，点击记账凭证右侧"附件"按钮可以查看和下载该凭证的附件信息；点击操作栏下的"删除凭证"按钮，删除该张凭证（见图5－15）。

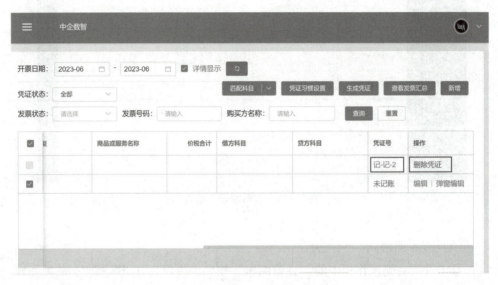

图5－15   查看/删除生成凭证步骤

2. 进项账务处理自动化

与销项账务处理自动化相类似，智能会计搭建了账务与采购管理系统互联互通的桥梁，并利用自动化技术，完成进项账务处理的自动实现，也加强了销项进项的账务处理和智能财务系统销项进项数据的相互衔接。

功能描述

进项账户处理自动化是指与智能财务管理系统的采购管理数据互通，实现进项发票状态实时查看、一键生成凭证、查询发票汇总表等功能。支持多种搜索筛选，默认根据发票的认证归属期对发票进行筛选。

操作步骤

为保持公司账务处理的匹配性和一致性，智能会计的账务处理系统将进项页面和销项页面的设计保持了一致，降低了系统操作难度，也使销项进项的账务处理和智能财务系统的销项进项数据更好地衔接。因此，进项模块的具体操作请参照销项模块的账务处理流程，本部分不再赘述（详见本章 5.3.1 节销项账务处理自动化）。

5.3.2　报销流程自动化

业务报销是企业日常经营管理活动中的重要一环，业务报销涉及企业生产、制造及运营的方方面面，报销流程自动化指的是指通过使用软件和技术工具来简化和优化报销处理的过程。它可以帮助企业减少人工操作，节省时间和提高效率。

功能描述

借助智能财务系统、智能税务管理系统和外端采集设备相连接，实现企业报销流程的自动化处理，包括原始凭证的审核查验、发票的查验和避免重报及凭证的自动生成等功能。

此处的"费用管理"模块主要是用于维护日常发生的、经常性的、金额较小的费用类业务单据，如劳务费、管理人员薪酬、交通费、罚款支出等费用类项目支出。

操作步骤

（1）新增业务单据。

登录智能财务系统，点击票据下的费用模块，点击页面右侧"新增"按钮，选择费用类型（系统会自动匹配该项费用所对应的会计科目），输入价税合计及税额，填写附件张数，完成后点击操作栏正下方的"保存"按钮，保存该条费用明细（见图 5-16）。

（2）结算方式设置。

在费用单上方可以自行设置结算方式，默认结算方式为现金。点击费用单上方的"结算字样"按钮，打开结算方式选择对话框，在对话框中选择该费用单的结算方式，如结算方式超过一种，可以点击结算金额右侧的"＋"，增加其他结算方式，也可点击结算金额右侧的"—"，实现结算方式的删减（见图 5-17）。

图 5 – 16   新增业务单据步骤

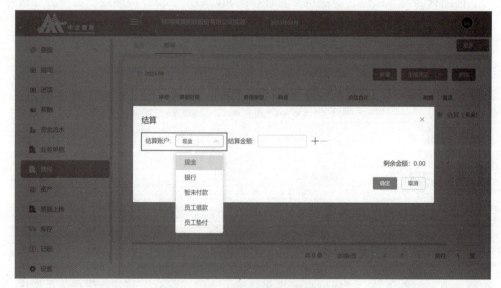

图 5 – 17   设置费用默认结算方式

（3）设置凭证生成习惯。

同资金结算（5.3.3 节）模块下设置凭证生成习惯的流程。

（4）生成费用凭证。

勾选已保存的费用单据，点击右侧"生成凭证"按钮，生成费用凭证（见图 5 – 18）。

图 5 – 18　生成费用凭证

（5）凭证查看及删除。

点击费用单内的凭证号可以查看凭证，勾选需要删除的费用单据，点击右侧"删除"按钮，可删除凭证。

5.3.3　资金结算

企业经营规模的扩大使得交易产生的数据大幅增长，随之而来的是银行账户和账单管理的日益复杂。通常情况下，企业会采用银企对账的方式来加强资金管理，确保资金的安全性。在智能会计的运作模式下，企业采用自动化技术，让机器人取代传统低效率的人工，自动完成抓取信息、合并和汇总对账单、生成银行存款余额调节表等工作，缩短资金循环周期的同时，也提高了银企对账的准确度。下面将结合系统对资金结算的功能及具体的操作步骤展开详细介绍。

功能描述

本系统可以对公司资金流水与现金相关业务生成凭证；支持银行对账单直接导入自动生成凭证。本系统涉及资金的接收、支付、记录和报告，旨在确保资金的安全性、准确性和可追溯性。

操作步骤

（1）新增资金流水信息。

①手动添加：在智能账务系统的票据管理系统下，点击票据模块，点击"资金流水"进入资金流水管理页面。在资金流水管理界面点击右侧"新增"按钮，添加企业资金流水信息（包括库存现金和银行存款流水信息）（见图 5–19）。

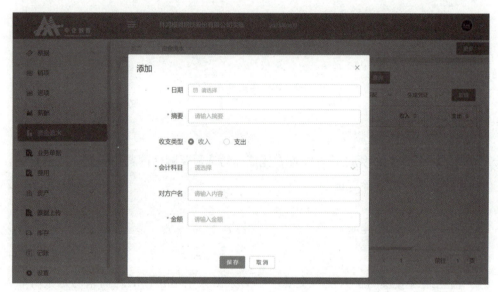

图 5–19　手动添加资金流水信息步骤

②批量导入：点击资金流水管理页面右侧的"导入"按钮，弹出"导入资金流水"对话框，点击"选择对账单"右侧的"导入"按钮，选择对应文件夹中的银行对账单，点击确定可自动导入银行对账单信息；如导入不成功，可点击资金流水管理页面右上方"导入"按钮右侧的下拉箭头，下载通用的资金流水导入的 Excel 模板，按模板填写后导入系统（见图 5–20）。

（2）资金流水凭证生成。

①设置凭证生成习惯：在资金流水管理页面右上方点击"生成凭证"右侧下拉按钮，选择"凭证习惯设置"选项，进入凭证习惯设置界面，选择与本公司相匹配的资金流水凭证生成习惯，单击"保存"按钮完成设置（见图 5–21）。

图 5-20　批量导入资金流水步骤

图 5-21　银行流水凭证生成习惯设置

②设置自动匹配科目：在资金流水管理页面右上方点击"自动匹配"按钮右侧下拉按钮，单击自动匹配设置，弹出"往来科目匹配设置"对话框，企业财务人员可以在该界面对收款和付款的匹配科目、辅助核算和是否自动创建科目进行设置，修改完成后单击"确定"退出该界面（见图 5-22）。

图 5 – 22　银行流水往来科目匹配设置

　　③自动匹配会计科目：选中需要进行科目匹配的资金流水信息，点击资金流水管理页面右上方的"自动匹配"按钮，可以根据设置的匹配科目对相应的资金流水信息进行会计科目的设置（见图 5 – 23）。

图 5 – 23　自动匹配会计科目步骤

　　④批量设置会计科目：选中需要进行科目匹配的资金流水信息，点击资金流水管理页面右上方的"批设科目"按钮，可以对选中的资金流水信息所对应的会

计科目进行批量设置（见图 5 - 24）。

图 5 - 24　批量设置资金流水匹配的会计科目

⑤一键生成凭证：勾选需要生成凭证的企业的资金流水信息，点击右侧"生成凭证"按钮，一键生成凭证。生成凭证后凭证字号一栏会显示凭证字号，点击记账凭证字号可以查看该凭证，如果记账时间有误等也可以在右侧编辑栏对凭证进行删除（见图 5 - 25）。

图 5 - 25　根据银行流水信息一键生成凭证

月末根据银行传来的对账单与企业会计中对银行存款明细表的记录，自动生成银行存款余额调节表，并自动保存至当月的会计账簿资料中，余额调节表不平时，自动给财务人员发送邮件或通知，提醒财务人员定期内对该项目进行核查。

5.3.4　资产管理

定期利用 Excel 资产卡片对固定资产及有使用年限的无形资产计提折旧与摊销，是传统财务会计重复性的日常工作，而由于资产使用年限具有差异性，这一核算与计提工作变得更加困难。利用 RPA 等智能会计工具，批量快速导入资产、自动计提折旧、摊销、减值并生成有关凭证，智能财务系统极大地提高了资产管理的效率和精确性。

功能描述

本模块可以实现对企业的资产进行管理、监控和优化。它涵盖了资产的采购、登记、追踪、维护、报废等方面。支持固定资产卡片新建、资产的类别管理、累计折旧、一次性折旧、固定资产处置，凭证生成和资产明细显示等功能。

操作步骤

（1）首先进入到智能账务系统下的票据管理模块，选择进入资产下面的资产管理页面，单击该页面下的"资产卡片"按钮，进入到固定资产卡片管理页面（见图 5-26）。

图 5-26　进入资产卡片管理界面

（2）资产卡片管理：点击资产卡片页面中的"新增"按钮，可以根据企业需要选择新增固定资产、无形资产或长期待摊费用等，并按照页面要求填写相关信息，完成之后点击"保存"按钮返回到资产卡片管理页面（见图 5 - 27）。

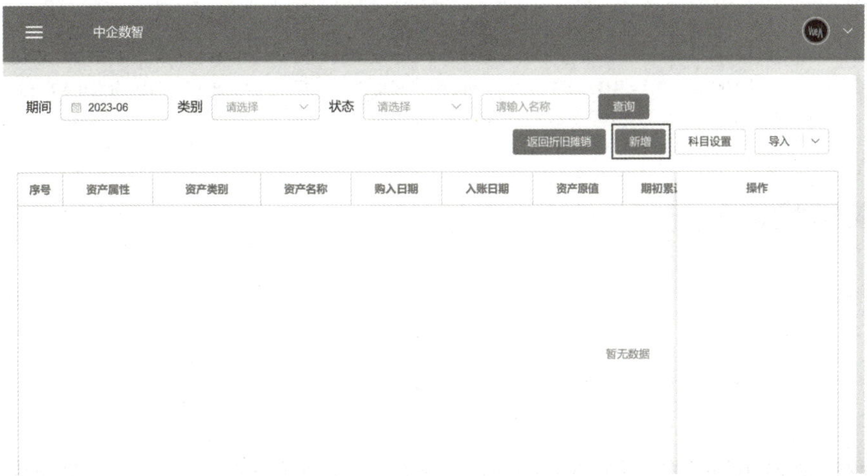

（a）

（b）

图 5 - 27　固定资产卡片手动录入

（3）资产批量导入：点击"导入"右侧的下拉按钮，下载 Excel 模板，根据企业目前的状况维护好模板以后保存到文件夹中，点击"导入"按钮选择维护好的模板，可以批量导入资产（见图 5 - 28 和图 5 - 29）。

图 5 - 28　资产批量导入模板下载

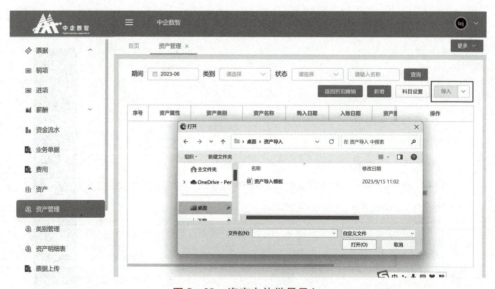

图 5 - 29　资产卡片批量导入

（4）资产的查看与处置：在资产管理系统中资产卡片界面，企业财务人员可以选择需要进行管理的资产项目，并在右侧操作栏中对其进行查看、处置或删除处理。点击资产卡片界面中操作栏的"查看"按钮，出现如下页面，依次点击卡片信息、折旧明细、变动明细和资产处置，企业财务人员可修改资产的卡片信息，查看资产的折旧明细和变动明细，或者对需要处置的资产进行处置（见图 5 - 30）。

图 5 – 30　资产的查看与处置

（5）资产卡片维护好之后，单击页面的"返回折旧摊销"按钮，系统返回到资产管理界面。

（6）资产类别管理：依次点击"资产→类别管理"进入到资产类别管理界面，会出现系统内置的资产分类，包括分类名称、资产属性、折旧年限、折旧方法及折旧对应的账务处理科目等，企业财务人员可以根据本企业所属行业及本企业的资产管理规定对类别管理页面中现有资产类别进行新增、修改或删除。具体操作步骤如图 5 – 31 所示。

图 5 – 31　资产类别管理的操作步骤

（7）生成凭证：返回到资产管理系统，在界面中勾选需要生成折旧或摊销的资产项目，点击右侧"生成本期折旧凭证"按钮，生成固定资产折旧凭证（注意：系统每月自动依据类别管理中对资产的设置，对企业的资产计提折旧或摊销）；同时可以根据资产所在的部门进行折旧和摊销，便于产品成本和费用的归集（见图 5 – 32）。

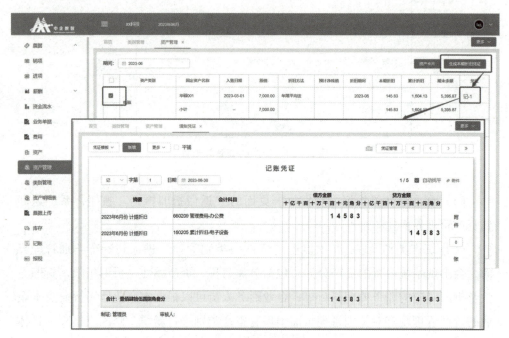

图 5 – 32　资产折旧摊销凭证的生成

（8）资产计提减值准备：智能财务系统自动抓取某项资产年末的市场平均价格，并自动计算该项资产的净值，将其进行比对，判断某项固定资产是否应当计提减值准备，以及应当计提的减值准备的金额，并将数据汇总至财务人员，由财务人员根据当前市场价值及固定资产的实际使用情况对是否集体减值准备进行综合判断。

（9）固定资产明细查看：在固定资产明细界面中，管理人员可以查看资产累计折旧或摊销的计提明细信息；可选择具体的某项类别的资产、摊销时间进行查看（见图 5 – 33）。

图 5 – 33　固定资产明细的汇总与查看

5.3.5　薪酬管理

薪酬发放业务是公司每个月必须进行的业务之一，智能账务系统的薪酬管理模块与企业人力资源数据相衔接，涵盖了人员信息管理、薪酬表两部分，能够简化职工薪酬发放凭证生成等一系列账务操作，并辅助企业抓取人力资源管理相关数据。

1. 员工信息模块

员工是企业的有机组成部分，对于企业的生存发展至关重要。在智能财务系统中实现对员工个人信息的收集与汇总，便于企业制定科学合理的人力资源管理政策，优化员工与岗位的匹配，进而盘活企业的生命力。

功能描述

按部门维护企业员工的信息，是实现薪酬费用的分类归集的基础。该模块是一个旨在有效管理和处理员工信息的功能模块。该模块可以维护员工的基本信息，如姓名、身份证号码、联系方式、员工职位等。还可以添加新员工、更新现有员工信息，确保员工信息的准确性和完整性。

操作步骤

（1）部门维护。

首先进入到智能账务系统下的票据管理模块，选择进入薪酬下面的"员工信息"模块，进入员工信息管理界面，点击左侧部门栏，对公司部门进行维护功能，包括新增、修改和删除部门，在部门设置页面中企业财务人员可自定义设置不同部门人员薪酬发放和计提时生成凭证所对应的会计科目（见图5-34）。

（注：建议生产型企业直接设置生产车间为部门下面的三级单位，为后期产品生产成本的核算和归集提供便利。）

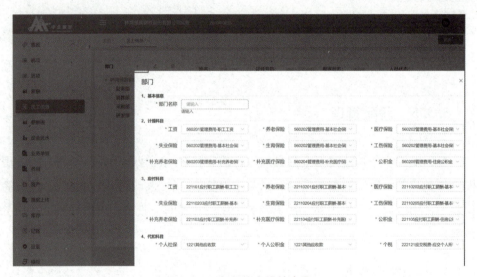

图 5-34　部门信息维护步骤

（2）人员维护。

进入系统员工信息管理界面，在右侧员工信息界面可以对企业的员工信息进行维护，包括企业员工信息的新增、修改和删除。

①直接新增（适合员工数量不多的小微企业，以及企业新增人员不多的情况）：点击员工信息管理界面右上角"新增"按钮，在弹出的对话框中依次对员工的基本信息、受雇信息和投资类型（如有）进行设置，单击"保存"按钮完成对人员的新增（见图5-35）。

图 5-35　手动添加员工信息

②批量新增（适合员工数量大的大中型企业及企业集团）：点击员工信息管理界面右上角"导入"按钮的下拉箭头，点击"下载导入模板"按钮，下载导入员工信息的模板，在模板中完成人员信息维护后，保存该模板文件，并进入系统点击"导入"按钮，选择维护之后的模板文件，批量导入企业人员信息（见图 5-36 和图 5-37）。

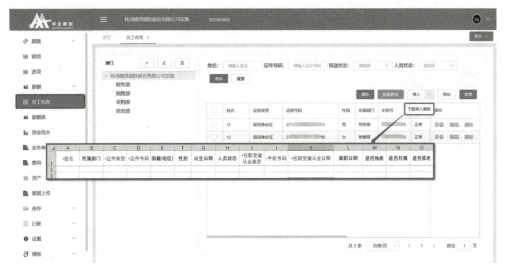

图 5-36　人员模板下载

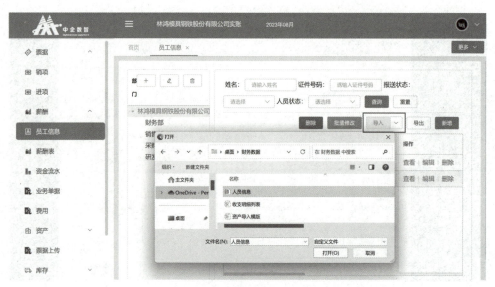

图 5 - 37   批量导入员工信息

③查看和修改员工信息：在员工信息管理界面，在页面上方的搜索框通过姓名、身份证号码等信息查找对应的员工，点击员工信息对应的右侧的操作栏中的"查看""修改"按钮，可分别实现对单个员工信息的查看和修改（见图 5 - 38）。

图 5 - 38   直接修改员工信息

④批量修改：在员工信息管理界面，勾选需要修改的人员点击右上角"批量

修改"按钮，在弹窗内输入相关信息后保存即可修改人员信息（见图 5 – 39）。

姓名	证照号码	任职受雇从业类型	任职受雇从业日期	手机号码	人员状态	离职日期	所属部门
批量操作		请选择 ∨	选择日期	请输入	请选择 ∨	选择日期	请选择 ∨
11	371121200602031153	雇员 ∨	2020-07-08	15965318175	正常 ∨	选择日期	财务部 ∨
12	370729197001132766	其他 ∨	2000-01-01	13865780633	正常 ∨	选择日期	销售部 ∨

图 5 – 39　员工信息批量修改

2. 薪酬表模块

随着现代企业规模的扩大，企业雇用员工的数量大幅增加，而不同岗位、不同工龄、不同地区的员工薪酬标准显著不同，这加大了企业薪酬计算和纳税申报的难度。在会计智能化的时代，企业往往利用 RPA 财务机器人，完成从数据准备、数据申报、账务化处理和成果输出全纳税申报流程的自动化处理，大大提高了纳税申报的效率。

功能描述

该模块记录员工薪资的变动和调整，可以记录员工晋升、工资调整、奖金发放。查看所属月份员工薪酬合计及公司该月份的人力成本，点击薪酬列表左上角修改需查看月份。

操作步骤

（1）设置凭证生成习惯。

首先要在薪酬表界面右上角下拉按钮中点击"凭证生成习惯设置",根据页面内容逐项设置符合公司实际情况的关于薪酬发放的凭证的生成习惯,点击"保存"完成设置,不设置则使用默认的凭证生成习惯(见图5-40)。

图5-40   薪酬计提凭证生成习惯设置

(2)人员薪酬维护。

①点击操作栏下的"编辑"按钮,进入人员薪酬编辑界面(见图5-41)。

(注:需要先在员工信息界面新增员工信息后才可选择。若没有相关员工信息,需要先到员工信息管理界面新增企业员工信息,之后再返回薪酬管理)

图5-41   员工薪酬信息维护

②点击"添加"按钮，可以添加人员；勾选需要修改的人员信息点击"修改"按钮，可以对人员薪酬信息进行修改（见图 5 - 42）。

图 5 - 42　员工薪酬添加示例

③完成人员薪酬数据修改后点击右侧"重新计算"按钮，重新计算人员薪酬数据信息（见图 5 - 43）。

图 5 - 43　计算变动后的员工薪酬

　　④对于薪酬及所在部门和费用归集单位没有发生变动的员工，选中相关员工姓名，点击页面右上角"复制上月数据"按钮，可以复制上月人员薪酬数据信息，完成对企业员工本月薪酬信息的统计（参考"人员信息重新计算"步骤）。

　　⑤员工薪酬信息批量导入：对于员工数量比较大的大中型企业及企业集团，下载人员信息模板点击"模板导入"按钮，选择录入号的模板，可以批量导入人员信息（见图5–44）。

图5–44　批量导入员工薪酬信息

　　⑥完成人员薪酬维护之后，点击左侧"返回薪酬表"按钮，返回到薪酬表界面；在薪酬表界面继续完成凭证的相关操作。

　　（3）人员薪资发放凭证生成与删除。

　　在薪酬表界面中，勾选需要生成凭证的薪酬类型，点击右侧"生成凭证"按钮右侧的下拉按钮选择需要生成的凭证类型，系统会根据已经设置的员工薪酬生成习惯，生成企业财务人员选择的薪酬计提或发放凭证；也可以对生成的凭证进行删除（见图5–45）。

图 5 - 45　人员薪资发放凭证生成与删除

（4）凭证查看。

点击"凭证号"栏下的"凭证号"，查看已经生成的凭证（见图 5 - 46）。

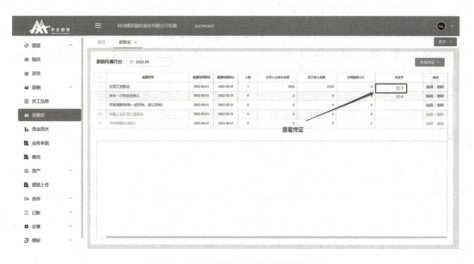

图 5 - 46　查看已经生成的凭证

5.3.6　成本结转自动化

成本结转自动化详见第 4 章智能业务处理中的生产业务、库存管理部分。

5.3.7　账务处理自动化

账务处理自动化包括凭证管理、账簿管理和期末结账等模块，能够快速的帮助企业财务人员记账结账，并按照模板批量化处理相似业务。

1. 凭证处理模块

传统财务会计往往需要在重复性、低附加值的凭证处理上花费大量时间，且准确性难以得到完全性的保证。在智能会计时代，智能财务系统能够自动根据凭证内容，查找对应的会计科目，进而生成记账凭证，同时自动比对以确保会计记录的准确性。下面将结合系统操作对智能会计模式下凭证的处理流程进行解析。

功能描述

凭证处理是会计工作中的重要环节，涉及录入、审核、分类、记账等一系列操作。传统的凭证处理过程需要人工参与，耗时耗力且容易出错。自动化凭证处理，支持凭证新增、修改、删除、查询、凭证模板手动增加、断号整理、打印、导入、导出等功能。账务处理自动化凭证处理模块是一个用于自动处理账务凭证的工具或系统，它的主要目标是提高凭证处理的效率和准确性。

操作步骤

（1）新增凭证。

①在智能财务系统的记账模块下凭证处理功能，点击右侧"新增凭证"按钮，进入填制凭证页面。在凭证页面，企业财务人员要根据实际业务发生内容按照会计准则要求对凭证进行填写；勾选凭证右上方的自动找平功能可以减少填写中出现的问题，在降低出错概率的同时减轻财务人员的检查工作（见图 5 – 47）。

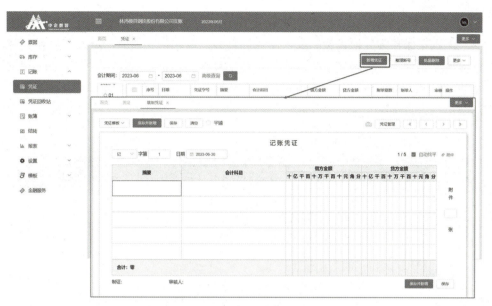

图 5 - 47　新增记账凭证并填写

②点击凭证右侧的"附件"按钮可以查看、新增和修改本凭证已经添加的附件。点击"新增"按钮，先选择相应的文件并打开，即可完成凭证附件的添加（见图 5 - 48）。

图 5 - 48　凭证附件的添加查看和修改

（2）凭证模板。

①直接保存为凭证模板：在填制凭证页面完成编辑凭证后，点击左上方"凭证模板"按钮，存为模板，即保存当前凭证模板为凭证填写模板，在企业出现同类型业务时，可以直接将凭证模板调出来使用，极大地减少了财务人员凭证填写的工作量（见图 5-49）。

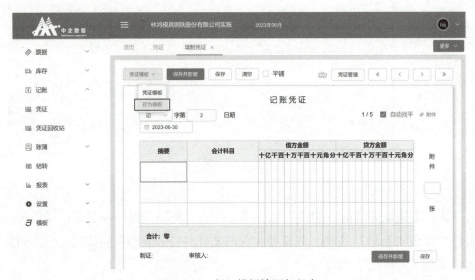

图 5-49　凭证模板填写与保存

②凭证模板的查看：在填制凭证页面，点击凭证左上方凭证模板右侧下拉按钮，选择"凭证模板"选项，打开凭证模板对话框，查看系统目前保存的凭证模板。当系统中所存储的模板较多时，财务人员可以在"🔍"中输入所需要模板的关键字，点击"🔍"，对现有模板进行检索。

③凭证模板的使用：企业财务人员可以通过滑动右侧滚动条选择需要的凭证填写模板，选中模板之后，单击"使用凭证模板"按钮，系统自动将模板中对应的会计科目按照模板填制顺序填充到凭证里；也可在填制凭证页面中，点击摘要下面的空白格，选择需要的模板（见图 5-50）。

④凭证模板的修改：在凭证模板对话框，选择需要修改的凭证模板，并单击其右上方的"编辑"按钮，启动凭证模板编辑对话框，企业财务人员在该界面可以对模板的名称，模板中的摘要、会计科目进行修改，可以新增科目，也可以删除原有的科目，完成后单击"保存模板"按钮，实现对模板的修改（见图 5-51）。

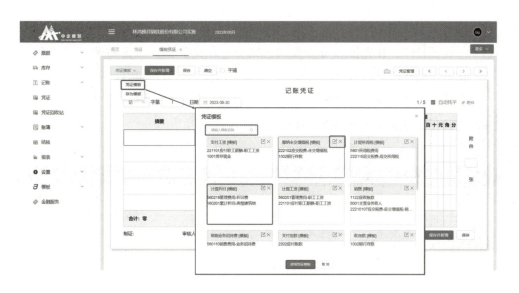

图 5 – 50　凭证模板的使用

图 5 – 51　凭证模板的修改

⑤凭证模板的删除：在凭证模板对话框，选择需要修改的凭证模板，并单击其右上方的"✖"按钮，在弹出的对话框中选择"确定"按钮即可删除该凭证模板。

（3）凭证处理。

①凭证打印：在凭证查看界面勾选需要打印的凭证，点击右侧"更多"按钮，在弹出的按钮界面点击"打印"，选择打印模式后，即可打印凭证。

②其他处理：在更多下拉按钮中还可以进行凭证的审核与反审核、凭证红冲，凭证复制等操作（见图5-52）。

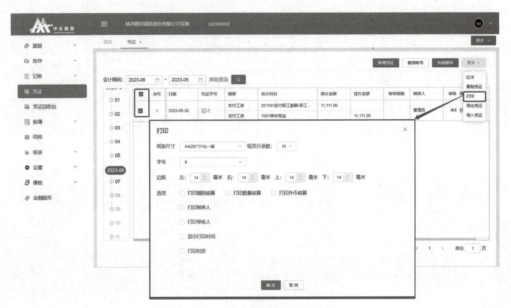

图5-52   凭证的打印步骤

（4）凭证的修改与删除。

①在凭证查看界面，在需要进行修改的凭证的右侧操作栏中，点击"修改"字样，即可进入凭证填写界面，对现有凭证进行修改；点击"删除"字样即可删除该记账凭证。

②在凭证查看界面勾选需要删除的凭证，点击右侧"批量删除"按钮，批量删除凭证；或在操作栏，点击"删除"按钮，删除单条凭证（见图5-53）。

（5）断号整理：展开右侧"更多"按钮，点击整理断号，将断号凭证进行整理（见图5-54）。

图 5 – 53　批量删除凭证

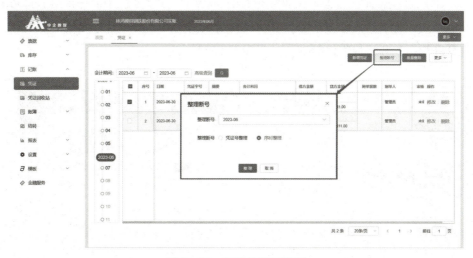

图 5 – 54　凭证的断号整理

（6）导入/导出凭证：展开右侧"更多"按钮，点击"导出凭证"，完成导出操作；点击"导入凭证"，下载系统内置的凭证模板，下载模板前，要先维护好当前账套的科目数据、辅助核算项目数据、币别数据，并严格按照相应的格式在 Excel 表中填写并保存凭证信息，在凭证导入对话框中点击"导入"按钮，选择填写完成的凭证模板，完成凭证的导入操作（见图 5 – 55）①。

---

① 注意：只有严格按照模板的格式要求填写，凭证信息才能正常导入。

图 5 - 55　导入导出凭证

（7）查看凭证：点击与该业务相关的一行中凭证字号栏中的凭证号，即可查看记账凭证有关的信息，系统会自动跳转至填制凭证界面，财务人员可以对相关信息进行调整和添加附件等操作（见图 5 - 56）。

图 5 - 56　记账凭证信息查看

2. 账簿

在智能账务系统的记账模块下账簿处理功能中，分别有总账、明细账、科目余额表、科目汇总表四个子项目，智能财务系统可以根据前面凭证的填写和日常的账务处理记录，自动化生成相应的账簿，企业财务人员可以在对应的子项目下查看公司的账务处理情况，以及进行导出和打印等处理。

（1）总账。

智能财务系统中设有专门的总账按钮，总账内不同的账户分别对应不同的会计科目，在财务机器人的运作下根据业务的发生自动计入对应账户，并汇总形成总账。企业可实时登录进行查看，提高账务处理效率的同时方便了企业的日常账务管理工作。

功能描述

账簿总账是财务会计中的一种重要的记录和汇总财务信息的工具。它是一个按照会计科目分类的总账簿，用于记录和追踪企业的所有账务交易。在总账中，每个会计科目都有一个对应的账户，用于记录相关交易和余额变动。每当发生一笔与会计科目相关的交易或事件，就会在总账中对相应的账户进行分录，并记录相应的借方和展示公司总账，可进行导出或打印。

操作步骤

①查看总账。进入智能会计系统，依次点击"智能账务—记账—账簿"，点击账簿下方的"总账"即可查看公司的总账信息，在总账界面的左上方可以选择需要查看的日期（见图 5 - 57）。

图 5 - 57　公司总账

②总账打印设置。在总账页面的右上方，点击打印右侧的下拉按钮，选择打印设置，如图5-58所示，可以根据公司会计账簿整理要求，对打印的内容与格式进行调整。

图5-58　对总账的打印进行设置

（2）明细账。

明细账也称明细分类账，是按明细分类账户开设的、用来分类登记某类经济业务详细情况、提供明细核算资料的账簿。通过登记、查看各总分类账下的各明细账户，可以更加深入、清晰地了解企业经济业务的情况，为经营管理提供详细信息。

功能描述

账簿明细账是一种会计记录方式，用于详细记录每一笔交易的账务信息。通过账簿明细账，可以清晰地了解每个账户的交易活动情况和余额变动，为财务管理和决策提供参考依据。同时，它也是财务报表编制的基础之一。该模块可以展示公司明细账，可进行导出或打印。

操作步骤

①查看明细账：进入智能会计系统，依次点击"智能账务—记账—账簿"，点击账簿下方的"明细账"即可以查看公司的明细账信息，在明细账界面的左上方可以选择需要查看的日期。点击页面右侧的"**≣**"按钮可以调出或隐藏全部的会计科目，可以在搜索框中搜索需要查看的会计科目，单击该会计科目，在左侧就会显示该科目在选定会计期间的全部明细账信息（见图 5 - 59）。

图 5 - 59　公司明细账

②查看多个科目的明细账：点击明细账页面左上方的"筛选"右侧的下拉按钮，可以选择查看多个连续会计科目的明细账（见图 5 - 60）。

图 5 - 60　查看多个会计科目的明细账

（3）科目余额表。

科目余额表提供了各科目的上期余额、本期发生额和期末余额等信息，为后续财务报表的编制提供数据支持。在智能会计工具的支持下，智慧财务系统可以自动采集并汇总各科目的信息并生成科目余额表，将会计人员从期末机械、繁杂的工作中解放出来，进行诸如数据分析等更高附加值的活动。

功能描述

科目余额表是会计报表中的一种，用于整理和展示每个会计科目在一定时期内的期末余额信息。科目余额表一般按照会计科目的顺序排列，列出每个科目的名称以及其对应的借方余额和贷方余额。该模块可以展示公司科目余额表，可进行导出或打印。

操作步骤

①查看科目余额：进入智能会计系统，依次点击"智能账务—记账—账簿"，点击账簿下方的"科目余额表"即可以查看公司的科目余额表，在科目余额表界面的左上方可以选择需要查看的日期。勾选"本年累计"可以查看会计科目从年初到选定日期的累计发生额，勾选"全部展开"可以展开显示会计科目的二级三级科目余额（见图 5-61）。

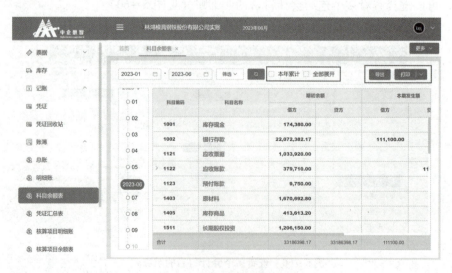

图 5-61　公司科目余额表

②自定义科目余额表：在科目余额表界面左上方的"筛选"右侧下拉箭头可以对要查看的科目余额进行设置，可以选择起始科目和结束科目，以及所要显示的科目级别，单击"确认"显示筛选后的科目余额表（见图 5 –62）。

图 5 –62　自定义科目余额表

（4）凭证汇总表。

通过对各类经济业务数据的汇总，形成汇聚不同科目借贷金额的凭证汇总表，进而形成相应科目的总量指标，可以为会计人员对账和编制报表提供便利，并帮助企业管理人员了解企业经济活动的各个侧面。

功能描述

凭证汇总表是一个以凭证为单位，汇总记录一段时间内发生的所有凭证。它主要用于汇总和总结每个凭证的借贷方金额、科目名称及摘要等信息，以方便会计人员进行对账和核对。该模块可以展示公司凭证汇总情况报表，可进行导出或打印（见图 5 –63）。

图 5-63　公司凭证汇总表

3. 结转

在智能会计工具的支持下，企业智慧财务系统能够自动生成记账凭证，进行结账前检查，批量结账，并可对已经结账完成但存在异常的凭证实现反结转，极大地提高了会计业务处理的效率。

功能描述

该模块支持期末结转损益、期末凭证生成、批量结账、批量反结、账期体检等功能。

操作步骤

（1）期末结转凭证生成。

点击右侧模块"生成凭证"按钮，生成对应凭证。点击右上角"设置"按钮可以进行设置（见图 5-64）。

［注：计提附加税时纳税月销售额不超过 10 万元（季度 30 万元），可减免教育费附加、地方教育附加，城市维护建设税正常缴纳。］

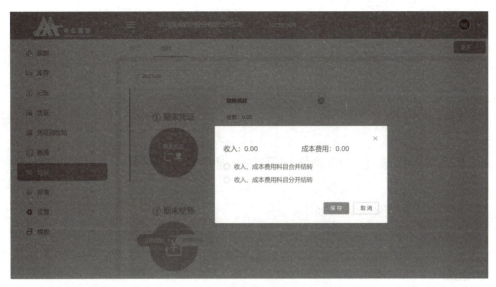

图 5－64 生成期末结转凭证

（2）期末结账检查。

在期末结账模块点击"重新检查"按钮检查账务情况（见图 5－65）。

（注：异常时会提示检查，建议没有异常时再进行结账操作。）

图 5－65 期末结账检查

（3）直接结账。

检查完成，没有异常时点击"直接结账"按钮，进行结账。

（4）反结转。

已经结账的月份可以进行反结转操作，选择需要反结转的月份，点击"反结转"按钮，进行反结转操作。

5.3.8　报表生成自动化与可视化显示

详见第 7 章智能会计报表体系。

5.4　本章小结

本章主要介绍了如何通过 RPA 和机器学习等人工智能技术实现账务处理流程自动化，以及数据资产化的内涵与重要意义及数据资产的应用领域；同时本章借助"智能账务处理系统"，详细地讲解了智能会计系统下的账务处理流程。智能会计的账务处理是智能会计实际业务操作中的最基础的环节，学生既需要了解账务处理自动化的工具，同时也应该具备账务处理自动化的软件实操能力。

 思 考 题

1. 如何理解 RPA 技术？
2. 谈谈对数据资产化的理解。

思考题要点及讨论请扫描以下二维码：

第6章

智能决策模块

本章重点

1. 了解智能会计分析与决策的演化逻辑、原则与优势。

2. 了解企业内部财务指标决策库、市场竞争财务数据决策库、宏观经济环境决策库的构建。

3. 了解智能会计财务分析决策模型及诊断报告体系构建。

4. 熟练掌握智能财务模型的决策库构建、智能会计分析与决策模型、智能财务决策的自动分析系统、智能风控系统、智能财务决策的诊断报告系统的软件实操。

案例导入*

中国南方航空股份有限公司（以下简称"南方航空"），拥有全国最多的运输机、最完善的航线网络、最大的年客流量、最大的机队，其旅客运输量居亚洲第一。中国民用航空局公布的 2021 年民航发展统计公报表明，公司全年经营指标在全国范围内位居前列。在此规模优势下，财务共享服务中心能够充分发挥其作用，积极运用信息技术降低经营成本，提升企业竞争力。在过去的两年里，粤港澳大湾区的一体化发展，以及广州、北京这两个综合的国际枢纽的建设，已经逐渐形成了一个强有力的、完善的、具有规模、网络化、平台化的信息系统。这一战略地位和高度的重视，为南方航空信息化改革，打造财务共享服务中心打好坚实的根基。

南方航空在构建财务共享服务中心的实践上起步较早，早在 2015 年便开始

---

* 南方航空、中化国际财务共享中心：RPA + AI 的完美结合 ［EB/OL］. RPA 中国，2019 - 05 - 22. 详细案例和进一步讨论，请访问链接网址：http://zhongqishuzhi.com；或扫描章后二维码。

财务共享服务中心的构建工作，先后聘请德勤等多家机构开展专业咨询。2017年组建财务共享服务中心。致力于整合核算业务、优化财务资源配置、支撑业务经营决策，进而推进财务高质量发展。目前已初步建成符合公司实际，具有南方航空特色的集约化智慧型财务共享服务中心。在建设质量，处理效率和产出效益方面取得积极成效，为实现公司"建成国际一流"的战略目标，提供强有力的支撑。

伴随着云计算、大数据、物联网、人工智能、区块链等技术的应用，企业生成财务信息的速度、精准度、不可篡改等特性都有了显著的提升和优化，进而提升了企业的财务信息生成效率。但企业财务信息的生成并非财务活动的终点，从智能会计的整体结构框架来看，智能会计的功能延伸应最终落脚于使用这些信息进行分析和据此作出决策。本章将依托前文所构建的智能会计框架体系及所能够形成的各种信息，结合传统财务管理框架，构建基于智能会计信息系统的财务分析模型和决策框架，这种"辅助"决策功能体系可以为企业经营管理人员提供更多有借鉴意义的参考信息。图 6 – 1 为智能会计各模块与系统之间交互关系图，各系统相互作用，为智能决策提供支撑。

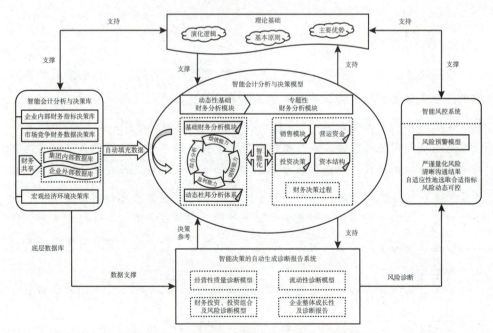

图6 –1   智能会计各模块与系统交互关系

6.1　智能会计分析与决策体系的基础

　　财务分析与决策系统作为管理决策系统的一个重要组成部分，是企业实现信息化管理的重要决策基础。依托于数据技术的智能会计分析与决策体系可以帮助企业对各种核算数据和业务数据进行分类、整理和加工，将以往无法采集和正确使用的数据转化成能为高层决策者所使用的决策支持信息。

6.1.1　智能会计分析与决策的演化逻辑

　　会计职能的发展体现了使用者对于信息要求的不断提高，会计的本质是提供信息，随着数字技术的不断进步，智能会计体系能够反映越来越多的交易事项的本质，并且处理更加复杂的经济业务，这就使得会计职能向越来越复杂的方向演化。伴随着经济和会计实务的进步与发展，各个行业和各种规模的企业生产、经营、决策过程呈现了几大发展趋势：一是经营业务复杂化程度提升，二是需要进行会计处理的业务的数量剧增，三是竞争的加剧对决策效率提出了更高的要求，四是集团化发展使得企业的规模扩大。

　　传统财务分析决策体系主要依托于基础财务分析工具和会计信息，这些财务分析的工具主要是通过传统财务指标和财务模型对相关数据进行分析，其存在较强的主观性、数据来源单一、难以实时反馈等问题。基于此，以基础财务数据获取、简单的量化财务分析体系和质性财务决策框架为基础的财务体系会越来越难以满足企业经营和发展的需要。这也是需要进行智能化财务分析和决策的必要性。

6.1.2　智能财务决策分析体系的原则

　　智能财务决策体系需要依托于智能会计技术体系所生成的动态性数据，并且在更加智能的层面展开财务决策的相关分析，因此遵循以下原则。

1. 智能化原则

智能化原则意味着财务决策要减少人在基础财务活动中的作用，依靠人工智能、云计算、区块链等各种数据处理和获取技术使企业汇集海量的财务数据，同时依托实时分析提高数据处理的效率。

2. 及时性原则

智能财务决策系统强调及时决策的特点，借助各类智能化手段，在财务全流程当中实时掌握数据的动向，并且分析能够发挥每一个阶段的财务数据的作用，利用智能决策辅助系统将各个时点的数据进行抽取、汇总并且分析形成决策依据，进而解决财务决策总是滞后于会计信息生成的问题。

3. 业财管融合原则

智能财务分析与决策功能的实现促使企业推行业财融合的观念，将业务流程、会计核算流程和管理流程相融合，把销售、生产、费用处理、税务处理、财务决策分析等各个流程的数据相贯通，最大限度地实现数据共享，从而将财务人员从烦琐重复的劳动中解脱出来，聚焦在管理分析、风险监控识别等工作上面。

4. 动态性原则

智能财务分析和决策体系的动态性是基于收集信息的动态性、分析过程的动态性和生成决策建议的动态性决定的。通过即时收集、实时生成的财务信息和各类财务指标及动态调整的阈值体系，就可以通过人工智能的自我学习功能实时抽取数据组成企业决策所需要的各类报告并提供初步的决策支持信息，以便管理者进行进一步高阶段的分析和决策。

6.1.3　构建智能财务决策分析体系的优势

通过借助人工智能技术构建智能财务决策分析体系，可以在大数据背景下高效地处理、分析和预测财务数据，优化决策流程、优化财务人员结构、提高运行流程优化效率、提高管理决策效率，从而实现即时决策，为企业管理者提供全面、准确和实时的财务信息，帮助他们作出更好的财务决策。

1. 决策流程优化

智能会计在决策过程中起到了有效的辅助作用，可以更好地提高决策的效率。智能会计辅助下的财务分析体系可以通过设定智能财务分析模块来实现会计系统的当中数据的实时传输。通过动态信息的变化，管理者可以发现财务决策对应的信息的动态变化，并且应该根据软件的集成和数据的挖掘来体现这些动态信息息对于决策的调整作用。同时，智能财务决策能够根据已经获得的信息进行未来的模拟推演，帮助企业构建智能化的决策模型。此外，财务决策的流程优化还体现在决策的过程与会计信息的实时收集相结合。借助数据技术，企业随时可以积累大量的数据，适时调整决策模型中的参数，引入动态的政策变动影响，优化财务决策体系的外部适应性，这将进一步提升企业的管理弹性所带来的价值，增加企业进行财务管理活动带来的优势。

2. 降低成本，优化财务人员结构

借助于智能会计的技术体系，会计处理的过程下沉，突出表现为会计基础信息的生成依靠机器解决，人力的作用更多地集中于监督、决策和决策过程之后的反馈。智能会计体系下企业在财务领域的成本将更加具有价值，体现在加大了技术、软件等技术资本的投入，并且提高了对于财务分析人员的要求，在节约初级财务人员劳动力成本的同时，实现了整体财务人员素质的升级。

3. 运行流程优化效率提高

伴随 OCR、移动通信、云计算、区块链等技术的成熟，智能会计不仅实现了信息的自动收集，而且实现了商品采购、销售、售后处理、生产原料储存、领用等各个环节的自动监控，进而减少以往集团会计信息中心化的问题，数据的传输会呈现更高的效率。此外，在数据处理过程中，智能化阶段则更注重企业各类信息处理的效率、效益和智能化的程度，利用神经网络、规则引擎、数据挖掘等技术自动实现财务预测、决策的深度支持，这一阶段再造的不仅是流程和组织，还是在更高层面上，对企业管理模式和管理理念进行再造。

4. 提高管理决策效率，实现即时决策

智能财务决策分析体系通过建立与财务系统的接口，可以实时获取最新的财务数据。利用人工智能技术，对获取的最新财务数据进行实时自动分析，同时生成相应的分析报告和决策支持材料，从而大大节省了手动烦琐地进行数据整理和分析的时间和努力，提高了决策效率。

智能财务决策分析体系还可以根据历史数据和模型对公司财务数据进行预测和模拟，帮助管理者了解不同决策对公司财务状况的影响。通过模拟不同方案的

实行结果，管理者可以更好地评估决策的风险和潜在回报，并及时做出相应调整。同时还可以通过可视化的方式，将复杂的财务数据转化为直观的图表和图形。这种可视化呈现方式可以帮助管理者更好地理解数据，并快速把握关键信息，从而实现即时决策。

由此可以看出智能财务决策分析体系可以通过实时数据更新、自动化分析、预测和模拟功能、数据可视化等手段，提高管理决策的效率，并实现即时决策的目标，从而增强公司的竞争力和创新能力。

6.2   智能财务模型的决策库构建

智能财务决策系统功能的实现需要依托海量数据及数据分析形成的基础决策单元，有别于传统财务分析系统依靠月季年财务报表数据进行的各类指标的分析的静态财务分析，智能财务分析的体系除了应该大量收集企业本身的数据外，还应该关注两个来源的数据，即市场竞争数据和宏观环境数据。基于此，本部分构建三个决策库体系，以借此形成后续对企业各类实际需要的分析。

6.2.1   企业内部财务指标决策库

基于智能会计的财务分析体系需要构建一个内部数据库来提供决策支持体系。所谓内部财务指标决策库，主要是从企业自身经营、管理出发，指所有的能够从企业内部提取的财务数据。内部财务指标包括企业各类资产、负债指标的实时增减变动，企业所有者权益指标的变动，企业的收入获得指标，企业的具体成本核算指标，各类税费的指标。这些指标构成了所有财务分析和财务决策的基础，并且这些数据形成的财务指标可以通过计算机自动抽取实时生成，无须等待年末或者会计期末，而是在企业经营过程中随时取得。基础内部决策数据主要包括以下基础资产负债权益数据，成本、损益类数据，人力资源资产数据和真实无形资产数据。基础财务指标库体现为图 6-2 的企业基础财务数据库模型。

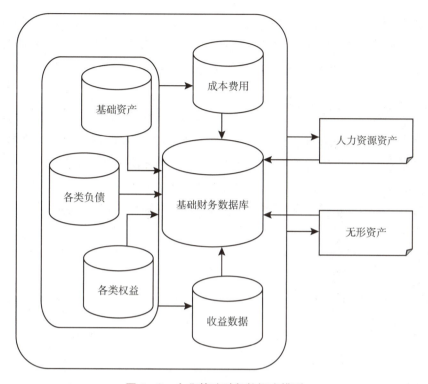

图 6 - 2　企业基础财务数据库模型

6.2.2　市场竞争财务数据决策库

不同于传统财务决策过程，智能财务决策在关注企业的内部财务指标之外，应该基于财务共享的理念关注集团内部的其他子公司的财务数据，以及能够获得的其他企业的财务数据。基于获得数据的难易程度，两种数据的详细程度是不同的。但是这两种数据来源，可以构建企业的市场竞争财务决策库。

1. 集团内部的共享财务数据库

从企业集团化发展的演化历程来看，企业内部财务共享是企业集团财务管理发展的趋势，财务共享可以通过集团内部各个子公司和集团母公司之间形成共享财务数据库，实时共享财务数据来实现。

智能财务决策过程中构建市场竞争财务数据库使用到的企业内部共享数据是新型赋权式管理，每个企业通过财务智能化系统实时收集财务信息，信息通过扁平化的共享体系在各个公司的财务决策系统内部共享，每个公司都可以在一定的授权范围内使用其他公司的财务数据，而母公司保留对所有子公司财务数据的使用权，这样每个公司在进行投融资决策的过程中，就可以根据抽取的集团内部所有同类型数据判断生产、投资、融资等活动。

2. 其他企业的财务数据

企业在进行决策的过程中，往往需要参照其他企业的财务决策或者数据模型，这部分数据可以通过购买或者网络数据获取的方法来获得更多的其他企业的数据，将这部分数据库作为企业进行决策的参考依据。

结合上面的分析，企业市场竞争决策数据库结构如图 6 - 3 所示。

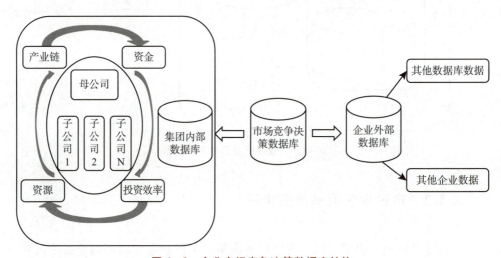

图 6 - 3   企业市场竞争决策数据库结构

6.2.3   宏观经济环境决策库

宏观经济环境决策库重点关注重大经济政策变化、重大突发事件影响、重要竞争环境变化等企业外部宏观经济环境当中的各种外生变量及其对企业产生的作用，依据各类企业实际经营活动和相关学术研究的成果积累各大类国家宏观经济政策和重大经济事件对企业产生的影响，即事件发生或者环境改变对企业产生的影响，在决策模型需要时自动调用相关的数据，即可模拟可能生成的结果，从而将外部环境的变化所带来的影响嵌入决策模型中，使智能决策过程保持动态性。

综上所述，上面三个系统能够抽取不同层次的数据和内容，根据企业所设定的不同情境下和不同决策类别的模型，可以自动向模型中填充数据，从而为企业提供决策指引。

6.3　智能财务分析决策模型及诊断报告体系

企业的财务分析更多地关注历史信息及由历史信息反映出来的企业在各个维度的能力，而会计信息的更高应用场景为基于基础会计信息所作出的财务决策，这里的财务决策就与企业的财务管理活动息息相关，因为企业需要依靠企业的财务活动决定企业的资源配置、提高配置效率。

6.3.1　智能会计分析与决策模型

财务分析的目的在于为企业债权人、投资者等利益相关者提供其偿债能力、发展前景的相关信息，辅助其进行判断与决策。在大数据、人工智能等新兴技术的加持下，会计数据的信息价值被深入挖掘，进一步提高了企业经营管理水平与资源配置效率。

1.　基础财务分析模块

动态性基础财务分析模块包括但不限于企业偿债能力分析模块、企业周转能力分析模块、企业盈利能力分析模块、企业成长性指标分析模块（企业成长性的自动输出）、企业综合分析功能，基于大数据、区块链、物联网等信息收集、生成、获取会计信息，通过分析实现企业多个功能的分析。如图 6 - 4 所示，在该模块下我们又细分了四大能力分析、杜邦分析、量本利分析、存货分析四大模块。

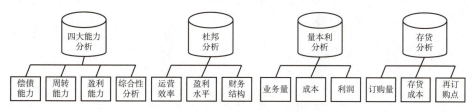

图 6 - 4　基础财务分析模块

（1）四大能力分析。

四大能力分析主要包括企业偿债能力分析、周转能力分析、盈利能力分析以及综合性分析。通过四大能力分析可以评估企业的偿债能力、周转能力、盈利能力以及对企业综合全面的分析。

①企业偿债能力分析模块。企业偿债能力的分析模块是基于企业的收益情况来展开的，而基于数据的收集，企业可以即时分析收入的付现、应收款项的质量、现金流的变化等信息，不仅借助于短期和长期的偿债能力指标，更可以结合收入的产生密度即和变现质量，分析收入、存货价值、债权人信用水平等内容。同时对于流动负债还可以分析企业自身的信用状况和短期负债的可获得性。从而综合上述分析来确认企业的短期偿债能力。

②企业周转能力分析模块。周转能力的分析来自资产的使用效率，基于传统的财务数据分析来看，企业的收入质量将对周转能力的分析带来极大的提升，而基于数据收集获得的收入详细数据，将会呈现一种动态的周转能力。

③企业盈利能力分析模块。企业的盈利能力的分析来自企业的盈利水平，盈利水平往往取决于企业的实际经营和会计政策，根据智能会计的数据挖掘，对于企业的利润质量进行分析，可以更好地发现企业实现利润的过程中存在的问题，而同时借由软件所实现的盈利能力分析可以体现企业的真实盈利能力。

④综合性分析体系。这是智能财务的一个重要功能。随着智能会计对信息收集和上述分析的开展，企业会在适合自身经营特征、行业的情况下拥有一套动态输出企业各方面能力的系统，通过各种软件分析工具并接口到各种实时获得的会计数据，并通过软件呈现给不同的管理者，就可以实现综合分析的即时获取，并且还可以根据决策者的需要设置决策模型，从而自动呈现模拟的决策结果，实现决策的智能化。

四大能力分析模型图如图 6-5 所示。

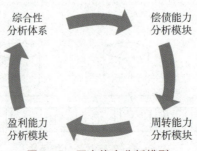

图 6-5　四大能力分析模型

（2）杜邦分析。

杜邦分析体系是传统财务领域一个重要的财务指标分解、分析的指标系统，该系统将企业的盈利水平的衡量指标 ROE 层层拆解，在指标层面分解为资产周转水平（总资产周转率）、销售利润水平（销售净利率）、权益乘数（资本结构），从企业的运营效率、盈利水平和财务结构等方面全面地衡量企业的财务能力。此外，每一个指标还可以进一步分解为单一指标，例如净利润可以分解为收入减除费用，从而将总的判断企业盈利、成长能力的指标落实到单个会计要素层面，分析单个会计要素的变动对企业整体盈利能力可能出现的影响。到目前为止，这仍是企业管理层分析企业财务能力的一个较为成熟的指标分析体系。依托智能会计技术，杜邦分析体系可以实现动态化和智能化，并且可以实现可视化的企业能力变化，为管理者提供一个变化中的财务分析视角。

（3）量本利分析。

量本利分析是"业务量—成本—利润分析"的简称。主要被用来研究产品价格、业务量（销售量、服务量或产量）、单位变动成本、固定成本总额、销售产品的品种结构等因素的相互关系，据以作出关于产品结构、产品订价、促销策略及生产设备利用等决策的一种方法。量本利分析中最为人们熟悉的形式是盈亏临界分析或称保本分析。许多人把两者等同起来。确切地说，盈亏临界分析只是全部量本利分析的一部分。显然，盈亏临界分析并非只着眼于找出一个不盈不亏的临界点或称保本点，它所期望的是获得尽可能好的经营成果。这种分析方法可以用来预测企业的获利能力；预测要达到目标利润应当销售多少产品（或完成多少销售额）；预测变动成本、销售价格等因素的变动对利润的影响；等等。

（4）存货分析。

存货是指企业在正常生产经营过程中持有以备出售的产成品或商品，或仍然处于生产过程中的产品，或在生产过程或提供劳务过程中将要消耗的材料、物料等。存货管理就是对企业的存货进行管理，主要包括存货的信息管理和在此基础上的决策分析，借助一系列指标比如经济订购批量、存货成本计算、安全库存成本分析、再订购点确定等，最后进行有效控制，达到存货管理的最终目的，提高经济效益。

20 世纪 90 年代信息技术和互联网技术兴起之后，存货管理发生了第三次革命。通过信息技术在企业中的运用（如 ERP、MRPⅡ等），可以使企业的生产计划与市场销售的信息充分共享，计划、采购、生产和销售等各部门之间更好地协同。而通过互联网技术可以使生产预测较以前更准确可靠。戴尔公司是这次革命的成功实践者，它充分运用信息技术和互联网技术展开网上直销，根据顾客的要求定制产品。一开始，在互联网还局限于少数科研和军事用途的时候，戴尔公司只能通过电话这样的网络来进行直销，但是互联网逐渐普及之后，戴尔根据顾客在网上的订单来组织生产，提供完全个性化的产品和服务。戴尔提出了"摒弃库存、不断聆听顾客意见、绝不进行间接销售"三项黄金律。

2. 专题性财务分析模块

基础财务分析模块可以对应基础财务指标分析，并且在已有的传统财务分析框架下对企业的各种基本能力进行分析，针对性相对较弱。而在企业经营决策的过程中，有一些经营活动和决策内容是对企业整体产生深远影响的，因此，在基础财务数据和财务指标的结合下，通过对下列财务决策过程进行智能分析，可以得到企业决策的重要依据。

（1）企业供应链的智能财务分析体系。

供应链围绕核心企业，通过对信息流、物流、资金流的控制，从采购原材料开始，制成中间产品及最终产品，最后由销售网络把产品送到消费者手中。它是将供应商、制造商、分销商、零售商，直到最终用户连成一个整体的功能网链模式。

供应链贯穿了企业整个生产经营活动，因此，从销售维度入手能够将企业经营过程中大多数的数据进行整合，并且对企业在收入获取、成本核算控制、财务资源配合等各方面进行全面诊断，并且可以在此过程中设置多个风险控制点，从而更加有效地促进企业销售行为的实现。

具体来说，供应链分析方案及实现主要从构建销售指标体系，确定分析方法、分析路径及内容等方面入手。梳理业务流程的过程中，应首先根据企业的供应链流程构建企业的价值创造过程及资源支持计划，针对全生产经营流程展开指标选取工作，应结合成本数据，从原材料、存货等的购入、储存等成本控制，人员投入，机器设备在生产过程中的投入情况入手，分析在整个生产中不同成本的配置比例。首先，半成品的成本归集；其次，产成品成本控制；再次，原材料、半成品、产成品、库存商品等的时效性分析；最后，销售过程及采购成本的分析。企业供应链的智能财务分析体系框架如图 6-6 所示。

（2）固定资产投资、研发投资及金融资产投资分析体系。

企业的固定资产投资、无形资产投资和金融资产投资多数都属于长期投资，对于企业发展来说具有战略导向性，并且整个过程涉及了企业的资本结构、财务风险、企业未来发展潜力等多种因素，是企业重要的财务决策。

较大的投资项目会给企业带来较大的影响，其较大的现金流出对企业的资金造成了较大的压力，而其直接或者间接地影响企业的利润，可能会造成企业经营和财务风险爆发，从而在很大程度上影响企业的市场表现，这需要综合各种投资的影响指标设置分析和预警体系，因此构建投资分析模块体系如图 6-7 所示。

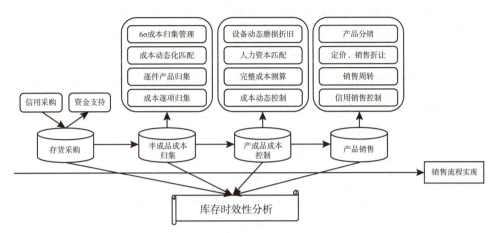

图 6-6　企业供应链的智能财务分析体系框架

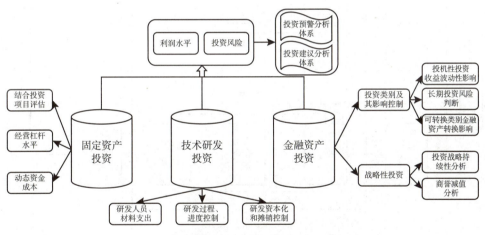

图 6-7　投资分析模块体系

（3）营运资金分析体系。

营运资金是企业周转所需资金和资金来源的综合考量，将企业所涉及的流动资产和负债等要素都包含在内，是一个综合性的财务体系。在智能会计分析框架内，可以从三个层面相结合分析企业的流动项目。

首先，净营运资金及其质量分析。所有的资产项目都需要与资产质量分析相结合进行拓展，具体包括存货项目的时限性和可能的价值亏损、应收款项的回收可能性及对应的坏账损失、流动负债项目的潜在资金成本。因此，营运资金的动态分析，既能够得到额外的资金占用水平，又能够得到当前组成营运资金的部分的质量。其次，周转能力的动态分析。借助智能会计体系的动态信息收集，可以实时分析企业的存货、应收账款、应付账款等项目周转能力的变化并生成变化趋势，并借此作出各类指标的动态输出和预警。最后，偿债能力的动态分析。常规分析企业偿债能力的指标当中，基于时间段数据的流动资产对流动负债的补偿，是营运资金的反向应用，但是流动资产的价值往往会发生较大变化。营运资金的财务分析体系模型如图6-8所示。

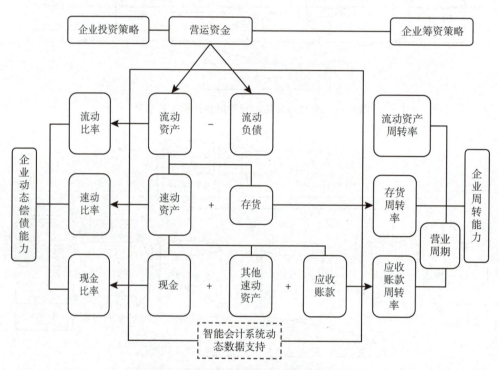

图6-8　营运资金的财务分析体系模型

（4）资本结构及财务风险分析体系。

资本结构及其带来的财务风险是企业在进行财务战略分析时的重要问题。故在企业资本结构的决策中，需要综合考虑企业的业务特征、市场竞争能力、财务风险承受能力、成长性和企业的管理者特质等内部因素（陆正飞，1998；姜付秀等，2008）[1][2]，同时还需要考虑宏观经济环境和行业环境变化等外部因素的影

---

① 陆正飞，辛宇. 上市公司资本结构主要影响因素之实证研究 [J]. 会计研究，1998（8）：3-5.
② 姜付秀，屈耀辉，陆正飞，等. 产品市场竞争与资本结构动态调整 [J]. 经济研究，2008（4）：99-110.

响。因此，借助智能财务分析体系，可以参照学术研究成果构建资本结构因素影响模型，来动态抽取数据，同时判断资本结构的调整给企业带来的影响。因此，应该从两个方面构建资本结构调整模型，并且动态输入数据①。

①所示模型用来分析资本结构的影响因素对资本结构所产生的影响，如下所示：

$$Lev = \alpha + \sum \beta_i FinFactors + \sum \gamma_i MagCha + \delta Com + \epsilon Growth + \theta Risk + \mu Gov \tag{6-1}$$

②资本结构的调整速度如下所示：

$$Lev_{i,t} = \gamma \left[\alpha + \sum \beta_i FinFactors + \sum \gamma_i MagCha + \delta Com + \epsilon Growth + \theta Risk + \mu Gov \right] + (1 - \gamma) Lev_{i,t-1} \tag{6-2}$$

③分析资本结构的变化、变化速度对企业各个维度的财务绩效产出所造成的影响，如下所示：

$$ROA/ROE/TobinQ/Shareprice = \alpha + \beta_1 Lev + \sum Controls + \varepsilon \tag{6-3}$$

基于智能财务的动态性，上述分析可以不断地进行，并且可以结合企业的实际发展和业绩的变化修正模型的结果，并对模型进行重新调整，做到动态性地输出资本结构的优化值和调整方向，从而为企业决策者进行资本结构调整的决策提供依据。

6.3.2　智能决策的自动生成诊断报告系统

根据前文分析所实时生成的智能财务信息及相关分析决策体系，智能财务决策最终的目的是为管理层提供高质量的决策依据，而最终的管理决策是由人作出的，因此，智能财务体系可以根据预先设定好的模型进行前置性分析，同时给出风险诊断建议，并且在机器学习和人工智能的作用下，可以不断地进行自我修正以达到更好的效果。

1. 经营性质量诊断模型

自动生成诊断报告系统通过数据技术直接调用企业经营及营运资金等数据库的数据，所形成的实时诊断数据应该包含如图 6-9 所示指标。

---

① FinFactors 代表智能财务动态分析得到的企业经营能力数据，包括偿债能力、周转能力、盈利能力等；MagCha 代表企业管理者特质，包括管理者人口资源背景特质、社会属性特质等；Com 代表企业竞争能力；Growth 代表企业成长性，可用 TobinQ、综合性指标进行替代；Risk 代表企业财务风险承受能力；Gov 代表了企业的治理变量，例如大股东持股比例、股权制衡性、管理层权力等。

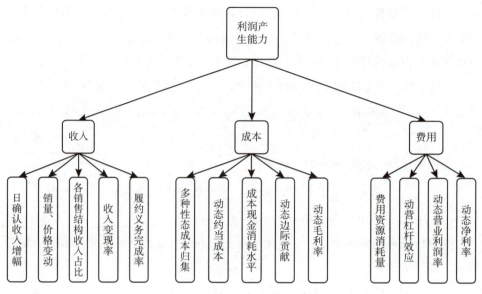

图 6 - 9 利润产生能力诊断模型

从上述诊断模型中，修正了以往对于经营能力中利润产生能力评价的滞后性，由于实时抽取数据，使得月度指标可以做到动态输出，并且可以根据收入和成本、费用的对比实时分析收入中成本费用的占比，提高经营决策和成本控制决策的准确程度，同时，可以利用下列公式进行多期数据的回归分析，得到最优的利润产生能力范围，并且直接从软件中得到调整的方案，公式如下：

$$\text{Profitability} = \sum \alpha_i \text{Income}_i + \sum \beta_i \text{Cost}_i + \sum \gamma_i \text{Suspend}_i + \varepsilon \qquad (6-4)$$

上述模型对不同的收入指标、成本指标和费用指标进行回归分析，在分析过程中，借助计算机取数，可以实现机器快速、动态获得结果。所得到的结果可以建立企业盈利能力对各个指标的相关关系，这些数字将会动态性地分析出各类利润产生能力的影响大小，并且借助机器学习调整企业经营战略和战术的方案，最终形成智能报告。

2. 投资风险诊断模型

作为智能财务决策的重点领域，企业的财务投资活动诊断体系也是智能诊断体系中的重要组成部分。结合投资的特点，在投资活动智能诊断模型的构建中，需要监控的问题主要有以下几点。

（1）项目未来收益的变化趋势。智能投资诊断模块借助前文构建的经营数据库取值销售收入、成本费用等数据，同时从投资分析数据库中取值，对项目进行过程中各种固定性投资进行追踪，从而可以动态性地确定项目的现金流变化，并且根据变化的趋势进行滚动式的未来现金流预测。

项目风险的动态分析。项目投资评估过程中，需要对项目的风险进行动态分析，包括企业的债权收益率和权益收益率水平，通过动态匹配企业的信用水平所对应的债权成本、资本市场风险收益与企业股东权益以及资本结构的变化所带来的对综合资本成本的影响，动态性地调整项目评估的折现因子。

（2）投资组合的风险分析。在进行风险资产投资的过程中，对于风险资产的选择以构建投资组合往往是一个较为复杂的过程，需要判断每一个投资品种的成长性、风险性和财务绩效，使用机器学习和财经数据库取值，可以帮助企业构建投资组合动态调整模型，分析投资组合的期望收益和风险水平，帮助企业较为稳健地进行风险投资（吴世农，2020）。

综上所述，若投资诊断模型所涉及的内容较多，可以构建如图 6－10 的模型体系来进行报告框架构建。

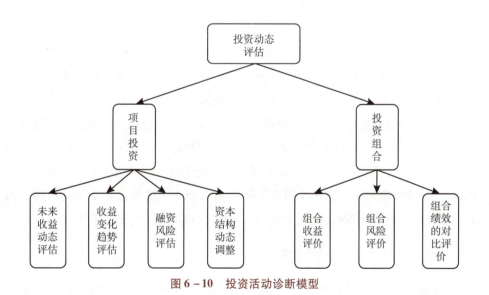

图 6 - 10　投资活动诊断模型

3. 流动性诊断模型

流动性诊断模型结合经营性数据库、企业债务数据及融资情况数据等进行综合判断，如图 6－11 所示。

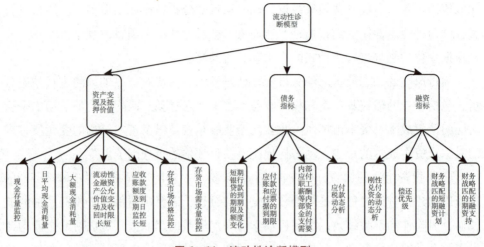

图 6-11   流动性诊断模型

（1）资产变现及抵押价值检测指标体系。流动性的重要来源在于企业能够快速获得现金偿还到期债务，首先，从现金流动的角度上来看，应设置现金存量监控、日平均现金消耗量、大额现金消耗量及其所占比重、短期流动性金融资产公允价值变动及收回时限长短、应收账款额度及到期日监控、应收账款信用质量动态监控、存货市场价格监控、存货市场需求量监控等指标来输出流动资产的变现能力和资金的获取能力。其次，由于固定资产等非流动资产具有可抵押能力，可以设置固定资产抵押价值变化监控的指标来反映短期资金的获取。

（2）企业债务指标。负债及其资金成本是企业面临流动性问题过程中直接需要考虑的要素，本模型从各类负债具体制定监控指标来衡量流动性风险诊断。具体来说，应考虑短期银行贷款的到期期限及额度变化（用以衡量即将到期的负债梯队）、应付账款和应付票据的到期期限以及可能通过提前还款获得的收益、内部应付职工薪酬等内部资金的支付需要、应付税款动态分析等。

4. 企业整体成长性及诊断报告

根据前文分析所实时生成的智能财务信息及相关分析决策体系，智能财务决策最终的目的是为管理层提供高质量的决策依据，而最终的管理决策是由人作出的，因此，智能财务体系可以根据预先设定好的模型进行前置性分析，同时给出风险诊断建议，并且在机器学习和人工智能的作用下，可以不断地进行自我修正以达到更好的效果。基于大数据的可获得性，借助 AI - FAD 智能财务机器人分析与诊断机器人，在前面提到的智能财务决策和分析系统的基础上，最终形成判断企业成长性的综合报告，以达到智能财务决策的最终目的。

6.3.3　智能风控体系构建

随着经济环境的复杂化和信息化水平的提高，企业对财务危机预警和诊断的有效性和智能化也越来越受到重视。随着人工智能、数据挖掘和机器学习等技术的进步，以及现代企业信息化发展中对财务信息获取的实时性和智能性需求，一些学者开始借助智能方法对企业财务危机进行预警，如人工神经网络、支持向量机等。此外，财务风险预警机制首先构建了对标预警评价指标体系，并对指标类别加以分析处理，利用 Z 计分模型、F 计分模型等促使企业改善经营管理，防范财务风险。

1. Z 计分模型

纽约大学斯特恩商学院教授爱德华·阿特曼（Edward·Altman）基于对美国的生产型企业的观察，将 22 个财务比率经过数理统计筛选，建立了著名的五变量 Z – score 模型，即：

$$Z = 1.2X_1 + 1.4X_2 + 3.3X_3 + 0.6X_4 + 0.999X_5 \tag{6-5}$$

其中，X_1 = 营运资本/总资产；X_2 = 留存收益/总资产；X_3 = 息税前利润/总资产；X_4 = 股东权益市价/总负债；X_5 = 销售收入/总资产。

模型执行结果表明，如果 $Z \leqslant 1.81$，那么财务风险很高，企业面临着破产的巨大风险；如果 $Z \geqslant 2.99$，那么财务状况很好，企业破产风险较小；如果 $1.81 < Z < 2.99$，该区间被称为"灰色区域"，较难判定企业的财务状况。

2. F 计分模型

利用周首华、杨济华和王平（1996）提出的 F 分数模型中的 F 临界值进行财务风险分析如下：

$$F = -0.1774 + 1.1091X_1 + 0.1074X_2 + 1.9271X_3 + 0.0302X_4 + 0.4961X_5 \tag{6-6}$$

其中：X_1 用来测定公司资产的流动性。该指标数值越大表明公司资产的流动性越强。

X_2 用来测定公司筹资及再投资的能力。该指标数值越大，表明公司的创新能力和竞争力能力越强。

X_3 用来测定公司所产生的全部现金流量对公司债务的清偿能力。该指标数值越大，表明公司的偿债能力越强。

X_4 用来测定公司的投资价值。该指标数值越大，表明公司的投资价值越大。

X_5 小用来测定公司总资产创造现金流量的能力。该指标数值越大，表明公司资产的现金流量创造能力越强。

6.4　软件实操

信息基础设施的不断完善为企业进行信息收集、个性化分析及可视化展示提供了技术支撑，在搭建智能财务分析与决策框架体系的基础上，如何结合智能财务系统，熟练掌握理论知识在实务中的运用，对于财务人员而言至关重要。本章节将从智能财务模型决策库的构建、分析与决策模型的设定、自动分析系统的搭建、智能风控系统的运行及智能财务决策的诊断报告的生成出发，具体介绍智能会计决策流程的运作。

6.4.1　智能财务模型的决策库构建

智能财务模型决策库是指基于人工智能技术运用财务会计知识构建的一种决策支持系统，用于辅助企业管理人员进行财务决策和运营管理。它综合运用财务模型、算法、数据分析和预测技术，通过对财务数据进行分析和挖掘，可以提供智能化的财务决策建议和方案。

1. 系统管理

为了方便用户公司部门和企业人员管理，本系统设置了系统管理模块，下设用户管理和部门管理两个模块，在系统管理模块可以增减公司部门和用户使用权限。

功能描述

用户在系统管理模块下可以对企业用户及部门进行集中管理。在此模块内可以对用户授权与取消授权，可以新增与删除系统使用者，也可以查看与修改各部门系统使用状况。

操作步骤

（1）用户管理。

①查看用户：用户进入"用户管理"界面，选择相应分公司，以及对应部门。在页面上方搜索框中可以按照用户名称、手机号码等对用户进行查找。同时，右侧操作栏中的"☑"代表的"修改"命令，"🗑"代表的是"删除"命令，"🔑"代表的是"修改密码"命令，"☑"代表的是"分配角色"命令，系统管理员可根据需求对相关用户进行操作（见图 6 – 12）。

图 6 – 12　用户管理操作界面

②新增用户：点击界面左侧"新增"按钮，即可进入"添加用户"操作界面。进入"添加用户"操作界面后，可以新增用户昵称、用户名称、用户密码、用户性别、岗位、状态等相关信息，其中带 ＊ 的选项为必填项。最后点击"确定"，即可完成用户新增，新增用户即有权使用本系统（见图 6 – 13）。

（2）部门管理。

①部门信息新增与删除：在"部门管理操作界面"，可以查看每个部门在系统内使用状态，点击每个部门行右侧的"新增""删除"即可对公司部门进行相应修改（见图 6 – 14）。

图 6 – 13　添加用户操作界面

图 6 – 14 部门管理操作界面内容：

顶部导航：智能财务　智能决策　智能账务　林鸿模具钢铁股份有限公司

首页 / 系统管理 / 部门管理

首页　部门管理 ×

部门名称：请输入部门名称　状态：部门状态　搜索　重置

+ 新增　展开/折叠

部门名称	排序	状态	创建时间	操作
∨ 中企数智	0	正常	2021-10-19 15:57:24	☑ 修改　+ 新增
∨ 济南总公司	1	正常	2021-10-19 15:57:24	☑ 修改　+ 新增　🗑 删除
研发部门	1	正常	2021-10-19 15:57:24	☑ 修改　+ 新增　🗑 删除
市场部门	2	正常	2021-10-19 15:57:24	☑ 修改　+ 新增　🗑 删除
测试部门	3	正常	2021-10-19 15:57:24	☑ 修改　+ 新增　🗑 删除
财务部门	4	正常	2021-10-19 15:57:24	☑ 修改　+ 新增　🗑 删除
运维部门	5	停用	2021-10-19 15:57:24	☑ 修改　+ 新增　🗑 删除
∨ 长沙分公司	2	正常	2021-10-19 15:57:24	☑ 修改　+ 新增　🗑 删除
市场部门	1	正常	2021-10-19 15:57:24	☑ 修改　+ 新增　🗑 删除

图 6 – 14　部门管理操作界面

　　点击页面左上方的"新增"按钮或者找到对应部门所在行右侧的"新增"按钮，在弹出的页面输入相关信息，即可完成对部门信息的新增（见图 6 – 15）。

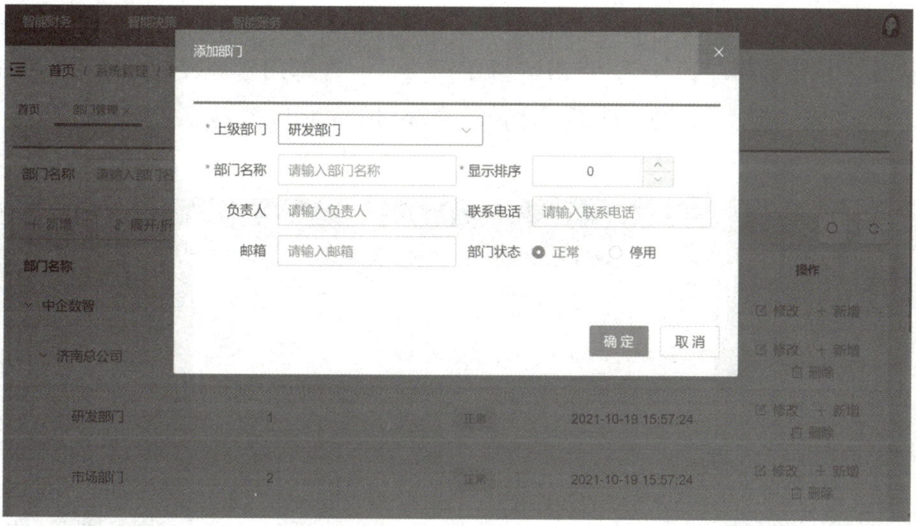

图 6 – 15　新增部门信息

在需要删除的部门所在行点击右侧操作栏中的"删除"按钮，在弹出的对话窗口点击"确定"，即可删除与该部门有关的信息。由于部门信息的删除对整个公司而言属于重大操作，因此系统出于谨慎性的原则，也为了避免误删带来麻烦，在删除部门信息的操作中采取了二次确定的方式（见图 6 – 16）。

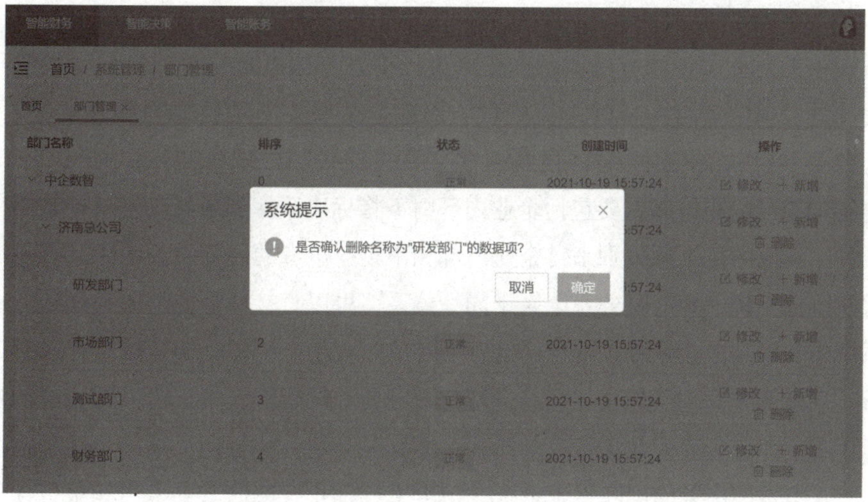

图 6 – 16　删除部门

②修改和关闭部门权限：点击需要修改的部门字段所在行，在右侧操作栏中选择"修改"，在弹出的修改窗口中对发生变化的信息进行修改。如果想要关闭

用户的权限，只需要将该用户停用即可。在部门信息修改窗口中，将用户对应的"状态"按钮选择"停用"，点击"确定"之后，在部门管理界面，该部门的状态就会变成"停用"，同时该部门之前的全部权限也相应关闭（见图6－17）。

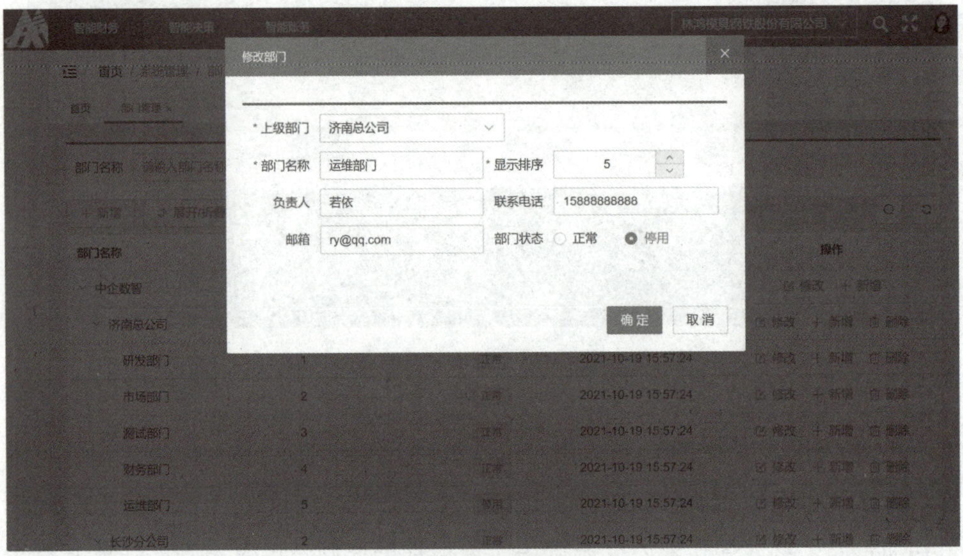

图6－17　停用部门操作流程

2. 决策库构建

在智能财务决策和分析体系构建的过程中，其所需要的基础数据是零散和无序的，并且需要进行大量的人工处理。因此，需要建立基础数据库和子决策库，来为财务分析和决策模型体系的构建建立真正的底层数据库。

智能会计的决策库主要包括企业内部财务指标决策库和市场竞争财务数据决策库两种，获取的数据源分别来自企业内部和市场竞争者的公开财务信息。智能决策与智能账务系统、智能财务系统属于同一体系，可以直接从企业的财务和账务、业务系统中获取与本企业相关的生产经营活动的过程中产生的真实数据，并对其进行分析，后续需要添加其他企业信息进行比对分析等的智能决策，也会在相应的操作步骤中进行，其他企业相关信息的录入步骤详见6.4.3节智能决策的自动分析系统和6.4.5节智能决策的诊断报告系统，与本生产企业有关的数据采集和报告详见第4章智能会计业务流程、第5章智能会计账务处理和第7章智能会计报表体系。

企业财务和业务数据全部信息化，一方面便利了企业日常业务活动的处理，另一方面各类底层数据的支撑形成了企业的数据库，为决策信息的获取提供了数据支撑。智能决策库的构建是建立在企业真实发生的业务财务信息的基础上，因此不再需要单独构建决策库。

6.4.2 智能会计分析与决策模型

1. 四大能力分析

四大能力分析是一种用于帮助企业评估自身竞争力的工具，它包含企业偿债能力、营运能力、盈利能力和发展能力四大能力的评估。通过对这四个方面的能力进行评估和分析，企业可以更好地了解自身的优势和薄弱点，从而作出相应的战略调整和决策。该分析方法可以帮助企业在竞争激烈的市场环境中保持竞争优势。

功能描述

对企业的财务能力分析通常是评价企业偿债能力、营运能力、盈利能力和发展能力等四大能力。通过资产负债表、利润表和现金流量表所提供的相关财务数据可以据此分析企业的四大能力，通过分析企业的四大能力，进行横向纵向对比，找到企业目前存在的问题，进而对企业的经营决策提供支持，提升公司决策的质量，实现实时决策。

操作步骤

（1）数据录入。

四大能力分析是基于企业财务报表数据的自动财务分析，它首先需要在系统中导入财务报表数据。包括两种导入方式：智能导入和 OCR 识别。为了检查数据导入的正确性，智能财务分析系统需要具备报表查看、修改和导出等功能。用户可以在"四大能力分析"页面选择"导入数据"进行数据的导入，不仅可以导入本公司数据，也可以导入其他公司公开的数据或者行业数据来进行比较（见图 6-18）。

图 6-18　四大能力分析数据录入过程

（2）四大能力分析比较。

用户进入"四大能力分析"页面后可以选择不同的年份进行四大能力的比较，同时偿债能力、营运能力、盈利能力和发展能力又包含不同的指标，用户也可选择相应的指标进行多方对比分析（见图 6-19）。

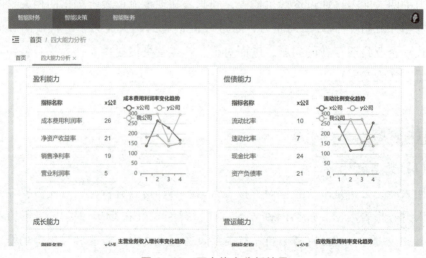

图 6-19　四大能力分析结果

2. 杜邦分析

杜邦分析是一种财务分析方法，通过将企业的财务指标拆解为不同的组成部分，来揭示企业财务绩效的不同因素。杜邦分析主要是将 ROE 分解成三部分，并对每个部分进行分析，帮助企业确定影响 ROE 表现的主要因素，并进行进一步的改进和优化。杜邦分析可以帮助管理层了解企业财务状况，并制定相应的经营策略。

功能描述

杜邦分析体系是传统财务领域一个重要的财务指标分解、分析的指标系统，该系统将企业的盈利水平的衡量指标 ROE 层层拆解，在指标层面分解为资产周转水平（总资产周转率）、销售利润水平（销售净利率）、权益乘数（资本结构），从企业的运营效率、盈利水平和财务结构等方面全面地衡量企业的财务能力。其中销售净利率代表企业的综合盈利能力；总资产周转率反映企业资产实效销售收入的综合能力，反映企业资产周转的能力；权益乘数表示企业的负债程度，反映了公司进行财务杠杆进行经营活动的程度。

操作步骤

用户进入"杜邦分析"页面后首先选择相应的年份、月份，其次系统会根据之前财务导入的数据自动进行计算，从而计算出各项指标来供企业管理人员进行参考（见图 6 – 20 和图 6 – 21）。

图 6 – 20　杜邦分析操作流程

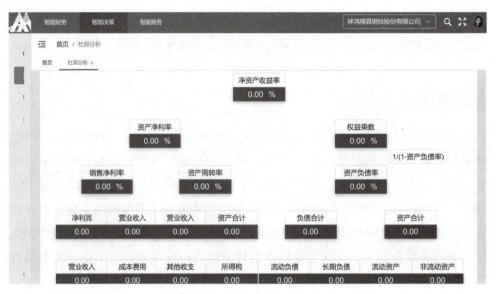

图 6 – 21　杜邦分析结果

6.4.3　智能财务决策的自动分析系统

对财务数据进行分析是智能财务决策的基础，在本书中自动分析系统包括量本利分析和存货分析。通过量本利分析系统可以作出公司产品的生产决策，通过存货分析系统可以确定经济订购批量、存货成本计算、安全库存成本分析、再订购点，最后进行有效控制，从而对存货进行有效管理。

1. 量本利分析

量本利分析是一种用于评估经济决策的分析方法，主要用于衡量增加产量对成本和利润的影响。通过量本利分析，企业可以了解到当产量发生变化时，成本和利润会如何随之变化，从而作出更明智的决策。例如，企业可以通过量本利分析来确定最佳产量水平，找到最大化利润的点，或者评估增加产量的可行性和风险。

功能描述

量本利分析是"业务量—成本—利润分析"的简称。主要被用来研究产品价格、业务量（销售量、服务量或产量）、单位变动成本、固定成本总额、销售产品的品种结构等因素的相互关系，据以作出关于产品结构、产品订价、促销策略以及生产设备利用等决策的一种方法。

操作步骤

（1）盈亏临界分析。

用户进入"量本利分析"选项下的"盈亏临界分析"页面，然后分别在销售单价、销售数量、固定成本、变动成本栏内填入相应的数值后点击计算按钮，就会出现对应的图表以及相应的指标（见图6-22）。

图 6-22　盈亏临界分析操作流程及结果

（2）品种构成分析。

用户进入"量本利分析"选项下的"品种构成分析"页面，然后分别在产品名称、销售单价、销售数量、固定成本、变动成本栏内填入相应的数值后点击添加按钮，就会出现相应的指标，或者也可以通过导入功能实现批量录入（见图6-23）。

（3）安全边际分析。

用户进入"量本利分析"选项下的"安全边际分析"页面，然后分别在产品名称、销售单价、销售数量、盈亏临界点销售量栏内填入相应的数值后点击添加按钮，就会出现相应的指标，或者也可以通过导入功能实现批量录入，最终用户可以直接得到经营安全性的高低评价（见图6-24）。

图6－23　品种构成分析操作流程及结果

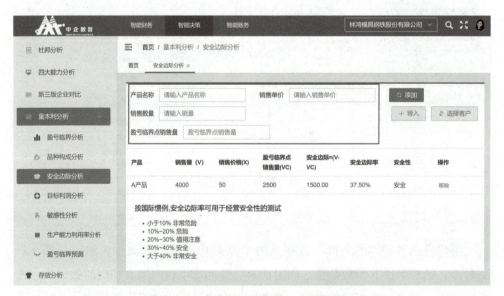

图6－24　安全边际分析操作流程及结果

（4）目标利润分析。

用户进入"量本利分析"选项下的"目标利润分析"页面，然后分别在销售单价、固定成本、变动成本、目标利润、纳税比例栏内填入相应的数值后点击计算按钮，就会出现对应的图表及相应的指标（见图6－25）。

（5）敏感性分析。

用户进入"量本利分析"选项下的"敏感性分析"页面，然后分别在产品名称、销售单价、销售数量、固定成本、变动成本、增长系数栏内填入相应的数值后点击添加按钮，就会出现相应的指标，或者也可以通过导入功能实现批量录入（见图 6 - 26）。

图 6 - 25　目标利润分析操作流程及结果

图 6 - 26　敏感性分析操作流程及结果

（6）生产能力利用率分析。

用户进入"量本利分析"选项下的"生产能力利用率分析"页面，然后分别在生产力、销售单价、销售数量、固定成本、变动成本栏内填入相应的数值后点击添加，在全部添加完成后点击计算按钮，就会出现对应的图表及相应的指标，或者也可以通过导入功能实现批量录入（见图6-27）。

图6-27　生产能力利用率分析操作流程及结果

（7）盈亏临界预测。

用户进入"量本利分析"选项下的"盈亏临界预测"页面，首先在项目栏选择对应的项目，然后分别在数值和概率栏内填入相应的数值后点击"添加"，在全部添加完成后点击计算按钮，就会出现相应的指标，或者也可以通过导入功能实现批量录入（见图6-28）。

2. 存货分析

存货分析是一种用于评估企业存货管理和运营效率的财务分析工具。它通过对企业存货相关指标的分析，评估存货的规模、流动性、周转效率和质量等。通过对存货分析，企业可以了解存货管理的效率和风险程度。例如，如果存货周转率较低或存货周转天数较长，可能意味着存货过多或销售不活跃。此时，企业可能需要优化存货管理策略，包括加强销售预测、优化供应链和减少存货积压等。

存货分析可以帮助企业提高存货管理效率，优化运营成本，并确保存货质量和流动性的合理性。

图 6 – 28　盈亏临界预测操作流程及结果

功能描述

存货是企业流动资产的重要组成部分，是反映企业流动资金运作情况的晴雨表。存货管理就是对企业的存货进行管理，主要包括存货的信息管理和在此基础上的决策分析，权衡存货管理的成本与收益，以获取最大化的价值。具体而言，经济订购批量的确定、存货成本的计算、安全库存成本的分析及再订购点确定是进行存货决策与管理的关键信息。下面将结合智能财务系统，详细介绍其操作与分析步骤。

操作步骤

（1）经济订购批量。

用户进入"存货分析"选项下的"经济订购批量"页面，然后分别在产品名称、全年需要量、每批订货成本、单位年储存成本栏内填入相应的数值后点击添加，就会出现相应的指标，或者也可以通过导入功能实现批量录入（见图 6 – 29）。

（2）存货成本计算。

用户进入"存货分析"选项下的"存货成本计算"页面，首先在类型栏选择对应的项目，其次分别在名称、数值、年需求量栏内填入相应的数值后点击添加，在全部添加完成后点击计算按钮，就会出现相应的指标，或者也可以通过导入功能实现批量录入（见图 6-30）。

图 6-29　经济订购批量操作流程及结果

图 6-30　存货成本计算操作流程及结果

（3）安全库存成本分析。

用户进入"存货分析"选项下的"安全库存成本分析"页面，然后分别在年需求量、平均存储成本、每次订货成本、最优订货批量、受限成本、安全库存量、库存耗竭概率栏内填入相应的数值后点击添加，在全部添加完成后点击计算按钮，就会出现相应的指标，或者也可以通过导入功能实现批量录入（见图6-31）。

（4）再订购点确定。

用户进入"存货分析"选项下的"再订购点确定"页面，然后分别在产品名称、安全库存量、采购间隔期、年度耗用量、年工作日栏内填入相应的数值后点击添加，就会出现相应的指标，或者也可以通过导入功能实现批量录入（见图6-32）。

图6-31　安全库存成本分析操作流程及结果

图6-32　再订购点确定操作流程及结果

6.4.4　智能风控系统：财务危机预警分析

财务危机预警分析指通过对企业财务数据的分析，提前判断企业是否面临财务危机的可能性。对企业进行财务危机预警分析有助于企业及早发现财务风险，采取适当的措施来应对和减轻潜在的财务危机，保护企业的利益和声誉，同时提高投资者和融资方对企业的信任和认可度。

功能描述

财务危机产生的根本原因是企业无力偿还债务而导致的资金链断裂，其大多是企业财务状况经年恶化并不断累积的结果。在人工智能、数据挖掘等信息技术的支持下，构建科学的财务危机预警模型可以辅助管理者及时、准确地发现生产运营中潜藏的问题，进而提升财务风险管理水平，降低损失发生的可能性。本部分结合智能财务系统具体介绍了 Z 分数模型和 F 分数模型在企业财务预警中的应用。

操作步骤

1. Z 分数模型

用户进入"财务危机预警分析"选项下的"Z 分数模型"页面，然后分别在各种项目栏内填入相应的数值后点击添加，就会出现相应的计算结果，或者也可以通过导入功能实现批量录入。一般来说，当 Z 值大于 2.675 时，则表明企业的财务状况良好，发生破产的可能性就小；当 Z 值介于 1.81 和 2.675 之间时被称为"灰色地带"说明企业的财务状况极为不稳定；当 Z 值小于 1.81 时，则表明企业潜伏着破产危机（见图 6 - 33）。

2. F 分数模型

用户进入"财务危机预警分析"选项下的"F 分数模型"页面，然后分别在各种项目栏内填入相应的数值后点击添加，就会出现相应的计算结果，或者也可以通过导入功能实现批量录入。利用周首华、杨济华和王平（1996）提出的 F 分数模型中的 F 临界值进行财务风险分析的判断标准如下：F 小于 0.0274，说明该公司财务状况不佳，预测其为将破产的公司；F 大于 0.0274 说明该公司财务状况良好（见图6 – 34）。

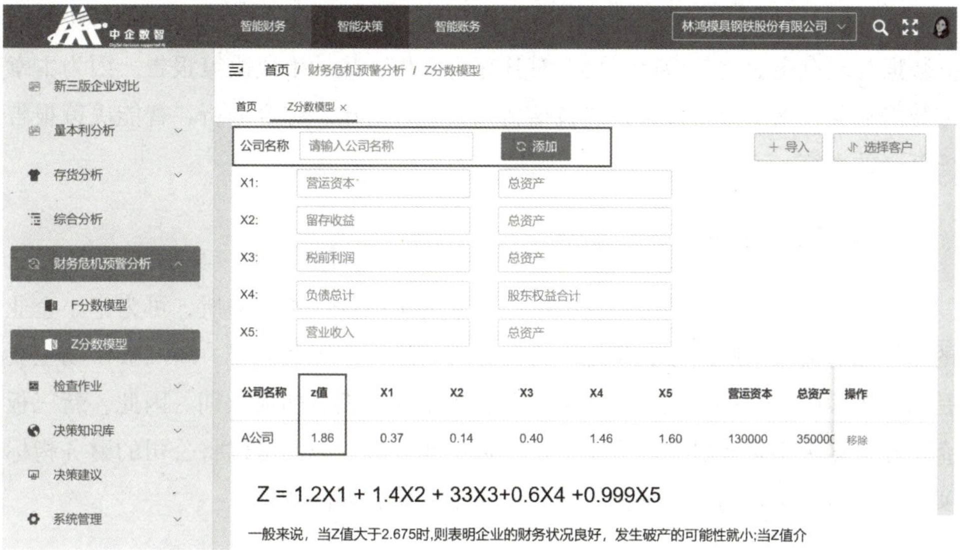

图 6 – 33　Z 分数模型操作流程及结果

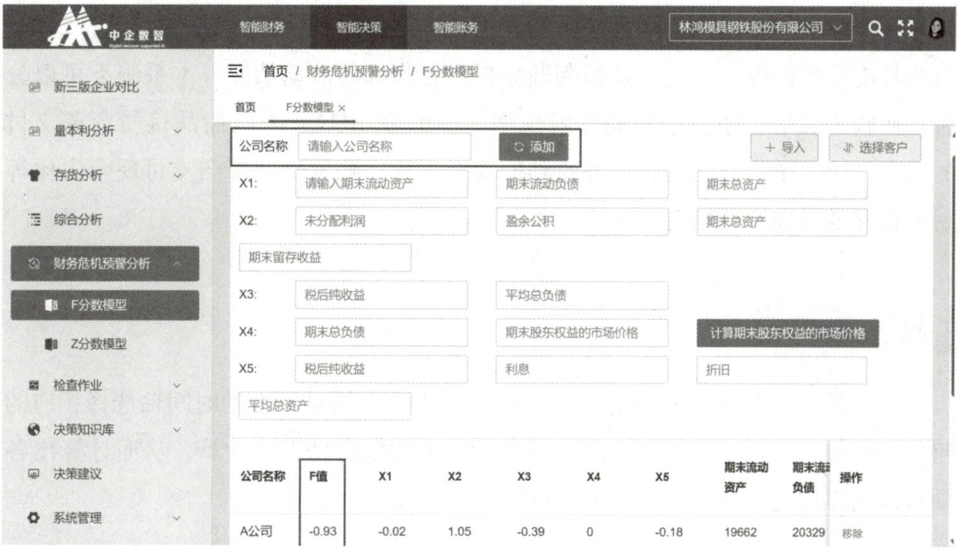

图 6 – 34　F 分数模型操作流程及结果

6.4.5　智能财务决策的诊断报告系统

随着人工智能等科学技术的日趋成熟，逐渐对人们的生活产生了方方面面的影响，同时对财务决策方面的影响也日渐深入。可以利用人工智能技术对实时财务数据与现有企业财务指标对比、对其综合分析，最后生成决策报告。因为本章节智能财务决策的诊断报告系统包括新三板企业对比、综合分析、智能决策报告三部分的内容。

1. 新三板企业对比

新三板市场是经我国国务院批准而设立的全国性证券交易所，可为中小企业的证券交易提供场所及相关设施，为证券交易进行组织及监督。新三板市场主要是面向于我国的中小企业，这些企业普遍处于高速发展的成长期。因此，新三板企业与众多中小企业财务具有相似性、可比较性等。因此可以将公司的财务指标实时和新三板企业的上市标准做对比，用来衡量企业的业绩。

功能描述

企业纵向对比是将公司现在数据和历史数据相比较，通过纵向对比可以看出企业月度数据的纵向变化，从而判断分析财务指标的波动情况。本系统下可以分析营业收入及增长率、净利润及增长率、ROE 及 ROA、采购商品接受劳务支付的现金占比、销售商品提供劳务收到的现金占比、购置长期资产支付现金占比等财务指标的纵向变化情况。

操作步骤

用户进入"新三板企业对比"页面后可以手动滑动下方的时间轴选择相应的年份、月份，然后系统会根据之前财务导入的数据自动进行计算，从而计算出各项指标的纵向变动情况（见图 6 – 35）。

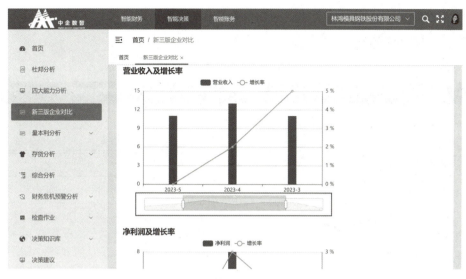

图 6-35　新三板企业对比操作流程及结果

2. 综合分析

企业综合分析是一种对企业整体情况进行评估和分析的方法。它包括对企业的营运能力、发展能力、偿债能力、盈利能力和目标企业作对比。企业综合分析的目的是深入了解企业当前的情况和潜在的问题，为企业制定战略和经营决策提供科学依据。通过综合分析，企业可以识别自身的优势和劣势，把握市场机会，规避风险，并实现长期可持续的发展。

功能描述

"知己知彼，百战不殆"①，企业除了专注自身发展，还要关注行业内外其他企业发展状况，以便及时对市场变化作出反应。综合分析是将本企业与其他三家目标企业的营运能力、发展能力、偿债能力和盈利能力四大能力进行横向对比，考察本企业与其他企业四大能力的差异。

操作步骤

用户进入综合分析页面后，在本公司名称后"请选择企业"选择栏中选中需

---

① 中国军事百科全书编审室：《孙子兵法·谋攻篇》。

要对比的企业，用户可依次选择三个企业，系统将自动生成四家企业的四大能力对比（见图6-36）。

图6-36　综合分析操作流程

四大能力的对比结果如图6-36所示，这些参与对比的企业可以是同行业的竞争者，也可以是供应链上下游的企业，通过对竞争者的分析，可以比较得出企业自身的优劣势所在，方便企业强化优势、弥补不足；通过对供应链上下游的企业进行分析，可以为企业纵向扩张，打好数据先锋，为管理层决策提供支撑。图6-37即为综合分析操作结果。

3. 智能决策报告

决策是一个复杂的思维操作过程，是信息收集、加工，最后作出判断、得出结论的过程。随着信息时代的到来和大数据技术的迅速发展，基于大数据的科学决策是未来行政管理及制造业、医疗业、金融服务等多个领域的发展方向和目标。随着大数据所驱动的智能决策在会计这一特定领域内的运用和表现的逐渐加深，智能会计决策成为一项崭新的命题。

图 6 - 37　综合分析操作结果

功能描述

决策的最终目的是为管理提供服务。智能决策报告一方面可以减轻管理人员制作决策报告的负担，另一方面相关决策数据都来源于企业底层数据，数据的真实性有据可查，减少了粉饰报告的机会。此外，智能决策报告的形成对于企业的投资者和管理者等了解企业真实发展情况并对未来发展作出预判都是十分有用的。智能决策报告是综合前文所提到的智能决策模型和相应的关于企业会计、财务、风险等方面的分析，以及管理人员的个性化需要，自动生成决策报告的一种模式。

操作步骤

（1）生成决策报告。

用户进入智能决策系统下的决策建议页面后，右侧会出现系统中设定的全部指标，和每个指标对应的相应的计算公式，计算公式由系统管理员设定，新增指标也需要系统管理员统一进行操作。每个指标的右上方会有一个小方框，勾选小方框即表示选择在决策报告中报告该指标。选择全部需要报告的指标之后，在页面下方选择"生成报告"按钮，系统将根据用户选择的指标自动生成有关本企业智能决策报告的 PDF 版本（见图 6 - 38）。

图 6 – 38　智能决策报告生成步骤

（2）决策报告示例。

系统会根据用户选取的决策指标生成智能决策报告，图 6 – 38 是智能决策报告的一个示例，系统不仅会分析企业本期的财务数据，也会调取以前期间的指标、行业指标和对标企业的数据进行比对，根据系统内定的差距判断是否值得关注，并在表格中列明。对于差距较大或者本期变化较大的数据会提醒报告使用者进行关注，系统会调取出与该指标有关的底层数据，并将其变化在报告中列明，便于直接发现问题，简化了反复查找数据的处理流程，直接用数据说话，为决策提供有力支持（见图 6 – 39）。

林鸿模具钢铁股份有限公司 2023 年（第 1 季度），财务分析决策报告如下：

	本期实际值	前期实际值	行业均值	标杆企业	是否值得关注
一、盈利能力分析					
净资产收益率	15%	14%	10%	12%	否
总资产报酬率	6%	5%	4%	5%	否
销售利润率	15%	13%	10%	12%	否
盈余现金保障倍数	1.5	1.3	1.3	1.4	否
成本费用利润率	11%	10%	11%	13%	否
资本收益率	12%	12%	11%	13%	否

图 6 – 39　智能决策报告示例（部分）

6.5　本章小结

　　本章主要详细介绍了智能会计分析与决策的基础，智能财务模型决策库的构建以及智能会计财务分析决策模型与诊断报告体系的构建。这种"辅助"决策功能体系可以为企业经营管理人员提供更多有借鉴意义的参考信息。伴随着人工智能的不断发展，财会学生不但要了解掌握智能财务决策构建的理论基础，也要掌握智能会计分析与决策的软件实操。

 思考题

　　1. 谈谈智能财务决策分析体系应遵循的原则。

　　2. 谈谈构建智能财务决策分析体系的优势。

　　思考题要点及讨论请扫描以下二维码：

第7章

智能会计报表体系

本章重点

1. 理解智能会计业务、财务、管理决策三大模块之间的联系，了解智能会计生态系统的构建逻辑。

2. 掌握智能会计特色财务报告体系的内容及各模块的作用。

3. 掌握智能会计报表使用的软件操作流程。

案例导入*

兴业证券股份有限公司是中国证监会核准的全国性、综合类、创新型证券公司，成立于1991年10月29日，主要经营证券经纪、承销与保荐、投资咨询等业务。自2005年以来，公司进入高速发展期，营业网点数目激增，公司规模迅速扩大，面对各分公司财务分散处理的标准混乱和低效率等问题，兴业证券将财务管理模式由分散转变为集中，由集团统一化、标准化地进行清算、报销、管理等财务处理，极大地提高了财务运作的效率和标准化程度。2018年，分公司业务单位数量迅速增长至上千家，兴业证券借此搭建管理会计平台，在汇聚全集团海量经营数据的同时对集中的数据进行分类、清洗、分析，考核的精准度和速度得到了很大提升。随后借着新一代信息技术发展的东风，兴业证券开发出了可视化财务大屏、自动化分析报表等可视化、智能化财务工具，实现了对数据价值的深入挖掘，进一步服务于企业决策和价值创造。

在大数据和人工智能技术的强力赋能下，会计事业迎来了历史性的重大发

---

* 林红珍，郑弘，杨倩倩. 数字化驱动企业财务管理转型的步骤设计——基于兴业证券的案例研究[J]. 管理会计研究，2021（4）：6－12，87. 详细案例和进一步讨论，请访问链接网址：http://zhongqishuzhi.com；或扫描章后二维码。

展机遇，智能会计在继承传统会计框架和基本原理的同时，将实现传统会计难以企及的信息整合与信息输出能力。智能会计报告作为智能会计信息输出受众最广、影响力最强的输出形式，相对于传统会计报告，将具备信息穿透性、底层基础性、报告个性化等八项重要特点，以实现智能会计大幅度提升信息分析效率、丰富管理信息含量、提高决策效率，实现深度报告、清晰报告、即时报告。基于上述原则，为兼顾到企业内外了解、分析、考核企业经济效益的多方面要求，智能会计制定了一整套体系完整的会计报表以满足要求。智能财务报告体系推出可视化报表、税务报表、共赢增值表、成本报表等管理信息模块。智能会计报表体系的理论框架如图 7 - 1 所示，在智能会计工具的技术支持及相关理论的支撑下，最终完成对底层基础数据的多维度展示。

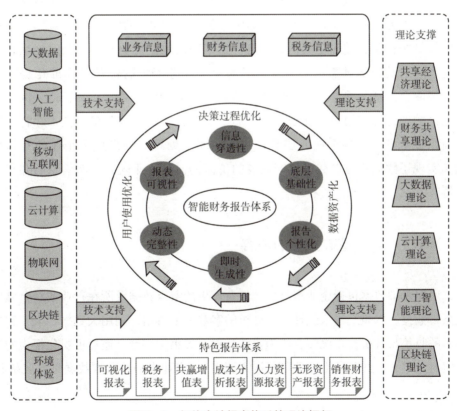

图 7 - 1　智能会计报表体系的理论框架

7.1 底层基础数据构建体系

企业的核心价值在于向消费者提供产品并为其创造价值。在数字经济时代，数据资源日渐成为关键的生产要素，并通过与其他生产要素的相互融合生成新的生产要素，使数据红利不断释放；运用智能分析、可视化等技术挖掘数据信息，将底层基础数据转化为生产力，服务于企业生产经营决策，对企业数字化转型而言至关重要。

底层基础数据是来源于企业各业务职能部门和价值链上下游利益相关方的一手数据，例如，包含企业生产能力利用率、生产效率等潜在信息的成本数据，包含人力资源配置效率的职工薪酬数据，包含客户消费行为与意图的销售数据等。相较于经过加工的信息而言，低层基础数据能更真实、及时地反映企业生产运营及外部供需的客观状况，为企业业务流程的优化及标准化提供条件。智能会计基于共享经济、财务共享、大数据、云计算、人工智能、区块链等理论的融合与应用，依托于"大、智、移、云、物、区"信息技术综合运用的新兴技术平台，将企业底层数据进行收集、处理、输出成为企业的有效信息，实现了数据资源向数据资产演变的价值创造和企业内、外部信息的共享与挖掘。

7.1.1 底层基础数据的内容

底层基础数据包括企业本身生产经营产生的散点数据及所在行业或经营领域的条带数据，本质上是未经计算、分析的客观一手数据，利用大数据、人工智能技术的收集与分析，多维整合成为块状数据并聚集于平台，通过可视化报表的形式实时共享，在此基础上企业可以按需调用①。企业自身的散点数据是底层基础

---

① 李海舰，赵丽. 数据成为生产要素：特征、机制与价值形态演进［J］. 上海经济研究，2021（8）：48－59.

数据的主要构成部分，包括生产制造的成本数据、研究开发部门的研发支出、人力资源支出，以及销售、管理相关的收入支出等各业务部门产生的数据，通过打破各业务部门独享数据库的边界，各业务单位、运作流程的海量碎片化信息被收集、汇聚于财务共享中心，企业集团的财务共享服务中心逐渐发展成为企业的数据中心。如生产部门可以直接在系统中访问库存管理部门相关原材料的存储情况，并根据生产需要及时通知采购部门，并及时作出调整，企业之间在价值创造上的空间协同性得到增强，各职能部门间的"信息孤岛"被打破。利用云计算、大数据等信息技术，企业对采集到的多元信息实时进行分析与可视化报告，服务于企业的管理决策、财务监控、战略规划。此外，价值链上游的供应商及下游的客户均可在信息系统的支持下实现与企业的信息共享，彼此间的信息流通更加迅速，增强市场的敏感度和适应性。图 7 - 2 按供应链顺序展示了包括上游供应商、企业自身、下游客户和经销商信息在内的底层基础数据的内容。

图 7 - 2　底层基础数据的内容

7.1.2　底层基础数据的构建逻辑

图 7 - 3 为智能会计底层数据构建逻辑，展示了企业各模块的相互作用关系及底层基础数据的流动。

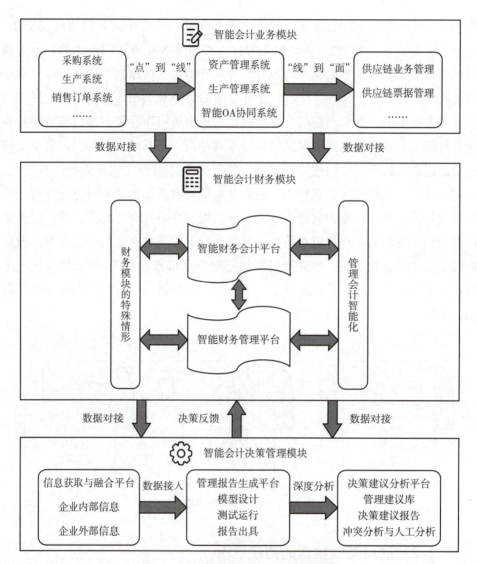

图 7 – 3　智能会计底层数据构建逻辑

7.2　特色报告体系

由于企业内外了解、分析、考核企业经济效益的要求是多方面的，因此，需要有一整套体系完整的会计报表才能满足要求。企业会计报表分为两大类：一类为向外报送的会计报表，如资产负债表、利润表、现金流量表、利润分配表和资产减值准备明细表；另一类为企业内部管理需要的报表，如可视化报表、共赢增值表、成本报表等。在数字经济时代,单边市场的交易逐步发展为多边的生态平台的共创。而传统的对外报送的三张财务报表所包含的信息量有限,仅记录了企业价值创造的过程,既未能体现企业价值创造的源泉,又未能体现企业价值创造的目的①,无法核算和展现如客户满意度、公共关系、企业创新能力等表外指标,难以满足企业内外各类利益相关者迫切想要了解的企业的全方位信息,以减少信息不对称所带来的风险,实现对数据量大、数据结构复杂的数据集的分析和推理的要求。而智能财务报告体系则对这一问题做出改进,推出可视化报表、税务报表、共赢增值表、成本报表等管理信息模块。在"大智移云物区"的技术支撑下,利用数据挖掘技术和文本挖掘技术对海量的底层基础数据进行聚类分析,发现数据间潜在的关联关系,对会计报告进行智能处理,满足企业的高效决策和管理的需要。

7.2.1 可视化报表

本书的可视化分析是指通过对海量的文本数据展开挖掘与分析,从中提炼出具有核心价值的信息,并将其用图形等视觉符号的方式进行呈现的过程②。可视化分析是综合了图形学、数据挖掘和人机交互的新兴交叉学科,将数据用交互式可视化图形的形式直观地呈现在分析者面前,可以更加轻松地洞悉数据背后隐藏的信息并将其转化为知识,实现对数据量大、数据结构复杂的数据集的分析和推理。此外,可视化报表实现了用户与图形的交互,并且在不同模块数据库间搭建关联,利用数据间的勾稽关系动态性展示财务信息,增强信息的传递效率,便于信息使用者对数据进行深入挖掘,提高决策的科学性。对于内部审计人员来说,可视化工具将底层基础数据分为不同层级,其可以按照不同的审计需求分级对数据进行可视化呈现,精准获取信息,进而提高审计效率。图 7-4 为部分可视化报表的示例,可以直观地看出支出趋势的变动及部门支出的结构。信息使用者可以根据自身需求,灵活地选择不同可视化报表进行信息的呈现。

---

① 戚聿东,肖旭. 数字经济时代的企业管理变革 [J]. 管理世界,2020,36 (6): 135 - 152,250.
② 赵琦,张智雄,孙坦. 文本可视化及其主要技术方法研究 [J]. 现代图书情报技术,2008 (8): 24 - 30.

图 7 - 4   可视化报表示例

7.2.2   税务报表

传统财务报表的设置，相较于其他报表使用者更着重于向投资者提供信息，而忽视了管理者，因此传统财务报表的管理功能有所欠缺。智能会计针对上述不足，极具针对性和系统性地提出了在"四表一注"的基础上增添税务报表的设计。税务报表往往是提供相关的纳税底层数据，用于支持纳税筹划决策，从而在管理决策中发挥作用（见表 7 - 1）。

表 7 - 1   增值税纳税人申报表（适用于增值税一般纳税人）

纳税人名称（公章）：上海××公司   法定代表人姓名：薛××   注册地址：××省××市××区
生产经营地址：××省××市××区
开户银行及账号：   登记注册类型：私营有限责任公司   电话号码：135 **** 1898

项目		栏次	一般项目		即征即退项目	
			本月数	本年累计	本月数	本年累计
销售额	（一）按适用税率计税销售额	1	0	0	0	0
	其中：应税货物销售额	2		0		0
	应税劳务销售额	3		0		0
	纳税检查调整的销售额	4	0	0		0

项目		栏次	一般项目		即征即退项目	
			本月数	本年累计	本月数	本年累计
销售额	（二）按简易办法计税销售额	5		0		0
	其中：纳税检查调整的销售额	6		0		0
	（三）免、抵、退办法出口销售额	7	0	0	—	—
	（四）免税销售额	8	0	0	—	—
	其中：免税货物销售额	9	0	0	—	—
	免税劳务销售额	10	0	0	—	—
税款计算	销项税额	11	0	0	0	0
	进项税额	12	0	0	0	0
	上期留抵税额	13	0	0	0	0
	进项税额转出	14	0	0	0	0
	免、抵、退应退税额	15	0	0	0	0
	按适用税率计算的纳税检查应补缴税额	16		0	—	—
	应抵扣税额合计	$17 = 12 + 13 - 14 - 15 + 16$	0	—	0	—
	实际抵扣税额	18（如 17 < 11，则为 17，否则为 11）	0	0	0	0
	应纳税额	$19 = 11 - 18$	0	0	0	0
	期末留抵税额	$20 = 17 - 18$	0	0	0	0
	简易计税办法计算的应纳税额	21	0	0	0	0
	按简易计税办法计算的纳税检查应补缴税额	22		0	—	—
	应纳税额减征额	23		0		0
	应纳税额合计	$24 = 19 + 21 - 23$	0	0	0	0
税款缴纳	期初未缴税额（多缴为负数）	25	0	0	0	0
	实收出口开具专用缴款书退税额	26		0	—	—
	本期已缴税额	$27 = 28 + 29 + 30 + 31$	0	0	0	0

续表

项目		栏次	一般项目		即征即退项目	
			本月数	本年累计	本月数	本年累计
税款缴纳	①分次预缴税额	28	—			
	②出口开具专用缴款书预缴税额	29	—		—	—
	③本期缴纳上期应纳税额	30		0		0
	④本期缴纳欠缴税额	31		0		0
	期末未缴税额（多缴为负数）	32 = 24 + 25 + 26 − 27	0	0	0	0
	其中：欠缴税额（≥0）	33 = 25 + 26 − 27	0	—	0	—
	本期应补（退）税额	34 = 24 − 28 − 29	0		0	
	即征即退实际退税额	35	—			0
	期初未缴查补税额	36	0	0	—	—
	本期入库查补税额	37		0	—	—
	期末未缴查补税额	38 = 16 + 22 + 36 − 37	0	0	—	—
是否代表申报	代理人名称：			代理人地址：		
代理人员身份证付类型：				代理人员身份证号吗：		

　　在增值税纳税人申报表附表一（本期销售情况明细）中，税务报表直观而清晰地向报表使用者展示了销售商品的增值税结构，首先将商品按计税方法划分成一般计税方法计税和简易计税方法计税，其次按照税率做进一步细分，细分完毕后，再按照开票情况向报告使用者展示纳税额（见表7-2）。

表 7 - 2　增值税纳税人申报表附表一（本期销售情况明细）

项目及栏次			开具增值税专用发票		开具其他发票		未开具发票		纳税检查调整		合计		价税合计	服务、不动产和无形资产扣除项目本期实际扣除金额	扣除后	
			销售额	销项（应纳）税额	销售额	销项（应纳）税额	销售额	销项（应纳）税额	销售额	销项（应纳）税额	销售额	销项（应纳）税额			含税（免税）销售额	销项（应纳）税额
			1	2	3	4	5	6	7	8	$9=1+3+5+7$	$10=2+4+6+8$	$11=9+10$	12	$13=11-12$	$14=13 \div (100\% + 税率或征收率) \times 税率或征收率$
一、一般计税方法计税	全部征税项目	13%税率的货物及加工修理修配劳务 1	0.00	0.00	0.00	0.00	0.00	0.00	0.00	0.00	0.00	0.00	—	—	—	—
		13%税率的服务、不动产和无形资产 2	0.00	0.00	0.00	0.00	0.00	0.00	0.00	0.00	0.00	0.00	0.00	0.00	0.00	0.00
		9%税率的货物及加工修理修配劳务 3	0.00	0.00	0.00	0.00	0.00	0.00	0.00	0.00	0.00	0.00	—	—	—	—
		9%税率的服务、不动产和无形资产 4	0.00	0.00	0.00	0.00	0.00	0.00	0.00	0.00	0.00	0.00	0.00	0.00	0.00	0.00
		6%税率 5	0.00	0.00	0.00	0.00	0.00	0.00	0.00	0.00	0.00	0.00	0.00	0.00	0.00	0.00

续表

项目及栏次			开具增值税专用发票		开具其他发票		未开具发票		纳税检查调整		合计			服务、不动产和无形资产扣除项目本期实际扣除金额	扣除后	
			销售额	销项(应纳)税额	销售额	销项(应纳)税额	销售额	销项(应纳)税额	销售额	销项(应纳)税额	销售额	销项(应纳)税额	价税合计		含税(免税)销售额	销项(应纳)税额
			1	2	3	4	5	6	7	8	$9=1+3+5+7$	$10=2+4+6+8$	$11=9+10$	12	$13=11-12$	$14=13\div(100\%+税率或征收率)\times 税率或征收率$
一、一般计税方法计税 其中:即征即退项目	即征即退货物及加工修配劳务	6	—	—	—	—	0.00	0.00	—	—	0.00	0.00	—	—	—	—
	即征即退服务、不动产和无形资产	7	—	—	—	—	0.00	0.00	—	—	—	0.00	—	0.00	0.00	0.00
二、简易计税方法计税 全部征税项目	6%征收率	8	0.00	0.00	0.00	0.00	0.00	0.00	—	—	0.00	0.00	0.00	—	—	—
	5%征收率的货物及加工修理修配劳务	9a	0.00	0.00	0.00	0.00	0.00	0.00	—	—	0.00	0.00	—	—	—	—
	5%征收率的服务、不动产和无形资产	9b	0.00	0.00	0.00	0.00	0.00	0.00	—	—	0.00	0.00	0.00	0.00	0.00	0.00
	4%征收率	10	0.00	0.00	0.00	0.00	0.00	0.00	—	—	0.00	0.00	—	—	—	—

续表

项目及栏次	栏次	开具增值税专用发票 销售额	销项(应纳)税额	开具其他发票 销售额	销项(应纳)税额	未开具发票 销售额	销项(应纳)税额	纳税检查调整 销售额	销项(应纳)税额	合计 销售额	销项(应纳)税额	价税合计	服务、不动产和无形资产扣除项目本期实际扣除金额	扣除后 含税(免税)销售额	扣除后 销项(应纳)税额
		1	2	3	4	5	6	7	8	$9=1+3+5+7$	$10=2+4+6+8$	$11=9+10$	12	$13=11-12$	$14=13\div(100\%+$税率或征收率$)\times$税率或征收率
二、简易计税方法计税 — 全部征税项目：3% 征收率的货物及加工修理修配劳务	11	0.00	0.00	0.00	0.00	0.00	0.00	—	—	0.00	0.00	0.00	—	—	—
3% 征收率的服务、不动产和无形资产	12	0.00	0.00	0.00	0.00	0.00	0.00	—	—	0.00	0.00	0.00	0.00	0.00	0.00
预征率 0.00%	13a	0.00	0.00	0.00	0.00	0.00	0.00	—	—	0.00	0.00	0.00	0.00	0.00	0.00
预征率 0.00%	13b	0.00	0.00	0.00	0.00	0.00	0.00	—	—	0.00	0.00	0.00	0.00	0.00	0.00
预征率 0.00%	13c	0.00	0.00	0.00	0.00	0.00	0.00	—	—	0.00	0.00	0.00	0.00	0.00	0.00
其中：即征即退项目 即征即退货物及加工修理修配劳务	14	—	—	0.00	—	0.00	—	—	—	0.00	0.00	—	—	—	—
即征即退服务、不动产和无形资产	15	—	—	0.00	—	0.00	—	—	—	0.00	0.00	0.00	0.00	0.00	0.00

续表

项目及栏次		开具增值税专用发票		开具其他发票		未开具发票		纳税检查调整		合计			服务、不动产和无形资产扣除项目本期实际扣除金额	扣除后	
		销售额	销项（应纳）税额	销售额	销项（应纳）税额	销售额	销项（应纳）税额	销售额	销项（应纳）税额	销售额	销项（应纳）税额	价税合计		含税（免税）销售额	销项（应纳）税额
		1	2	3	4	5	6	7	8	$9=1+3+5+7$	$10=2+4+6+8$	$11=9+10$	12	$13=11-12$	$14=13\div(100\%+税率或征收率)\times税率或征收率$
三、免抵退税	16 货物及加工修理修配劳务	—	—	0.00	—	0.00	—	—	—	0.00	—	—	—	—	—
	17 服务、不动产和无形资产	—	—	0.00	—	0.00	—	—	—	0.00	—	—	—	—	—
四、免税	18 货物及加工修理修配劳务	0.00	0.00	0.00	0.00	0.00	—	—	—	0.00	—	0.00	0.00	0.00	—
	19 服务、不动产和无形资产	—	—	0.00	—	0.00	—	—	—	0.00	—	0.00	0.00	0.00	—

　　增值税补充申报表内容紧跟国家税务总局要求，与国家税务总局最新发布的增值税补充申报表内容、格式基本相同，主要介绍了增值税补充申报情况（见表 7 - 3）。补交增值税填写申报表有以下几种情况。

　　（1）税务稽查案件处理决定补交增值税，填写在申报表中的"纳税检查调整的销售额"栏、"纳税检查应补缴税额"和"本期入库查补税额"栏。

　　（2）自查补税，即纳税评估，补交的增值税按"税票"备注栏注明情况不同分别处理，如果注明"自查补税"字样，则不用填写到申报表上，如是"分期预缴"字样，则填写在申报表的"分次预缴税额"栏。

表 7 - 3　　　　　　　　　　　增值税补充申报表

纳税人识别号：	91370105MA3BYLGY56	纳税人名称：		山东卡车之家贸易有限公司	
经营地址：	山东省济南市天桥区蓝翔路泉利汽配城 10 - 132				
法定代表人：	王新	财务负责人：	单宝强	联系电话：	185 ****2780
办税人员：	崔善辉	评估所属期：	2020 - 10 - 01	至	2020 - 10 - 31
登记行业：	汽车及零配件批发	明细行业：		请输入	
编号	数据项	本期	填报说明		
Q0002	银行结算及刷卡收入（元）	0	通过银行结算或刷卡取得的贷款或应税劳务含税收入合计		
Q0021	现金收款收入（元）	0	以现金形式收取的货款或应税劳务含税收入合计		
Q0022	未收款收入（元）	0	全部货款和应税劳务收入中除上两项之外的含税收入		
Q0003	现金支出（元）	0	现金日记账贷方发生额合计		
Q0004	应收账款借方余额（元）	0	应收账款科目期末借方余额		
Q0038	制造费用借方发生额（元）	0	制造费用科目借方发生额合计		
Q0606	购进货物用于集体福利及个人消费转出进项税额（元）	0	本期进项转出税额中属于购进货物用于集体福利及个人消费的部分		
Q0607	应付福利费借方发生额（元）	0	本期应付福利费科目借方发生额合计		
Q0608	在建工程项目借方发生额（元）	0	本期在建工程科目借方发生额合计		
Q0054	其他业务收入（元）	0	本期其他业务收入科目贷方发生额合计		
Q0052	购进运费抵扣税额（元）	0	本期全部运费中用于购进业务的部分抵扣的进项税额合计		

| Q0053 | 销售运费抵扣税额（元） | 0 | 本期全部运费中用于销售业务的部分抵扣的进项税额合计 |

（纳税人盖章）

7.2.3　共赢增值表

共赢增值表，顾名思义，包含了共赢和增值两重含义，分别代表收益共赢和价值增值，其是根据海尔集团首次提倡出的"人单合一"的双赢模式而搭建的，"人"指创客，"单"指用户价值。2015 年 9 月海尔提出的"人单合一"2.0 形态将"人"升级为各利益相关方，"单"升级为用户增值，"双赢"升级为共赢，"人单合一"进化为各利益相关方在海尔平台上实现共创共赢，并正式提出了"共赢增值表"这一具体的实现路径和检验标准，通过全面评估企业和用户的价值，实现了对企业的动态监测和价值创造的驱动。

从共赢增值表的评估要素来看，其分别从用户资源、增值分享、收入、成本、边际收益五个环节评估验证企业的共创共赢模式①。

（1）用户资源。用户资源指的是活跃参与产品设计与迭代升级、与企业交流体验信息并形成生态圈的用户。作为信息治理的创新，共赢增值表的业绩度量是反映经营实质的"用户信息"，其反映着小微生态转型的速度，用户资源越大，生态平台价值越大，边际成本越小。

（2）收入。收入主要由硬件收入和生态收入构成，其中，硬件收入指的是单纯依靠商品销售而实现的合同收入；生态收入则指的是在商业运作过程中产生的附加增值收入，即创客在生态平台上通过价值创造满足用户需求而产生的收入。生态收入占整体收入比例的增长曲线，可以用来衡量生态平台能否提供互联网解决方案及信息增值额，达到生态圈的共创共赢。

（3）成本。成本为实现用户价值所投入的资源成本，与收入相对应，可分为硬件成本及生态成本两部分。硬件成本是为完成商品与服务交易而发生的直接成本；生态成本则是依靠价值创造而获取生态收入付出的增值成本。

（4）增值分享。增值分享指的是利用不同的盈利方式来进行价值增值，并在各利益相关者之间进行共享。具体来看，包括小微价值分享、用户价值分享、生

---

① 马智勇，徐玉德. 海尔共赢增值表的价值驱动分析［J］. 财务与会计，2019（22）：17–20.

态圈价值分享，用来衡量生态平台的各方是否都能得利而实现共创共赢。生态各方的增值分享衡量的价值主体由企业价值变成生态价值，只有实现用户价值增值在不同利益相关者之间的分享，才能吸引更多创客加入，扩大生态范围，实现多方共创共赢。

（5）边际收益。边际收益与收入和成本相对应，边际收益具体可分为硬边际收益与生态边际收益。

表 7 - 4 为共赢增值表的具体项目，按照利润的形成顺序逐项分析企业的生态价值。

表 7 - 4　　　　　　　　　　　共赢增值表的具体项目

项目	目标	实际
用户资源		
（1）交互用户		
（2）复购		
（3）体验迭代		
（4）终生价值		
收入		
（1）硬件收入		
（2）生态收入		
成本		
（1）硬件成本		
（2）生态成本		
增值分享		
（1）小微增值分享		
（2）用户增值分享		
（3）生态增值分享		
边际收益（每单位）		

共赢增值表呈现出重视用户价值、强调员工参与及实现生态共创三个方面的转变，持续创造价值循环与增值。传统模式下价值创造仅来源于企业内部，共赢增值表将用户引入价值创造与循环，让企业深化对用户需求的理解，并不断满足

用户需求，在这一过程中用户也能获得体验迭代，此时，员工和用户价值就可以有机融合，价值的创造和传递也能够实现统一。同时，在该体系下，企业员工能更加直观地观察到自己创造了多少价值，能够分享到多少增值，使得人人成为经营者。由于对分配机制的触及，更容易调动员工的积极性，管理会计的重要性得到显现。此外，共赢增值表使得企业由"零和博弈"思维向生态共建思维转变，通过共赢的价值共享机制集聚生态资源，搭建一个共创共享的生态平台，最终实现共创体验，共享增值。

7.2.4 成本报表

成本是为企业实现特定经济目的（不含偿还债务、退还投资）而发生或即将发生的合理、必要的支出①。对于成本进行有效的管理则是财务与业务之间联通的桥梁，其能围绕目标成本的管控，对各作业工序和流程进行分解与细化，以成本报表为依托，并将成本责任落实到部门和员工，辅助企业进行资源的优化配置。

成本报表记录了企业资金耗费和产品成本构成及其升降变动情况，以之为依据对生产运营的成本计划执行情况进行考核。在生产经营过程中，企业物质消耗、劳动效率、技术水平、生产管理等各方面经营管理的好坏，以及企业外的一些因素（诸如物价、国家经济政策等）的影响，都会直接或间接地体现在产品的成本中。通过编制成本报表，对企业各产品的单位成本、成本结构及其变动进行分析，并将本期实际数据与预算数据、上年同期数据进行对比，可以辅助企业准确把握成本变动趋势，并对其在成本控制、经济效益提升等方面的成效进行全面的考核，并不断探寻提升产能利用效率、降低产品成本的途径，为企业领导和各管理部门编制下期成本计划提供参考。

如表7-5中，通过主要产品单位成本表可以了解各个产品的经济效益，深入分解某单一主要产品的成本构成，并与历史先进水平、本年计划和上年同期实际水平进行对比，为进一步降低单位产品成本提供可能。

---

① 张敦力. 论成本概念框架的构建［J］. 会计研究，2004（3）：64 – 67.

表 7 – 5　　　　　　　　　　　　主要产品单位成本表

部门：　　　　　　负责人：　　　　　　制表日期：　　　　　　金额单位：元

产品编号		产品名称		规格		计量单位	
项目	本月计划	本月实际	截至本月年度累计	上年同期数据	上年同期累计数据	上年年度总体数据	本年计划数据
产量							
直接材料成本							
直接人工成本							
制造费用成本							
生产成本合计							
成本项目	历史最低单位成本	上年实际单位成本	本年计划单位成本	本月实际单位成本	上年同期单位成本	截至本月累计单位成本	上年同期累计单位成本
直接材料成本							
直接人工成本							
制造费用成本							
产品单位生产成本							

此外，如表 7 – 6 所示，可以进一步将产品成本各组成部分进行分解，分析构成产品成本的直接材料、燃料及动力、直接人工及制造费用等要素的所占比例，并计算与上期情况的对比与变动，帮助管理者更加深入地了解企业成本情况及存在的问题，促进各企业成本管理工作的改善。

表 7 – 6　　　　　　　　　年度生产成本分析表

项目	2022 年		2023 年			
	累计金额（万元）	占比	累计金额（万元）	占比	较上年增减额	增减幅度（%）
生产成本：						
直接材料						
其中：原材料						
燃料及动力						
直接人工						

项目	2022 年		2023 年			
	累计金额（万元）	占比	累计金额（万元）	占比	较上年增减额	增减幅度（%）
制造费用						
生产费用合计						
加：在产品、自制半成品期初余额						
减：在产品、自制半成品期末余额						
产品生产成本合计						
减：自制设备						
减：其他不包括在产品成本中的生产费用						
生产总成本						

总之，企业的成本报表是企业各有关部门了解企业成本计划完成情况的主要途径，也是上级主管部门管理企业的一个重要手段[①]。

7.2.5　人力资源报表

伴随着通信基础设施及移动终端的完善与普及，数字经济逐渐深入发展。在这一背景下，数字技术持续赋能组织，并催化了人力资源管理领域的变革。一方面，在大数据的技术支持下，企业能够实现对员工信息全面、实时地采集与更新，绘制员工画像，帮助管理者洞察员工性格等稳定特征以及个人能力等变动的状态特征，据此制定团队的人员构成等人力资源政策。另一方面，通过对大体量员工数据的分析，根据预先设定的模型和算法，企业可以生成客观的、不依赖于管理者主观经验的人才培养洞见[②]。

人力资源报表主要包含企业人力资源调整与变动情况和人力资源分析表两大模块。其中，人力资源调整与变动情况表对公司各部门及分公司的人员数量和相关比率进行统计，以月度为单位计量新增人数、离职人数及总人数，职工数量增

[①]　刘豆山，王义华. 成本会计 ［M］. 武汉：华中科技大学出版社，2012：296－298.

[②]　谢小云，左玉涵，胡琼晶. 数字化时代的人力资源管理：基于人与技术交互的视角 ［J］. 管理世界，2021，37（1）：13，200－216.

长率以及离职率；人力资源分析表分别对员工工龄、教育程度、年龄结构、性别和岗位分布情况进行统计与分析，多维度直观地展示了员工队伍的结构、素质，辅助企业进行组织与人事的管理（见表 7 - 7 和表 7 - 8）。

表 7 - 7　　　　　　　　　　　　人力资源调整与变动情况表

××××年×月人力资源统计报告

部门	上月末人数	本月新增人数			本月离职人数			月末统计			月离职率统计		累计离职人数
		社会招聘	校园招聘	其他	主动离职	被动离职	其他	月末	较上月增加	增长率	主动离职率	被动离职率	
综合管理部													
财务部													
采购部													
生产部													
工程部													
××分公司													
合计：													

表 7 - 8　　　　　　　　　　　　人力资源分析表

人力资源分析

类别	具体划分						
工龄分析	1 ~ 3 个月	3 ~ 6 个月	6 个月 ~ 1 年	1 ~ 2 年	2 ~ 3 年	3 ~ 5 年	5 年以上
	%	%	%	%	%	%	%
年龄结构分析	25 岁及以下	26 ~ 35 岁	36 ~ 45 岁	46 ~ 55 岁	56 ~ 60 岁	60 岁以上	平均年龄
	%	%	%	%	%	%	
岗位分析	总人数	管理类	专业技术类	专业支持类	营销类	操作类	
	%	%	%	%	%		

续表

类别	具体划分					
教育程度分析	高中及以下	专科	本科	硕士	博士及以上	
	%	%	%	%	%	
性别分析	总人数	男	女			
		%	%			

7.2.6　销售财务报表

　　销售是企业经营过程的最终环节，也是价值创造和实现的关键，因而包含销售产品结构、营销策略的执行及产品利润等信息，由此销售财务报表的信息价值逐渐显现出来。销售财务报表对产品数量与产品销售结构、销售费用、市场分布状况、市场占有率等内容进行呈现，并计算各项销售指标和财务比率及其变动情况，例如，毛利、毛利率、交叉比、销进比、盈利能力、周转率、同比增长率、环比增长率等，同时根据海量数据能够产生预测信息、分析信息等分析数据，实时跟进销售计划执行状态，借助预设的模型算法对未来的销售趋势进行预测，并及时对潜在销售危机进行预警和应对。

　　依靠销售财务报表提供的精确、多维、实时的销售信息，销售管理人员得以随时监控销售进度和明细，根据各品项的进出量、各区域及产品的销售占比等改进销售计划、提升销售业绩。此外，销售财务报表还将实际销售情况与预算数据、各月度之间的数据进行对比，对销售数量与质量进行考核，对问题数据及时进行溯源分析，及时发现销售异常状况，提高对销售人员考核和责任落实的准确性。与此同时，销售财务报表还详细提供了多个销售财务分析指标，帮助销售管理人员在排除市场容量、基础差异和任务不均衡等不合理因素干扰的前提下，公平公正地评估各区域的销售业绩。

7.3　软件实操

　　在数字经济席卷的浪潮下，人工智能深度进入会计领域，企业数字化转型不断深化，传统财务人员需要逐渐向管理会计方向转型，需要熟练掌握计算机、人工智能相关技术和软件实操，灵活运用分析工具对海量数据进行分析，才能适应新的技术环境和工作要求。本部分选取可视化报表、税务报表、成本报表、人力资源报表和销售财务报表，详细介绍了智能会计报表使用的操作流程。

7.3.1　可视化报表

伴随着数据挖掘、机器学习等技术在财务智能领域的广泛应用，人们可以采用直观的交互式、可视化图形的方式将数据背后隐藏的信息进行剖析与展示，增强财务报表的可读性，日益成为财务报表呈现与分析的重要方式。此外，对于审计而言，可视化分析技术能够将传统审计模式下的数据面板用各种直观的动态视觉符号取代[①]，且可视化工具如散点图、气泡图、箱线图及钻取等的使用能够用更为直观、简洁的方法进行审计分析，辅助审计人员及时发现疑点数据，并结合其他审计程序获取审计证据。

功能描述

在大数据分析技术的支持下，可视化分析方法在财务报表领域的应用不断深化，为企业进行生产经营决策提供高质量、精准化的信息。通过人机交互完成数据输入到数据清洗、过滤、挖掘的标准化过程，搭建财务报表的底层基础数据库。图形、交互及任务特征是财务报表可视化分析的几个关键部分，对不同信息根据其任务特征选用不同展示图形进行呈现，并添加对应的交互功能，完成对数据的可视化展示。将数据用交互式可视化图形的形式直观呈现在分析者面前，并搭配强大的计算功能和图形分析能力，可以使决策者更加轻松地洞悉数据背后隐藏的信息并将其转化为知识，实现对数量大、数据结构复杂的数据集的分析和推理。此外，数据的交互完成了不同模块数据间关联性的展示，辅助信息使用者及时发现数据的异常，通过结果性展示和探索性分析，有助于提升内部审计效率。

操作步骤

点击个性化报表，选择想要呈现的可视化报表，即可实现对应分析指标的可

---

① 张敏. 大数据审计：五大趋势与五大挑战［J］. 会计之友，2020（8）：2–11.

视化展示。如公司财务分析可视化展现了企业营运、盈利、偿债能力等指标，并进行期初与期末的对比，直观地展示公司经营状况的变动（见图7-5）。

图7-5　可视化报表示例

7.3.2　税务报表

在瞬息万变的市场环境中，企业所面临的税务风险主要来源于税收政策的变化及企业生产经营活动中不确定性的存在。部分企业内部缺少完整、前瞻性的事前税务筹划，在日常生产经营过程中未能将税务规划理念和行动相结合，没有考虑各环节节税的可能性，使企业面临很大的税务风险。税务报表为管理者提供企业税务情况相关的信息，为税务筹划方案的设计及税务风险的规避奠定数据基础。

功能描述

税务报表往往是提供相关纳税底层数据，用于支持纳税筹划决策，进而在管理决策中发挥作用。税务管理是企业财务管理的重要一环，具体如下：其一，合理的税务筹划有利于降低企业的税负。通过在相关法律法规允许的范围内，灵活选择税务管理方法，利用税收优惠来减轻税负，对税费这一高弹性的成本加以控制和管理，实现税负最小化，提高经济效益。其二，对税务报表进行分析，对涉税业务所涉及的各种税务问题及其可能的后果进行分析与预判，可以有效降低企业涉税风险，帮助企业有效应对当前的竞争压力。此外，随着税收大环境及企业自身的管理需求的变动，税务共享概念应运而生，成为助力企业财税管理转型升级的快速通道。通过销项票据共享、进项票据共享、结算共享，到纳税申报及税务报表共享，实现税务数据的有效整合，并运用 AI 等智能化科技对积累的税务共享数据进行挖掘与探究，将辅助企业实现更直观的分析和更有效的洞察。

操作步骤

点击个性化报表下的税负分析表，在右上角下拉菜单勾选对应的公司名称，即可看到年度各月份销售金额、年度销售金额合计及各月份所对应的税负率（见图 7－6）。

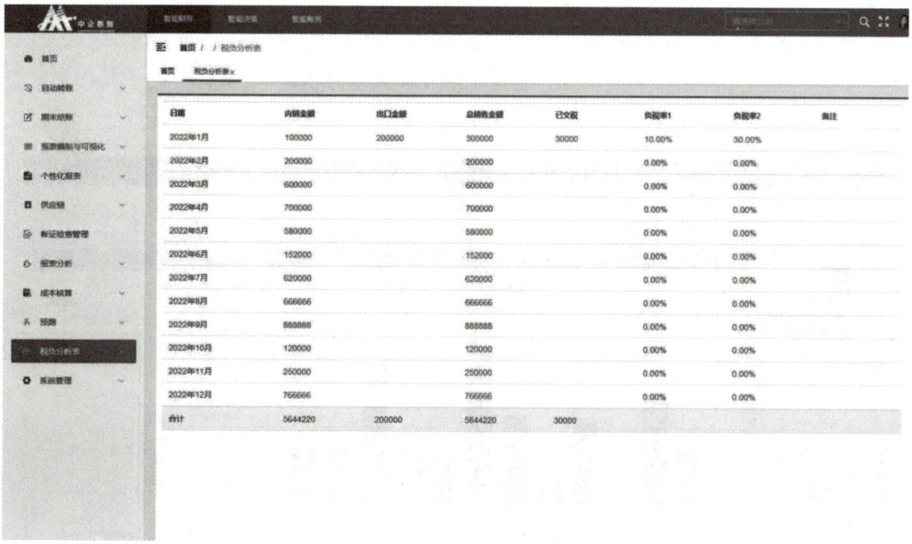

日期	内销金额	出口金额	总销售金额	已交税	负税率1	负税率2	备注
2022年1月	100000	200000	300000	30000	10.00%	30.00%	
2022年2月	200000		200000		0.00%	0.00%	
2022年3月	600000		600000		0.00%	0.00%	
2022年4月	700000		700000		0.00%	0.00%	
2022年5月	580000		580000		0.00%	0.00%	
2022年6月	152000		152000		0.00%	0.00%	
2022年7月	620000		620000		0.00%	0.00%	
2022年8月	666666		666666		0.00%	0.00%	
2022年9月	888888		888888		0.00%	0.00%	
2022年10月	120000		120000		0.00%	0.00%	
2022年11月	250000		250000		0.00%	0.00%	
2022年12月	766666		766666		0.00%	0.00%	
合计	5644220	200000	5844220	30000			

图 7－6　税负分析表

点击“个性化报表”下税金交纳及税负率分析表，在右上角下拉“菜单”勾选对应的公司名称，即可查看全年各月度详细的增值税、城建税、教育费附加等税种的发生金额，并自动计算增值税税负率、所得税税负率和综合税负率，帮助管理者全面了解企业的税务管理水平（见图 7－7）。

此外，如图 7－8 所示，系统还提供了各月份和年度税负率的增减变动情况及预期值，可以将本月数据与历史数据、预期数据进行对比，辅助企业全面、动态地掌握税负状况，进行合理的税务筹划。

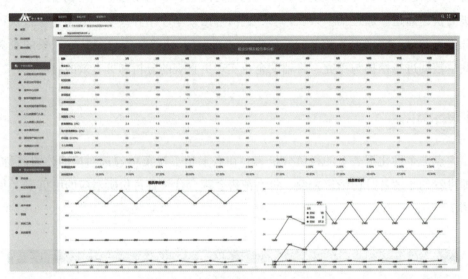

图7-7　税金交纳及税负率分析表

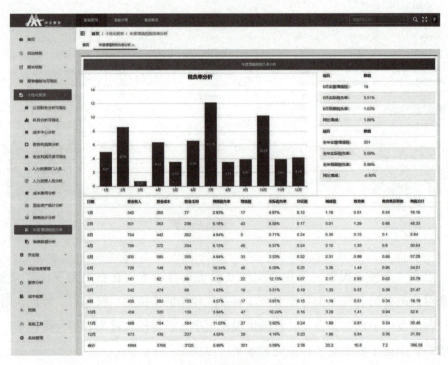

图7-8　年度税负率分析

　　如图 7 - 9 和图 7 - 10 所示，根据税负率倒算成本计算器所列公式，手动输入税负率、单位增值税税率、供应商增值税税率和含税销售收入，系统即可自动计算并展示相应的不含税销售收入、销项税额、应交增值税、进项税额、销售成本及销售成本率。

图 7 - 9　税负率倒算成本计算器

图 7 - 10　税负率倒算成本表

7.3.3　成本报表

企业成本会计工作所形成的各种信息，一般要通过编制成本报表，向各有关方面进行反馈。利用数据挖掘等技术对成本报表的信息进行加工处理，辅助企业合理安排生产计划，弹性释放产能，加快库存周转，实现智能化、柔性化的生产。本部分详细介绍了成本费用分析可视化报表的功能描述和操作步骤。

功能描述

成本管理主要包括成本核算、成本分析和成本控制。企业将生产经营过程中产生的资金耗费和产品成本构成及其升降变动情况记录在成本报表中，借助财务指标及图形化的方式对成本数据展开分析，并通过将实际成本与企业的目标成本、同行业平均成本及历史成本进行比较，对生产运营的成本计划执行情况进行考核。在成本管理的支持下，找出降低成本的原因及影响成本高低的因素，寻求进一步降低成本的途径和方法，为报价部门进行定价提供基础数据支撑。

操作步骤

点击"个性化报表"，找到成本费用分析选项，在右上角下拉方框中选择对应的公司，可以直观看到各月份的成本费用总额、结构及占比情况（见图7-11）。

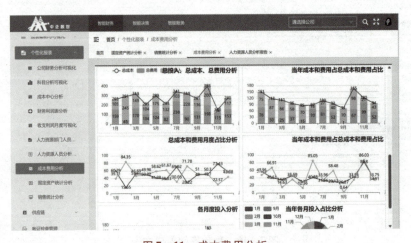

图7-11　成本费用分析

7.3.4　人力资源报表

作为企业进行人力资源管理的有效工具，人力资源报表在提供人力资源的取得成本及效益等会计信息资料时，能够及时发现人力资源管理过程中存在的问题，对各员工在公司发挥的价值等方面起到重要作用，辅助管理者对人力资源进行合理分配，提高决策的科学性。本部分详细介绍了人力资源报表的功能及系统中人力资源部门人员统计报告、人力资源部门人员分析报告的操作步骤，帮助读者加深对人力资源报表的理解。

功能描述

数字化技术的深入发展带来了企业人才管理模式的变革，人力资源管理作为企业管理的重要组成部分，正经历着数字化转型带来的革新。数字化人力资源管理（digital – HRM）是指通过运用数字技术对一切有价值的数据进行采集、挖掘和利用，进而实现利用数据来驱动决策，提升企业人力资源管理的效率和组织能力的管理模式[①]。例如，将基于大数据、预设模型及可视化工具的人力资源分析体系搭建起来，以及财务机器人和算法实现传统劳动力在组织中的价值重塑等，大大提升了企业人力资源的管理效率。依靠可视化技术，在系统中将人员统计与分析报告进行图形化的综合展示，辅助管理者直观地了解企业人力资源政策的运行状况和人员管理的绩效，并为人力资源政策的优化调整提供信息支持。

操作步骤

点击"个性化报表"，选择人力资源部门人员统计报告，在右上角下拉菜单勾选对应的公司名称，可以看到包括开发部、销售部等企业各业务部门的离职人数、新进人数、原有人数等的人员统计报告，以及各部门离职、入职、总人数的对比分析图（见图 7 – 12）。

---

① 李燕萍，李乐，胡翔. 数字化人力资源管理：整合框架与研究展望［J］. 科技进步与对策，2021，38（23）：151 – 160.

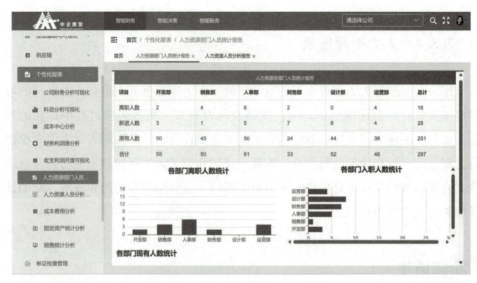

图7-12 人力资源部门人员统计报告

点击"个性化报表",选择人力资源人员分析报告,在右上角下拉菜单勾选对应的公司名称,看板直观地展示了企业员工的画像,包括各部门人数比例、各职务人数比例、员工学历结构、性别结构、年龄分布,以及不同薪酬区间的人数统计。通过对人力资源数据全面、实时地采集与更新,实现团队人员配置、人才发展等人事决策的制定与完善(见图7-13)。

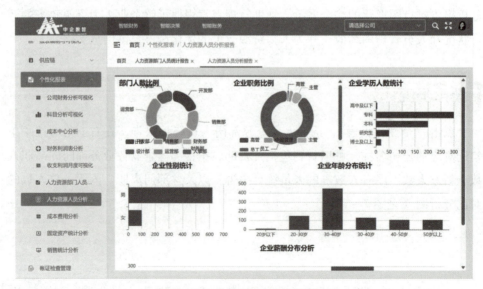

图7-13 人力资源人员分析报告

7.3.5　销售财务报表

企业存在的目的是获取利润，而销售作为企业价值交换的关键一环，对于企业的生存与发展至关重要。可视化的销售财务报表将企业的销售信息进行多样化、多角度的呈现，辅助管理人员及时跟进计划各步骤具体细节的执行情况，并将实际销售情况与销售目标进行对比分析，提高销售计划的科学性，进而优化全面预算管理。

功能描述

销售财务报表利用销售收入、销货成本等底层基础数据，通过计算分析包括毛利率、权益净利率及应收账款周转率、存货周转率等盈利、营运能力指标，并对各层级指标进行深度剖析，研究指标之间的联动关系，进而根据海量数据对经营状况进行问题诊断和趋势预测，以此为基础制定企业的预算和生产计划，优化资源配置。此外，相比于传统销售财务报表静态化的数字展现形式，依靠数据间的勾稽关系及图形化的展示方式，决策者可以直观地识别潜在风险，将财务的重心逐渐由报告和计量转变为围绕企业价值链的管理决策服务，由"价值守护"升级为"价值创造"。

操作步骤

点击"个性化报表"，进入销售统计分析界面，在右上角下拉菜单选择对应的公司，可以看到包含销售目标、销售完成度及款项回收情况的各月份销售统计分析情况表、销售成本费用的变动趋势图，以及多种可视化形式的销售情况分析图，多角度展示企业的销售财务状况。

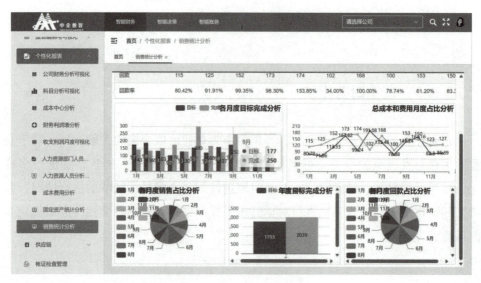

图 7 – 14   销售统计分析

7.4   本章小结

本章详细介绍了智能会计底层基础数据的内容和构建逻辑，并结合软件实操进一步对底层数据挖掘与呈现形式进行解析。在 RPA、大数据等智能会计工具的支撑下，企业财务部门汇聚了各业务活动及上下游大量未经加工的底层基础数据，并通过数据挖掘及可视化工具多维度、多层次呈现信息；在传统的"四表一注"外，还提供了税务报表、共赢增值表、成本报表、人力资源报表和销售财务报表，为不同的信息使用者管理决策提供更加丰富多元的数据和信息。在本章的学习中，学生既需要理解智能会计底层基础数据的内容、构建逻辑及各报表的内容、特征和作用，也需要掌握软件实操的具体步骤。

    思 考 题

1. 智能财务报告体系相较于传统财务报告体系的优点是什么？
2. 智能会计业务、财务、管理决策三大模块之间的关系是什么？
3. 智能会计报表体系中包括哪些报表？它们分别起到什么作用？

思考题要点及讨论请扫描以下二维码：

参 考 文 献

[1] 蔡昌，赵艳艳，李梦娟．区块链赋能数据资产确权与税收治理 [J]．税务研究，2021（7）：90-97．

[2] 长铗，韩锋．区块链：从数字货币到信用社会 [M]．北京：中信出版社，2016：60．

[3] 陈晓红，寇纲，刘咏梅．商务智能与数据挖掘 [M]．北京：高等教育出版社，2018．

[4] 陈益云．基于价值链管理会计的会计业务流程再造研究 [J]．会计之友，2016（19）：26-29．

[5] 程辉．区块链技术驱动下的税收征管与创新 [J]．湖南税务高等专科学校学报，2019，32（6）：42-46．

[6] 丁飞．物联网开放平台——平台架构、关键技术与典型应用 [M]．北京：电子工业出版社，2018：3-5．

[7] 方国伟．企业云计算：原理、架构与实践指南 [M]．北京：清华大学出版社，2020：14-30．

[8] 冯惠玲，刘越男，等．电子文件管理教程 [M]．北京：人民大学出版社，2017.08．

[9] 冯亚南．基于深度学习的光学字符识别技术研究 [D]．南京：南京邮电大学，2020：10-11．

[10] 付蓉洁．大数据时代的数字化转型如何实现数据的安全使用 [J]．互联网经济，2020（Z1）：58-63．

[11] 高晓雨．二十国集团峰会及其数字经济议题探析 [J]．中国信息化，2020（7）：5-8．

[12] 郭奕，赵旖旎．财税RPA：财税智能化转型实战 [M]．北京：机械工业出版社，2020：1-8．

[13] 何雪锋，薛霞．"大智移云"下管理会计驾驶舱的构建与应用．财会

月刊，2019（24），100 - 104.

[14] 胡斌，刘作仪 . 物联网环境下企业组织管理特征、问题与方法 [J].
中国管理科学，2018，26（8）：127 - 137.

[15] 胡斌，王莉丽 . 物联网环境下的企业组织结构变革 [J]. 管理世界，
2020，36（8）：202 - 210，232，211.

[16] 姜付秀，屈耀辉，陆正飞，等 . 产品市场竞争与资本结构动态调整
[J]. 经济研究，2008（4）：99 - 110.

[17] 蒋鲁宁 . 机器学习，深度学习与网络安全技术 [J]. 中国信息安全，
2016，05（5）：92 - 94.

[18] 李海舰，李燕 . 企业组织形态演进研究——从工业经济时代到智能经
济时代 [J]. 经济管理，2019，41（10）：22 - 36.

[19] 李海舰，赵丽 . 数据成为生产要素：特征、机制与价值形态演进 [J].
上海经济研究，2021（8）：48 - 59.

[20] 李燕萍，李乐，胡翔 . 数字化人力资源管理：整合框架与研究展望
[J]. 科技进步与对策，2021，38（23）：151 - 160.

[21] 李玉，段宏岳，殷昱煜，等 . 基于区块链的去中心化众包技术综述 [J].
计算机科学，2021，48（11）：12 - 27.

[22] 林子雨 . 大数据技术原理与技术 [M]. 武汉：人民邮电出版社，
2015：34 - 37.

[23] 刘豆山，王义华 . 成本会计 [M]. 武汉：华中科技大学出版社，
2012：296 - 298.

[24] 刘光强，干胜道，段华友 . 基于区块链技术的管理会计业财融合研究
[J]. 财会通讯，2022（1）：160 - 165.

[25] 刘梅玲，黄虎，佟成生，等 . 智能财务的基本框架与建设思路研究 [J].
会计研究，2020（3）：179 - 192.

[26] 刘勤 . ChatGPT 及其对会计工作的影响探讨 [J]. 会计之友，2023
（6）：158 - 161.

[27] 陆正飞，辛宇 . 上市公司资本结构主要影响因素之实证研究 [J]. 会
计研究，1998（8）：3 - 5.

[28] 罗莎 . 数智时代下管理会计创新之路 [N]. 中国会计报，2022 - 07 -
29（7）.

[29] [美] 罗素，诺维格 . 人工智能——一种现代方法：第 4 版 [M]. 张博

雅，等译，北京：人民邮电出版社，2022：2 – 5.

［30］马智勇，徐玉德．海尔共赢增值表的价值驱动分析 ［J］．财务与会计，2019（22）：17 – 20.

［31］尼克．人工智能简史（2017 年版） ［M］．北京：人民邮电出版社，2015：112.

［32］戚聿东，肖旭，蔡呈伟．产业组织的数字化重构 ［J］．北京师范大学学报（社会科学版），2020（2）：130 – 147.

［33］戚聿东，肖旭．数字经济时代的企业管理变革 ［J］．管理世界，2020，36（6）：135 – 152，250.

［34］秦荣生．人工智能与智能会计应用研究 ［J］．会计之友，2020（18）：11 – 13.

［35］秦荣生．数字化转型与智能会计建设 ［J］．财务与会计，2021（22）：4 – 6.

［36］裘炯涛，陈众贤．物联网，So Easy！ ［M］．北京：人民邮电出版社，2019：7 – 8.

［37］深圳国泰安教育技术股份有限公司大数据事业部群．大数据导论 – 关键技术与行业应用实践 ［M］．北京：清华大学出版社，2015.

［38］施煜．那个被叫做"物联网"的东西——在现实世界中，做实事永远比空想强 ［J］．中国自动识别技术，2011（3）：22 – 23.

［39］孙其博，刘杰，黎羴，等．物联网：概念、架构与关键技术研究综述 ［J］．北京邮电大学学报，2010，33（3）：1 – 9.

［40］唐佑强．国美电器供应链管理优化研究 ［D］．天津：天津大学，2018.

［41］田高良，陈虎，郭奕，等．基于 RPA 技术的财务机器人应用研究 ［J］．财会月刊，2019（18）：10 – 14.

［42］王莉，宋兴祖，陈志宝．大数据与人工智能研究 ［M］．北京：中国纺织出版社，2019：33 – 35.

［43］王言．RPA：流程自动化引领数字劳动力革命 ［M］．北京：机械工业出版社，2020：200 – 221.

［44］王艳艳，金义，钱诚，等．基于资质评价模型与不良行为分析的供电企业供应商管理系统开发 ［J］．武汉理工大学学报（信息与管理工程版），2022，44（5）：752 – 757，765.

［45］维克托·迈尔 – 舍恩伯格，肯尼思·库克耶．大数据时代 ［M］．盛杨

燕，周涛，译，杭州：浙江人民出版社，2016.

[46] 谢小云，左玉涵，胡琼晶. 数字化时代的人力资源管理：基于人与技术交互的视角 [J]. 管理世界，2021，37（1）：13，200－216.

[47] 熊天任，胡宇辰. 新零售背景下传统商贸企业数字化转型路径探讨 [J]. 企业经济，2022，41（3）：47－56.

[48] 许金叶. 会计云计算：物联网体系中"脑智能"[J]. 会计之友，2012（24）：90－91.

[49] 续慧泓，杨周南，周卫华，等. 基于管理活动论的智能会计系统研究——从会计信息化到会计智能化 [J]. 会计研究，2021（3）：11－27.

[50] 薛燕红. 物联网导论 [M]. 北京：机械工业出版社，2021：5－40.

[51] 杨东. 链金有法：区块链商业实践与法律指南 [M]. 北京：北京航空航天大学出版社，2017：15.

[52] 杨利红，赵格兰. 基于区块链技术的企业数字资产报告研究 [J]. 财会通讯，2021（24）：91－95.

[53] 杨淞麟. 区块链技术应用的法理解构与规范进路 [D]. 长春：吉林大学，2023.

[54] 张敦力. 论成本概念框架的构建 [J]. 会计研究，2004（3）：64－67.

[55] 张敏. 大数据审计：五大趋势与五大挑战 [J]. 会计之友，2020（8）：2－11.

[56] 张新程，付航等. 物联网关键技术 [M]. 北京：人民邮电出版社，2011：33－58.

[57] 张懿玮.《关于推进"上云用数赋智"行动培育新经济发展实施方案》解读 [J]. 中国建设信息化，2020，114（11）：56－59.

[58] 张玉明. 智能会计 [M]. 北京：经济科技出版社，2021：54－56.

[59] 赵琦，张智雄，孙坦. 文本可视化及其主要技术方法研究 [J]. 现代图书情报技术，2008（8）：24－30.

[60] 赵颖. 数智化财务共享平台的影响研究 [J]. 财会学习，2023（21）：4－6.

[61] 朱龙春，刘会福，等.RPA 智能机器人：实施方法和行业解决方案 [M]. 北京：机械工业出版社，2020.

[62] 朱扬勇，叶雅珍. 从数据的属性看数据资产 [J]. 大数据，2018，4（6）：65－76.

［63］邹均，张海宁，等．区块链技术指南［M］．北京：机械工业出版社，2018：2－58．

［64］Raphael B. The Thinking Computer：Mind Inside Matter［M］．Thinking Computer：Mind inside Matter. W. H. Freeman & Co，1976.

［65］Samuel A L. Some studies in machine learning using the game of checkers［J］. IBM Journal of research and development，1959，3（3）：210－229.

［66］See Siddhant Jain，et al. CodeBlockS：Development of Collaborative Knowledge Sharing Application with Blockchain Smart Contract［J］. International Journal of Information Engineering and Electronic Business（IJIEEB），2023：3－17.